The Legal History in Modern China

中国近代法律史讲义

陈新宇 陈煜 江照信 著

九州出版社 JIUZHOUPRESS | 全国百佳图书出版单位

图书在版编目（CIP）数据

中国近代法律史讲义 / 陈新宇，陈煜，江照信著.
-- 北京：九州出版社，2016.7
ISBN 978-7-5108-4574-1

Ⅰ．①中… Ⅱ．①陈… ②陈… ③江… Ⅲ．①法制史
—中国—近代 Ⅳ．①D929.5

中国版本图书馆CIP数据核字(2016)第180763号

中国近代法律史讲义

作　　者	陈新宇　陈　煜　江照信　著
出版发行	九州出版社
地　　址	北京市西城区阜外大街甲 35 号（100037）
发行电话	(010)68992190/3/5/6
网　　址	www.jiuzhoupress.com
电子信箱	jiuzhou@jiuzhoupress.com
印　　刷	三河市东方印刷有限公司
开　　本	700 毫米 ×980 毫米　16 开
印　　张	19
字　　数	264 千字
版　　次	2016 年 9 月第 1 版
印　　次	2016 年 9 月第 1 次印刷
书　　号	ISBN 978-7-5108-4574-1
定　　价	58.00 元

作者谨识

近代中国法面临着"三千年未有之大变局",不同以往王朝更替,仍是在固有中华法系、律学传统之下的法律变革,近代以降的法律变革,乃传统中华法系解体,律学传统断裂,舶来的近代西方法制与法学和国家与社会发生"化学反应"的过程。

近代中国法在移植与继受之时代背景下,被赋予"器物、制度、文化"的三重属性,其既有工具理性的器物功能,又是国家建构的制度方略,兼具启蒙批判的文化意义,在法律近代化的不同阶段,这三重属性既有各自的彰显,亦有整体的展示。

近代中国法承载着"统一、守成、更新"的立法使命,"统一"意味着与世界大同良规保持一致,"守成"意味着对固有文化传统的尊重保留,"更新"意味着符合时代发展的潮流趋势,三者之间具有内在的紧张性,体现出古今中西问题的冲突。

近代法政人背负"政治救国"、"法律救国"理想情怀。其面临着近代国家与社会急剧转型,新思潮层出不穷之局面,理想与现实常有扞格,左右为难,每多迁就,主动或者被动之间,有着某种善变的特质,甚至不惜"以今日之我反对昨日之我"。

目　录

第一章　晚清法律改革

第一节　晚清法律改革的开启与动因

一　晚清法律改革的开启

光绪二十六年十二月十日（1901 年 1 月 29 日），八国联军入侵京城后仓皇西狩的慈禧以光绪皇帝名义发布上谕："世有万古不易之常经，无一成不变之治法……盖不变者三纲五常，昭然如日星之照世，而可变者令甲令乙，不妨如琴瑟之改弦"，这份变法诏书拉开了晚清新政的序幕。[①]从法律改革的视角来看，晚清新政可以分为两个阶段：第一阶段仍在传统变法模式下，有制定近代法律的构想和举措，但更侧重在新思潮影响下对旧律的改造；第二阶段是在仿行宪政模式下，建立新的法政机构，大规模地制定近代法律。

变法诏书要求臣工"各举所知，各疏所见"，"详悉条议以闻"，在众多的奏折中，以两江总督刘坤一、湖广总督张之洞的《江楚会奏变法三折》最有代表性，其奠定了晚清新政前期制度改革的基础。奏折一为"育才兴学之大端"，包括"设文武学堂，酌改文科，停罢武科，奖劝游学"四个方面的内容。奏折二为"整顿中法十二条"，包括"崇节俭、破

---

① 参见李贵连：《沈家本传》，法律出版社 2000 年版，第 198—200 页。

常格、停捐纳、课官重禄、去书吏、去差役、恤刑狱、改选法、筹八旗生计、裁屯卫、裁绿营、简文法"。奏折三为"采用西法十一条",包括"广派游历、练外国操、广军实、修农政、劝工艺、定矿律路律商律交涉刑律、用银元、行印花税、推行邮政、官收洋药、多译东西各国书"。①

就法律方面而言,《江楚会奏变法三折》奏折二中"恤刑狱"的九项内容,包括"禁讼累、省文法、省刑责、重众证、修监羁、教工艺、恤相验、改罚锾、派专官",涉及对传统司法和刑罚制度的改革,② 奏折三中"定矿律路律商律交涉刑律",有关聘请各国著名律师来华编纂和教授矿律、路律、商律、交涉刑律四种近代法律。③

光绪二十八年二月初二日(1902 年 3 月 11 日),清廷下诏,在强调《大清律例》"折衷至当,备极精详"之余,也意识到"为治之道,尤贵因时制宜,今昔情势不同,非参酌适中,不能推行尽善",诏书认为应当专门制定矿律、路律、商律等专门的法律,要求出使大臣寻找各国通行的法律,咨送外交部,责成袁世凯、刘坤一、张之洞保举熟悉中外法律的人员来京编纂法律。同月二十三日(1902 年 4 月 1 日),袁世凯等人奉命上奏,他们观察德、法、日等国经验,认为"变法皆从改律入手",主张开设修律馆,推荐精通传统律例的刑部左侍郎沈家本和熟悉西方法律的出使美国大臣伍廷芳为总纂,并建议由沈、伍二人选任相关人员。袁世凯等人还认为日本法学水平很高,而且与中国乃同文之邦,风土人情相近,建议由出使日本大臣延请日本民法、刑法博士一人来华,协同编译。④

---

① [清] 刘坤一、张之洞:《江楚会奏变法三折》,光绪辛丑九月两湖书院刊本,收入沈云龙主编:《近代中国史料丛刊续编第四十八辑》,台北文海出版社印行。

② [清] 参见刘坤一、张之洞:《江楚会奏变法三折》,光绪辛丑九月两湖书院刊本,收入沈云龙主编:《近代中国史料丛刊续编第四十八辑》,台北文海出版社印行,第 73—87 页。

③ 参见 [清] 刘坤一、张之洞:《江楚会奏变法三折》,光绪辛丑九月两湖书院刊本,收入沈云龙主编:《近代中国史料丛刊续编第四十八辑》,台北文海出版社印行,第 155—161 页。

④ 参见李贵连:《沈家本传》,法律出版社 2000 年版,第 202—204 页;袁世凯:《会保熟悉中西律例人员沈家本等听候简用折》,收入天津图书馆、天津社会科学院历史研究所编:《袁世凯奏议》(上),天津古籍出版社 1987 年版,第 475—476 页。

　　这份奏折相关事项的出台过程的细节是：在人选上，袁世凯提出推荐沈家本和伍廷芳，获得刘坤一和张之洞的赞同。在学习对象上，张之洞提议修订法律应参照日本法律，聘请日本民法、刑法的法学博士来华，希望袁世凯在主稿时加入此这一条，获得刘坤一赞同。①

　　这份奏折的意义有三点：首先，主张开设律例馆负责修律；其次，推荐主持修律的人选；第三，选择了学习日本的方向。袁世凯、张之洞、刘坤一的上述意见在晚清法律改革过程中都一一得到落实。

　　在晚清新政之下的法律改革，借用梁启超关于中国近代化走的是一条从器物到制度，再到文化之路的分析框架，②此时法律的地位，已经不仅仅是鸦片战争到洋务运动期间侧重于国际公法的器物之用，而是已经过渡到制度的层面。这场法律改革由政府发动，乃自上而下的改革，其以修律为先导，体现出强烈的立法中心主义的色彩。

　　光绪二十八年四月初六日（1902 年 5 月 13 日），清廷发布上谕："现在通商交涉，事益繁多，著派沈家本、伍廷芳将一切现行律例，按照交涉情形，参酌各国法律悉心考订，妥为拟议。务期中外通行，有裨治理。俟修订呈览，候旨颁行。钦此。"③以此上谕为标志，晚清法律改革进入实际操作阶段。④

二　晚清法律改革的外因

（一）领事裁判权的概念与发展演变

　　撤废领事裁判权，是晚清法律改革的重要目标，是改革者们论证其行为正当性的重要理据，是中国法律近代化和民族化的重要动力。

　　所谓领事裁判权（Consular Jurisdiction），指"一种基于双边条约的

---

　　①　参见李细珠：《张之洞与清末新政研究》，上海书店出版社 2003 年版，第 262—263 页。

　　②　详见梁启超：《五十年中国进化概论》，收入李华兴、吴嘉勋编：《梁启超选集》，上海人民出版社 1984 年版，第 833—834 页。

　　③　上海商务印书馆编译所编纂：《大清新法令》（1901—1911）第 1 卷，李秀清、孟祥沛、汪世荣点校，商务印书馆 2010 年版，第 16 页。

　　④　李贵连：《沈家本传》，法律出版社 2000 年版，第 204 页。

制度安排，即允许一国未享受主权及外交豁免的国民在另一国境内居住、游历、经商或从事其他活动期间得不受东道国司法追究，其违法犯罪及民事责任等情事概由其本国领事等官员依其本国法律审判。它既是属地司法管辖权的一种例外，也是对东道国司法主权的一种严重侵害。"①

鸦片战争后，通过一系列不平等条约，西方列强攫取了在华的领事裁判权，并且逐步明确其适用方式、扩大其适用范围。以下简单列举代表性的条约和条款。

1. 道光二十二年八月十五日（1842 年 9 月 19 日）的《江南善后章程》：

> 至通商以后，华民归中国官管束，英国商归英国自理。华民有罪逃至英馆者，英夷不准庇匿。英商有罪逃入内地者，中国官即行交还。均经臣等明定善后章程，该夷亦切实照覆。是该民人等别经犯法，自当仍有该管事官照例惩办，该夷断不致多端阻挠。②

2. 道光二十三年八月十五日（1843 年 10 月 8 日）的中英《五口通商章程：海关税则》第十三款"英人华人交涉词讼"：

> 凡英商禀告华民者，必先赴管事官处投禀，候管事官先行查察谁是谁非，勉力劝息，使不成讼。间有华民赴英官控告英人者，管事官均应听诉，一例劝息，免致小事酿成大案。其英商欲行投禀大宪，均应由管事官投递，禀内倘有不合之语，管事官即驳斥另换，不为代递。倘遇有交涉词讼，管事官不能劝息，又不能将就，即移请华官公同查明其事，既得实情，即为秉公定断，免滋讼端。其英人如何科罪，由英国议定章程、法律发给管事官照办。华民如何科罪，应治以中国之法，均应照前在江南原定善后条款办理。③

3. 道光二十四年五月十八日（1844 年 7 月 3 日）中美《五口通商章

---

① 安国胜：《西风落日——领事裁判权在近代中国的确立》"代前言"，法律出版社 2012 年版，第 1—2 页。

② [清] 梁廷枏：《夷氛闻记》，邵循正点校，中华书局 1959 年版，第 123 页。另参见安国胜：《西风落日——领事裁判权在近代中国的确立》，法律出版社 2012 年版，第 115 页。

③ 王铁崖编：《中外旧约章汇编》，第一册，三联书店 1957 年版，第 42 页。

程：海关税则》（《望厦条约》）第二十一款：

> 嗣后中国民人与合众国民人有争斗、词讼、交涉事件，中国民人由中国地方官捉拿审讯，照中国例治罪；合众国民人由领事等官捉拿审讯，照本国例治罪；但须两得其平，秉公断结，不得各存偏护，致启争端。[①]

4. 咸丰八年五月十六日（1858 年 6 月 26 日）中英《天津条约》第十六款：

> 英国民人有犯事者，皆由英国惩办。中国人欺凌扰害英民，皆由中国地方官自行惩办。两国交涉事件，彼此均须会同公平审断，以昭允当。[②]

5. 同治七年十一月十五日（1868 年 12 月 28 日）中英美法《上海洋泾浜设官会审章程》第三款：

> 凡为外国服役及洋人延请之华民，如经涉讼，先由该委员将该人所犯案情移知领事官，立将应讯之人交案，不得庇匿。至讯案时，或由该领事官或由其所派之员，准其来堂听讼，如案中并不牵涉洋人者，不得干预。[③]

6. 光绪二年七月二十六日（1876 年 9 月 13 日）中英《烟台条约》第九款：

> 中国各口审断交涉案件，两国法律既有不同，只能视被告者为何国之人，即赴何国官员处控告；原告为何国之人，其本国官员只可赴承审官员处观审。倘观审之员以为办理未妥，可以逐细辩论，庶保各无向隅，各按本国法律审断。[④]

领事裁判权在近代中国是一个发展和变异的概念，最初仅限于英

---

① 王铁崖编：《中外旧约章汇编》，第一册，三联书店 1957 年版，第 54—55 页。
② 王铁崖编：《中外旧约章汇编》，第一册，三联书店 1957 年版，第 98 页。
③ 王铁崖编：《中外旧约章汇编》，第一册，三联书店 1957 年版，第 269 页。
④ 王铁崖编：《中外旧约章汇编》，第一册，三联书店 1957 年版，第 348 页。

国，^① 后来扩展为多国。^② 最初只限于审判阶段，后来延伸至捉拿审讯。最初适用主体为条约国之人，后来扩展到其所雇佣的华民。最初中外双方依据被告的属人主义各司其职，后来演变出会审、观审方式。在上海等地租界内，出现了会审公廨（Mixed Court）这类特殊的司法机构，列强的领事等官员即便是在其本国人作为原告、甚至并无直接关系时，亦可以藉此手段来主导、操纵审判。^③

在不平等条约之外，如英国、美国、日本等国还在中国设立专门的法庭或法院机构，作为领事裁判的上诉机构，从而构成了自成体系的一套审理机制。

目前学界关于领事裁判权被攫取是英方逼迫诱导还是中方拱手相让，西方在近代中国是否有意混淆领事裁判权和治外法权（Exterritoriality）之概念，当时中国在处理涉外问题时背后的天下体系观念与近代西方的民族国家观念如何比较评价等问题上存在争议，有待进一步研究。但可以确定的是，领事裁判权的存在不仅侵犯了中国的司法主权，亦对清政府的社会治理与专制统治造成极大的危害，其不仅在处理层出不穷的教案等涉外案件时进退失据，动辄得咎，而且对不同政见者在租界内的各种反政府活动无可奈何，无力管束。撤废领事裁判权成为清廷亟需解决的问题，光绪二十八年二月二十三日（1902 年 4 月 1 日），在袁世凯等

---

① 在中英《南京条约》签字之后，为解决相关问题，中方给英方的照会第八项有"此后英国商民，如有与内地名人交涉案件，应即明定章程，英商归英国自理，内地由内地惩办，俾免衅端。他国夷商不得援以为例"字样。[日] 佐佐木正哉编：《鸦片战争之研究》（资料篇），转引自安国胜：《西风落日——领事裁判权在近代中国的确立》，法律出版社 2012 年版，第 111 页。

② 通说为十九个国家，也有二十二国、二十九国之说。参见安国胜：《西风落日——领事裁判权在近代中国的确立》，法律出版社 2012 年版，第 248—249 页。

③ 例如 1903 年在上海公共租界的"苏报"案，此案的原告为清政府，被告章太炎、邹容皆为中国人，从法理上讲英方本无管辖权。但英政府拒绝引渡，双方达成妥协由会审公廨设置额外公堂（特别法庭）审理，南洋大臣特派代表上海县知县汪瑶宝、会审公廨谳员邓鸣谦、英国副领事迪比南（B.Giles）三人会审，实践中庭审为迪比南所操控，最终判决邹容监禁二年，章炳麟监禁三年的意见主要出自租界的领事团。参见王敏：《苏报案的审讯与判决》，《史林》2005 年第 6 期。关于该案审判的价值评价姑且不论，管见以为其作为一个先例，造成了一种事实意义上的领事裁判权的扩张，租界获得了法律上的"国中之国"地位，领事裁判权在具有属人主义的同时，也有了属地主义的吊诡特质。

人推荐沈家本、伍廷芳的奏折中，就提到如果按其建议进行法律改革，"内治必可改观，外交必易顺手，政权、利权亦必不难次第收回"，[①] 所谓"政权"，应指包括领事裁判权在内的法律主权，所谓"利权"，应指包括关税自主权在内的经济权利。

（二）商约谈判中的领事裁判权问题

与此背景相关联，中英两国从 1902 年 1 月 10 日起关于修订通商行船条约的谈判中，便对领事裁判权（当时称治外法权）的撤废问题进行了交涉博弈，前述光绪二十八年四月初六日（1902 年 5 月 13 日）清廷上谕中的"通商交涉"、"交涉情形"应指的就是这场修订商约谈判。[②]

中英商约谈判中与领事裁判权相关的重要资料共有五处。

第一处出自 1902 年 1 月 10 日英方代表马凯与中方代表盛宣怀的谈判。

当马凯希望把英国人侨居贸易的权利由临时性变为永久性时，盛宣怀认为提出这一要求时机过早，而且只要治外法权存在一天，中国决不能答应。他说中国的法律不久即将修订，以与各国的法律更相接近。将来外国人如像在日本一样受地方官吏的管辖，即可准给这项权利。[③]

从中折射出来的信息是：首先，当时中方已有修律计划，在该日谈判的两个多月后，光绪二十八年二月初二日（1902 年 3 月 11 日）颁布的诏书可以印证盛宣怀所言非虚，盛宣怀还谈到的"各国的法律更相接近"，也正是光绪二十八年四月初六日（1902 年 5 月 13 日）清廷上谕所谓的"中外通行"应有之义。其次，对于英方所提要求，中方同意的必要条件是西方撤废在华的领事裁判权，中国希望能够像日本一样对外国人有管辖权。近代日本与中国类似，曾被西方攫取领事裁判权，经过变法维新和法律改革，终于在 19 世纪末撤废了该权，恢复了司法主权，这

---

① 袁世凯：《会保熟悉中西律例人员沈家本等听候简用折》，收入天津图书馆、天津社会科学院历史研究所编：《袁世凯奏议》（上），天津古籍出版社 1987 年版，第 476 页。

② 参见李贵连：《沈家本传》，法律出版社 2000 年版，第 179 页。

③ 参见中国近代经济史资料丛刊编辑委员会主编，中国人民共和国海关总署研究室编译：《辛丑和约订立以后的商约谈判》，中华书局 1994 年版，第 21 页。

种先例对中国的变法修律有重要影响。

第二处出自 1902 年 1 月 27 日总税务司赫德致外务部函及商约依序节略之一的第十一款：

> 商律衙门海上律例云云。此议亦属甚善，若拟专条定约，应添载云："俟律例定妥，衙门开设后，即将不归管辖各条删除。"①

该处的商约依序节略是赫德对马凯提出的要求所签署的意见，②赫德作为清廷的总税务司，在商约谈判中为清廷出谋划策，其所增添语句的意思应该是废除领事裁判权。

第三处出自 1902 年 2 月 18 日总税务司赫德致外务部函及商约依序节略之三：

> 现阅盛大臣电拟交英使各款，第一，系整顿律例办法，以便日后将洋人不归管辖之条删除，亟为应办之事。惟其语句似应有应酌改之处，即如此条系中国所拟，中国所请，何以有俟中国允准后之语。且此条因关系各国，若请英人代审，他国未必允从。又准华人听便一层，似非正办。缘既设此堂，应由此堂管理之事，必须由此堂管理。所拟实与函致之意，显有参差。应将贺税司所译洋文交阅再议，惟恐彼拟此改，或致有矛盾之虑。③

该处说明盛宣怀在谈判过程中曾提出修订中国法律，目的在于废除领事裁判权，此处可与第一处对比参照，如果说第一次是在谈判过程中口头表达修律的计划，这一次则是准备以书面更为正式的方式提出。

第四处出自 1902 年 3 月 6 日中国方面所提的《通商行船章程》第十七款：

> 曾定条约虽载明英国民人应按英国律例由英官定办，惟英国商

---

① 中国近代经济史资料丛刊编辑委员会主编，中华人民共和国海关总署研究室编译：《辛丑和约订立以后的商约谈判》，中华书局 1994 年版，第 5 页。

② 中国近代经济史资料丛刊编辑委员会主编，中华人民共和国海关总署研究室编译：《辛丑和约订立以后的商约谈判》，中华书局 1994 年版，第 4 页注释 1。

③ 中国近代经济史资料丛刊编辑委员会主编，中华人民共和国海关总署研究室编译：《辛丑和约订立以后的商约谈判》，中华书局 1994 年版，第 8 页。

民不能援引此条为不归地方官管理，即作毋庸遵守中国律例之据。凡华民照例不准行者，英国人民亦应一律遵守，以照公允。且中国因此亦可愿意。凡遇华洋争讼事出，均于各处一律办理。故拟由外洋聘请有名律师督同熟悉中国律例者编纂律法，在通商口岸特设公堂，以便俟英国允准后华英人民所有词讼案情，均由该公堂按律专理。如中国尚未有本国熟悉新定律例之官员派充听审，或愿聘请英国律师在公堂代为听审，亦无不可。且准华人听便，或到地方官处伸诉，或到该公堂请办。①

该《通商行船章程》由税务司贺璧理拟具，其类似内容，已经体现在 1901 年 10 月 9 日总税务司赫德致奕劻、李鸿章的修约节略第四款中，②这可以证明中国早在谈判正式开始前便为撤废领事裁判权做好一定的准备。在谈判中以法律文件的方式正式提出。

第五处出自 1902 年 7 月 17 日马凯与中方代表张之洞的谈判（按：梁敦彦为翻译）。

梁敦彦：……张制军说，您必须让他能有可以拿出来的东西。他提出两款来。一款是关于治外法权的。我们想修订我们的法律，我们即将指派委员研究。您是否可以同意，在我们的法律修改了以后，外国人一律受中国法律的管辖。……

马凯（递过拟好的英文条款）：这是不是他所要求的意思？（梁敦彦朗读并翻译）。我想你们从来没有那样的条约，我也应当电告我的政府，请特准把这一条放进去。我也要说明这是经张制军特别要

---

①　中国近代经济史资料丛刊编辑委员会主编，中国人民共和国海关总署研究室编译：《辛丑和约订立以后的商约谈判》，中华书局 1994 年版，第 13 页。

②　"不归管理之条，似应增添此等语义，即系各国人民固应照约按本国律例，由本国官定办，然亦应知中国自有律例，凡华民照例不准行者，各国人民亦一律遵守，以昭公允。此条似系早晚必废之件，惟其间若中国能于各通商口岸自行另立衙署，请各国领事官用为审案公堂，并由中国派委员在座听审以资学习，并随时注写可用之律章，俾日后不归管辖之条作废时，中国亦能取信于各国，不致接办时遇事竭蹶。"中国近代经济史资料丛刊编辑委员会主编，中华人民共和国海关总署研究室编译：《辛丑和约订立以后的商约谈判》，中华书局 1994 年版，第 3 页。

求的。

张之洞：自然你须向你的政府请示，但希望能在请示的时候说明你赞成增加这一款。

马凯：我必定向兰士丹勋爵说明这是张制军提出的，我本人也必定极力赞助这件事。

……

马凯：英国可以像在日本那样先同意，其他国家就会照办。在条约内取得英国的这种保证，可以对其他国家有很大的影响。人们会说在中国有最大利益的英国都答应了，我们自然不能例外。我想这样的规定很合张制军的意思。……

张之洞：你答应这几款，使我省了很多事。有不少人会指责我，但是我可以说马凯爵士很讲道理，我也必须对他讲道理。

……

会上也一致同意马凯爵士应电请英国政府授权在条约内增加一款如下：

"中国深欲整顿本国律例，以期与各西国律例改同一律，英国允愿尽力协助，以成此举，一俟查悉中国律例情形及其审断办法，及一切相关事宜皆臻妥善，英国即允弃其治外法权。"[①]

相比此前盛宣怀间接含蓄的表达，张之洞直接明确地提出撤废领事裁判权的要求（当然有相应的代价），并促成马凯拟定相关的条款，最终成为光绪二十八年八月四日（1902 年 9 月 5 日）中英《续议通商行船条约》第十二款完全相同的内容。[②]正如马凯所设想的，在英国做出这样的承诺后，中美《通商行船续订条约》第十五款、[③]中日《通商行船续约》

---

① 中国近代经济史资料丛刊编辑委员会主编，中国人民共和国海关总署研究室编译：《辛丑和约订立以后的商约谈判》，中华书局 1994 年版，第 137—139 页。

② 王铁崖编：《中外旧约章汇编》，第二册，三联书店 1957 年版，第 109 页。

③ 王铁崖编：《中外旧约章汇编》，第二册，三联书店 1957 年版，第 188 页。

第十一款、① 中葡《通商条约》第十六款、② 中瑞（典）《通商条约》第十款 ③ 等也有相同的内容。

综上，可以说中英商约谈判正是在清政府启动以撤废领事裁判权为重要目标的法律改革时，借以观察和试探西方对领事裁判权态度的重要窗口。从时间对比上看，商约谈判从 1902 年 1 月 10 日起开始，到 1902 年 9 月 8 日结束。晚清启动修律的关键节点，从 1902 年 3 月 11 日清廷下诏准备修律，1902 年 4 月 1 日袁世凯等提出改革方案、推荐修律人选，到 1902 年 5 月 13 日朝廷著派沈家本、伍廷芳修律，正好贯穿于商约谈判的进程之中。谈判期间关于领事裁判权问题的交涉，除了张之洞、盛宣怀等谈判代表，清政府所聘请的英人赫德、贺璧理等人也起到关键作用。当列强纷纷做出放弃领事裁判权的承诺，对晚清法律改革的范围与力度有重要的促进作用。

三　晚清法律改革的内因

除了外在的领事裁判权的压力，固有法自身的困境也是促成晚清法律改革的重要因素，其主要表现为三个方面。

首先，在法律体系方面，固有的法律体系无法回应近代社会与法律的发展与挑战。清代的制定法大体可以分为两个范畴：一、规定犯罪与刑罚及其相应程序等事项的刑事关系法；二、规定国家机关构成、行政管理准则、官吏行政处分等事项的行政关系法。这种主要由刑法与官法构成，治民与治官（吏）并具的法律体系建立在帝制政体和农业社会的基础之上，主要功能在于维持国家政治与社会的稳定。在近代海禁大开后，随着外国资本与商品的进入，社会形态向农工商社会转型，从近代法学的视角看，固有的法律体系在法律理念上存在差异，在法律门类上存在不足。正是在这种背景之下，乃有康有为提倡制定民律、商法、市

---

① 王铁崖编：《中外旧约章汇编》，第二册，三联书店 1957 年版，第 194 页。
② 王铁崖编：《中外旧约章汇编》，第二册，三联书店 1957 年版，第 256 页。
③ 王铁崖编：《中外旧约章汇编》，第二册，三联书店 1957 年版，第 518 页。

则、舶则、讼律、军律、国际公法，[①] 刘坤一、张之洞提倡制定矿律、路律、商律、交涉刑律等近代法律之举。[②]

就刑律自身而言。从体例上看，《大清律例》采取律例合编，律为常法，自乾隆五年（1740年）定型，不再变化，条例为特别法，对律进行补充与修订。律例之间有着相辅相成和矛盾冲突的两种关系，后一种关系在适用上有所谓"有例不用律"之说。为了协调律例之间的关系，清朝原有"五年一小修、十年一大修"的定时修例制度，但到了同治九年（1870年）便停止了，截至该年，条例数目已经从乾隆五年（1740年）的1049条扩展到1892条。[③] 在法律滋彰且多年未经修订的背景下，律例之间的扞格加剧，为司法中上下其手提供了机会。从刑罚上看，凌迟、枭首、戮尸、缘坐、刺字等重法酷刑的存在，既有悖传统儒家仁政的传统，也不符合刑罚人道化的时代潮流。

其次，在司法制度方面，晚清尤其是太平天国运动期间，传统的死刑复核制度遭到严重破坏。原来死刑案件须经州县、府、省、刑部层层复审，最后由皇帝乾纲独断，彼时被针对土匪可以先行正法，然后奏闻的就地正法所取代。这一死刑核准权的下放，是经四川、福建、广东三省奏请，由朝廷加以确认，推广全国，制度化的标志可见咸丰三年（1853年）谕旨："著各直省督抚……如有土匪啸聚成群，肆行抢劫，该地方官于捕获讯明以后，即行就地正法，以昭炯戒。并饬各属团练、绅民，合力缉拿，格杀勿论……至寻常盗案，仍著照例讯办，毋枉勿纵。"尽管该谕旨不无谨慎地区分了土匪案件与寻常盗案，但其甄别实际上交由地方判断，更有甚者，乃将生杀予夺之权力一放到底，不仅是封疆大吏的督抚，甚至团练、绅民也有格杀勿论之权，传统的人命关天在权力失去有效监督之下极易演变为草菅人命，导致冤案频发。在农民运动被镇压

---

① 康有为：《上清帝第六书》，收入中国史学会主编《戊戌变法》（二），上海人民出版社1957年版，第200页。

② 参见 [清] 刘坤一、张之洞：《江楚会奏变法三折》，光绪辛丑九月两湖书院刊本，收入沈云龙主编：《近代中国史料丛刊续编第四十八辑》，台北文海出版社印行，第155页。

③ 参见《大清现行刑律案语》"凡例"，宣统元年秋季修订法律馆印。

后，有关就地正法修订和存废的讨论一直持续于同光两朝，折射出中央与地方的权力博弈，据说都察院左都御史张佩纶在评价河南王树文冤案时曾有名言："长大吏草菅人命之风，其患犹浅，启疆臣藐视朝廷之渐，其患实深。"① 光绪皇帝曾对奏请停止就地正法章程的奏折有亲笔硃批"就地正法，本朝不得已之举，该御史所奏自为慎重民命起见，著各省督抚将盗案就地正法章程即行停止"，后又补上一段"此事屡经言官陈奏，刑部定议，何以各督抚总未遵行。今断自朕衷，将就地正法章程概行停止，著内外问刑衙门遵旨办理"，② 从逆向思维看，可折射出就地正法尾大不掉的真实一面。武昌起义后，张绍曾等人在滦州起兵响应，对清廷提出有关立宪的《政纲十二条》，第六条就是"格杀勿论、就地正法等律，不得以命令行使"，可证明终清之世，就地正法一直存续。

第三，在人员素养方面，官员或因满人身份，或因科举中式，或因恩荫，或因纳捐而任职，事先很少受过法学教育，他们的法学知识大多得自在职历练。③ 在此过程中不乏刑名娴熟，脱颖而出，以律鸣于时者，有如薛允升、沈家本、董康等人，但更多是需要倚仗幕友和胥吏来处理法律上的业务，所谓"内掌曹郎之事，以代六部出治者，胥吏也；外掌守令司道督抚之事，以代十七省出治者，幕友也"④ 之评价，同样也适用于法律的场域。刑名幕友由官员私人所聘请，"合则留，不合则去"，⑤ 游离于制度之外。胥吏负责具体事务，熟悉规章成案，乃专业人员，但中国政治从元代开始官与吏在流品上泾渭分明，从明朝开始制度上规定胥吏不得入仕，因此他们不但在政治上为人所轻视，而且自身也往往认为

---

① 参见李贵连：《沈家本传》，法律出版社 2000 年版，第 159—169 页。

② 中国第一历史档案馆编：《光绪朝硃批奏折》，第 105 辑，中华书局 1996 年版，第 994—995 页。

③ 张伟仁：《清代的法学教育》（上），《台大法学论丛》第 18 卷第 1 期，1988 年 12 月，第 29 页。

④ 缪全吉：《明代胥吏》，台北：嘉兴水泥公司文化基金会丛书，1969 年版，第 1 页。该语出自韩振。

⑤ [清] 汪辉祖：《佐治药言》，收入张延骧编：《入幕须知五种》，光绪壬辰十八年浙江书局刻，台北文海出版社影印，第 167 页。

流品卑污，趋于作恶。[①] 对于官与吏各自存在的问题，张之洞认为："任人之弊，弊在于官，任法之弊，弊在于吏；任人之弊在国家，任法之弊在奸民。两害相形取其轻，不如任人也。"[②] 他虽有深刻洞察，但基于自身立场，对于两者取舍，态度只能有所倾斜。客观而言，在近代社会转型中，这种法律从业者的体制性缺陷日趋凸显，甚至可以说面临着整体性之危机。

第二节　晚清法律改革的主要内容

一　改造旧律

晚期法律改革中对旧律的改造体现出轻刑化、人道化、平等化的特征，列举代表性的事例如下。

（一）轻刑化、人道化

1. 删除酷刑重法

光绪三十一年（1905 年），伍廷芳、沈家本上《删除律例内重法折》，奏请删除凌迟、枭首、戮尸、缘坐和刺字多项酷刑重法。朝廷允准并颁布上谕，规定死罪最重为斩立决，永远删除凌迟、枭首、戮尸，将律例内有关凌迟、斩枭各条改为斩立决，斩立决各条改为绞立决，绞立决各条改为绞监候，斩监候各条改为绞监候；革除刺字；缘坐除了知情者仍然治罪外，其余全部予以宽免。[③]

2. 削减死罪条款

在《删除律例内重法折》获得允准一年之后，沈家本又上奏《虚拟

---

① 参见钱穆：《中国历代政治得失》，三联书店 2001 年版，第 123—126 页。

② ［清］张之洞：《读经札记二》，收于《张文襄公全集》卷二百十一，中国书店 1990 年版，第 4 册，第 738 页。

③ 参见［清］沈家本：《删除律例内重法折》，《寄簃文存》卷一，收于沈家本：《历代刑法考》（附《寄簃文存》），邓经元、骈宇骞点校，中华书局 1985 年版，第 4 册，第 2023—2028 页。

死罪改徒流折》，据其统计，当时《大清律例》的死罪条款有八百四十余条，不但比较清朝早期数量激增，而且史上所无，更为外人所骇闻。对此，他提议改革立法上有死刑之名，司法中却无死刑之实的虚拟死罪条款：戏杀改为徒罪，因斗误杀旁人、擅杀改为流罪，有关戏杀、误杀、擅杀的其他相关条款相应予以减轻。在此基础上，斟酌选择斗杀及各项死罪条款中的情节较轻者，奏请减等。①

3. 改革笞杖刑罚、限制刑讯适用

刘坤一、张之洞在《江楚会奏变法三折》奏折二的"恤刑狱"中，有关"省刑责"、"重众证"两项内容涉及改革笞杖刑罚和限制刑讯逼供问题。笞杖既是清代基本刑罚五刑中的两种类型，也是刑讯逼供常使用的一种手段。伍廷芳、沈家本在《奏核议恤刑狱各条折》中，赞成刘、张的提议。关于前者，主张将笞杖刑罚改为罚金或者入犯罪习艺所工作。关于后者，同意除死罪案件证据确凿，允许使用刑讯来获得罪犯的输服供词以外，徒流以下案件听讼不准刑讯，对于拒不认罪者，依据众证来定罪，如果证据确凿，证人公正可信，上司亲自复审没有疑义，就可按律定拟，奏咨立案，犯人如果进行京控、上控均不准受理。②对此朝廷依议，并专门颁布上谕要求各级官员遵行。③

4. 死刑秘密执行

沈家本在《变通行刑旧制议》中，针对当时死刑在如菜市地方、城外空旷之地公开执行，认为既有悖明刑弼教意旨，又不符合古制，既不利教育民众，又引起外人惊诧，提出仿照西方多数国家死刑秘密执行的方式，在京城设立一所封闭式的专门刑场，除了监视官吏、巡警、弁兵

---

① 参见 [清] 沈家本：《虚拟死罪改为流徒折》，《寄簃文存》卷一，收于沈家本：《历代刑法考》（附《寄簃文存》），邓经元、骈宇骞点校，中华书局 1985 年版，第 4 册，第 2028—2030 页。

② 参见伍廷芳：《奏核议恤刑狱各条折》，收入丁贤俊、喻作凤编：《伍廷芳集》（上册），中华书局 1993 年版，第 261—266 页，并参见同书《奏变通窃盗条款折》、《奏停止刑讯请加详慎折》，第 266—271 页。

③ 参见《晓示各级官员实力奉行禁止刑讯谕》，收入怀效锋主编：《清末法制变革史料》，上卷，李俊等点校，中国政法大学出版社 2010 年版，第 375 页。

以外，必须获得承审官许可，才可以入场，其余人一概不准入场。在各省、府厅和州县，在原有行刑之处围造墙垣，以平民无法闻见为宗旨。①

（二）平等化

1. 男女平等

光绪三十一年（1905年），刑部针对刑罚执行上男女异制问题上奏，焦点是妇女犯罪可以赎罪制度。在《大清律例》中，妇女除了犯不孝、奸、盗及刁健翻控等罪名实际执行刑罚外，其他罪名可以缴银赎罪。在实施中弊端有三：首先，相关条款屡经修改，所谓实际执行有的改为监禁，有的仍可以收赎，而余下的在实践中也多成具文。其次，费用甚低，流三千里收赎为四钱五分，纳赎为一两三钱，而新施行的罚金刑，杖一百折为十五两，两者对比差别甚大。第三，妇女因为这种特殊制度而被唆使出面诉讼。

对此刑部提议：首先，妇女实际执行或者改为监禁的各项罪名改为在本地习艺所工作，设置不同年限。其次，提高赎罪的金额，如徒一年折银二十两，每五两为一等，准此递加，由徒入流，每一等加十两，流刑三等准此递加，发遣、充军按照流刑科罪。第三，无力缴纳者，按银折算时日，改习工艺。第四，枷号者酌加五两。第五，老幼废病者若无力工作，仍按照旧法金额赎罪。对于这些改革举措，朝廷予以允准。②这些改革措施，在某种程度上取消了因为性别因素而获得刑罚上的特权。

2. 满汉一致

光绪三十三年七月（1907年8月），清廷颁布上谕："现在满、汉畛域，究应如何全行化除，著内外各衙门各抒己见，将切实办法妥拟具奏，即予执行。"对此，沈家本上《旗人遣军流徒各罪照民人实行发配折》，针对旗人犯军流徒免发遣，折成枷号替代的情况，提出"嗣后旗人犯遣

---

① 参见［清］沈家本：《变通行刑旧制议》，《寄簃文存》卷一，收于沈家本：《历代刑法考》（附《寄簃文存》），邓经元、骈宇骞点校，中华书局1985年版，第4册，第2060—2062页。

② 朱寿朋编：《光绪朝东华录》，张静庐等校点，中华书局1958年版，总第5406—5407页。

军流徒各罪，照民人一体同科，实行发配"。①

同年九月，清廷又有上谕："著礼部暨修订法律大臣议定满汉通行礼制、刑律，请旨施行，俾率土臣民咸知遵守，用彰一同风之治。"沈家本等比较满、汉在法律上异制的历史与现状，提出"嗣后旗人犯罪，俱照民人各本律、本例科断，概归各级审判厅审理"，针对律例中旗人犯罪免发遣而折枷之制、满汉罪名畸轻畸重及办法殊异之处，通过删除、移改、修改、修并等方法，修订相关律例总计五十条。这些措施皆获得朝廷认可。②

《大清律例》规定旗地、旗房不准民人典买，旗人不允许在各省置买产业。期间户部曾允许交易，但又禁止。光绪三十三年（1907 年）沈家本上《变通旗民交产旧制折》，提议允许旗人房地允许与民人互相买卖，旗人出外居住营生者准许在各省随便置买产业。③

3. 身份平等

光绪三十二年（1906 年），两江总督周馥上有关禁革人口买卖的奏折，刑部知照修订法律大臣核定具体办法回覆。沈家本赞同周馥的意见，酌拟十一条方法：一、删除契买之例。买卖人口，无论为妻妾、为子孙、为奴婢，一概永远禁止，违者治罪。二、酌定买卖罪名。原有律例中，略卖和卖罪中买者不知情不坐、因贫而卖子女及买者无科罪之文，拟改为因贫而卖子女及买者，均科以十五两以下之罚金，身价入官，人口交亲属领回；略卖和卖案内不知情之买者，照此办理。三、酌改奴婢罪名。将契雇贫民子女及旧有的奴婢，均以雇工人论。（按：在传统等级社会中，雇工人身份较奴婢为高。）四、允许贫民子女作雇工人。使得在禁止

---

① ［清］沈家本：《旗人遣军流徒各罪照民人实行发配折》，《寄簃文存》卷一，收于沈家本：《历代刑法考》（附《寄簃文存》），邓经元、骈宇骞点校，中华书局 1985 年版，第 4 册，第 2031—2033 页。

② 《修订法律大臣奏遵议满汉通行刑律折》，收入怀效锋主编：《清末法制变革史料》，下卷，李俊等点校，中国政法大学出版社 2010 年版，第 46—57 页。

③ ［清］沈家本：《变通旗民交产旧制折》，《寄簃文存》卷一，收于沈家本：《历代刑法考》（附《寄簃文存》），邓经元、骈宇骞点校，中华书局 1985 年版，第 4 册，第 2033—2037 页。

买卖的情况下，当贫民无力养赡子女时，有可存活之道。允许其写立文券，议定雇钱年限，无论男女长幼，至多以二十五岁为断，限满听归亲属。无亲属可归者，男子听其自立，女子择配遣嫁。五、变通八旗家奴之例。将八旗家奴以雇工人论，主人情愿赎放者听。六、酌量开豁汉人世仆。汉人世仆所生之子孙已过三代者，一概开豁为良人，未及三代者，以雇工人论。七、旧时婢女限年婚配。旧时婢女年二十五岁以上无至近亲属可归者，有主家婚配，不得收受身价，违者照例治罪。八、纳妾只允许媒说。纳妾者应凭媒说合，只用财礼接取，由妾之母家写立为妾愿书，不准以买卖字样立契。九、酌改发遣为奴之例。将发遣驻防为奴的人犯，根据情节轻重，或发极边四千里安置，或入习艺所。十、删除良贱禁止通婚之律。雇工人与良人为婚，一概不加禁阻。十一、切实执行禁止买良为倡优之律。重申此令目的是防止在删除奴婢名目后，其转为倡优者。①

上述对旧律的改造，一方面是传统仁与仁政思想的发扬，另一方面是受到近代尊重人格与人道主义思想的影响，相比于前者，后者的影响具有更重大的促进作用。旧律改造成果的集中体现，乃宣统二年四月七日（1910年5月15日）颁布的《钦定大清现行刑律》（详见本书第三章）。

二 制定新法

新法的制定持续于晚清法律改革的始终，在第一阶段传统变法模式下，其更侧重针对性，例如制定《大清商律》，便是刘坤一、张之洞在《江楚会奏变法三折》中所提议的结果。在第二阶段仿行宪政模式下，《九年预备立宪清单》提出了制定、颁布新法的详细规划，从法律门类上看，其覆盖了近代主要的法律部门，具有全面性，后来随着时局的变化，

① ［清］沈家本：《禁革买卖人口变通旧例议》，《寄簃文存》卷一，收于沈家本：《历代刑法考》（附《寄簃文存》），邓经元、骈宇骞点校，中华书局1985年版，第4册，第2037—2043页。

更有如《钦定宪法大纲》、《宪法重大信条十九条》等宪法性文件的出台。可以说中国近代法律体系的建构，乃发端于晚清法律改革时期。在这一时期，立法上的主要成果如下：

宪法类：《钦定宪法大纲》、《宪法重大信条十九条》、《资政院院章》、《资政院议员选举章程》、《弼德院官制》、《弼德院办事及议事细则》、《谘议局章程》、《谘议局议员选举章程》、《京师地方自治章程》、《京师地方自治选举章程》、《城镇乡地方自治章程》、《城镇乡地方自治选举章程》、《府厅州县地方自治章程》、《府厅州县议事会议员选举章程》、《国籍条例》等。

行政法类：《行政纲目》、《学务纲要》、《各学堂管理通则》、《试办全国预算暂行章程》、《大清印刷物专律》、《户口管理规则》、《路务议员办事章程》、《出使章程十四条》、《大清监狱律草案》、《习艺所办法》、《各部官制通则草案》、《审计院官制草案》、《行政裁判院官制草案》、《军谘府官制草案》等。

刑法类：《钦定大清刑律》（即大清新刑律）、《大清违警律》等。

民商法类：《钦定大清商律》（包括《商人通例》和《公司律》）、《大清商律草案》、《大清民律草案》、《海船法草案》、《破产律》、《公司注册试办章程》、《著作权律》、《商标注册试办章程》、《商会简明章程二十六条》等。

诉讼法类：《刑事民事诉讼法草案》、《大清刑事诉讼律草案》、《大清民事诉讼律草案》、《法院编制法》、《大理院审判编制法》、《各级审判厅试办章程》、《营翼地方办事章程》、《司法区域分划暂行章程》、《补订高等以下各级审判厅试办章程》、《拟定各省城商埠各级审判检察厅编制大纲》、《初级暨地方审判厅管辖案件暂行章程》、《法官考试任用暂行章程》、《司法警察职位章程》等。①

---

① 详见怀效锋主编：《清末法制变革史料》，上、下卷，中国政法大学出版社 2010 年版。但该书没有收入《国籍条例》、《大清违警律》，另，该书有《刑事民事诉讼法》，但该法因为受张之洞等人反对，没有颁布，所以应该为《刑事民事诉讼法草案》。

这些立法，有些在清末颁布施行，有些因为保守势力反对而胎死腹中，有些因为清廷覆灭未及颁行，但在民国建立后，这些法律或草案中有不少为民国政府所继承和引用，成为民国初年的重要法源，晚清修律的重要成果，与民国初年的国家与社会仍保持着紧密的联系。

三 设立新的法政机构

在法律改革时期，清廷中央设立了三大新的法政机构，分别是修订法律馆、宪政编查馆和资政院。

（一）修订法律馆

修订法律馆渊源于清代刑部负责修例的律例馆，晚清启动修律后，该馆于光绪三十年四月一日（1904 年 5 月 15 日）易名为修订法律馆。该馆成立后，初期主要从事删修旧律和翻译外国法律的工作，为制定新律做准备。[①] 光绪三十三年（1907 年）官制改革之后关于法律编纂权问题曾引发论争，大理院正卿张仁黼和法部尚书戴鸿慈先后上奏，试图与主管修订法律馆的修订法律大臣沈家本争夺权力，他们提出在组织上，由法部和大理院专门负责修订法律事宜，将修订法律馆改为修订法律院，或者特开修订法律馆，在人员上，扩展人事，吸收各部堂官甚至各督抚将军共同参与修订法律事务。[②]

对于张、戴两人的主张，负责议奏此事的宪政编查馆的意见主要有三点：首先，将法律分为法典与单行法，由修订法律大臣负责编纂民法、商法、民事诉讼法、刑事诉讼法等法典及附属法，由各部负责编纂单行法；其次，法典与单行法草案完成后，交由宪政编查馆考覆，请旨施行；第三，修订法律馆独立，与部院不相统属，请旨专派明通法律之大员充

---

① 参见李贵连：《沈家本传》，法律出版社 2000 年版，第 208 页。
② 参见《大理院正卿张仁黼奏修订法律请派大臣会订折》、《法部尚书戴鸿慈等奏拟修订法律办法折》，收入故宫博物院明清档案部编：《清末筹备立宪档案史料》（下册），中华书局 1979 年版，第 833—836、839—842 页。

任修律大臣。①

　　朝廷同意宪政编查馆的意见，并颁布上谕："著派沈家本、俞廉三、英瑞，充任修订法律大臣，参考各国成法，体察中国礼教民情，会通参酌，妥慎修订，奏明办理。"②

　　修订法律大臣奏请于光绪三十三年十月二十七日（1907 年 12 月 2 日）开馆办事，并提出办事章程，获得朝廷同意。《修订法律馆办事章程》共十四条，具体内容为：

　　第一条　馆中执掌分别三项如下：

　　一　拟订奉旨交议各项法律。

　　二　拟订民商诉讼各项法典草案及其附属法，并奏定刑律草案之附属法。

　　三　删定旧有律例及编纂各项章程。

　　第二条　馆中分设二科如下：

　　第一科　掌关于民律、商律之调查起草。

　　第二科　掌关于刑事诉讼律、民事诉讼律之调查起草。

　　所有奉旨交议各件及各项附属法，随时由二科分任。

　　第三条　馆中设译书处，掌编译各国法律书籍。

　　第四条　馆中设编案处，掌删订旧有律例及编纂各项章程。

　　第五条　馆中设庶务处，掌文牍会计及一切杂条。

　　第六条　馆中设提调二人，禀承大臣总司馆中一切事宜。

　　第七条　每科设总纂一人，管理科务、纂修、协修各四人，调查员一人或二人，分司科务。

　　第八条　译书处设总纂一人，译员不设定额。

　　第九条　编案处设总纂一人，设纂修、协修各二人，分司其事。

　　第十条　庶务处设庶务总办一人，管理文牍会计等事，视事之

---

① 参见《宪政编查馆奕劻等奏覆修订法律办法折》，收入故宫博物院明清档案部编：《清末筹备立宪档案史料》（下册），中华书局 1979 年版，第 849—851 页。

② 《清德宗实录》，卷五百七十九，转引自陈煜：《清末新政中的修订法律馆——中国法律近代化的一段往事》，中国政法大学出版社 2009 年版，第 65 页。

烦简，得设委员数人。其余各科各处应设书记等员，由提调商同各科、各处，禀承大臣酌定。

第十一条 仿照各部设谘议官之例，甄访通晓法政，品端学粹之员，分省延请，不必到馆办事，专备随时谘商，俟选定后开单具奏，请旨施行。

第十二条 馆中修订各律，凡各省习惯有应实地调查者，得随时派员前往详查，其关于各国之成例，得随时咨商出使大臣代为调查，并得派员前往详查。

第十三条 馆员编订及调查各件随时刊印成书、存馆备查，并得择要进呈。

第十四条 以上各条胪举纲要，其余办事细则由提调商同各科、各处妥拟，呈大臣核定施行。①

该章程包括修订法律馆的职权范围（第一条）、机构设置（第二条—第五条、第十一条）、人员配置（第六条—第十条）和相关事宜（第十二条—第十四条）等内容。其特点有两点，首先，明确职能，修订法律馆被定位为提供立法评议意见、起草现代各种法典、修订传统律例章程等工作的法政机构。其次，分工有序，修订法律馆的组织结构为在修订大臣领导下，提调负责全面管理工作，谘议官提供专家意见建议，两科负责调查、起草现代实体法典、程序法典及其附属法，为朝廷立法提供评议意见，译书处从事翻译，编案处删订旧法，庶务处负责事务性工作。

在晚清法律改革中，修订法律馆可谓成绩斐然。首先，在立法方面，关于旧法，修订法律馆完成了传统律例轻刑化、人道化、平等化为趋向的改造工作；关于新法，修订法律馆在外籍专家的协助下，单独起草了《大清刑事民事诉讼法》、《法院编制法》、《大清刑律》、《大清监狱律》、《大清民律》、《大清商律》、《大清刑事诉讼律》、《大清民事诉讼律》等

---

① 《修订法律大臣奏开馆日期并拟办事章程折并章程》，收入上海商务印书馆编译所编纂：《大清新法令》（1901—1911）第2卷，荆月新、林乾点校，商务印书馆2010年版，第113—115页。

法典草案，与其他部门合作，起草了《违警律》、《国籍条例》、《破产律》等单行法，^①并配合《大清商律》、《大清民律》的起草，进行了全国范围的商事、民事习惯调查。^②

其次，在翻译方面，修订法律馆配合立法工作的展开，翻译了数量众多的西方法律与法学著作，为制定新法提供了知识支持。关于这方面的情况，目前可见有三次统计。

（1）光绪三十一年三月（1905 年 4 月）伍廷芳、沈家本的《删除律例内重法折》：

> 计自光绪三十年四月初一开馆以来，各国法律之译成者，德意志曰刑法，曰裁判法，俄罗斯曰刑法，日本曰现行刑法，曰改正刑法，曰陆军刑法，曰海军刑法，曰刑事诉讼法，曰监狱法，曰裁判所构成法，曰刑法义解，校正者曰法兰西刑法。至英、美各国刑法，臣廷芳从前游学英国，夙所研究，该二国刑法虽无专书，然散见他籍者不少，饬员依类辑译，不日亦可告成。^③

（2）光绪三十三年五月十八日（1907 年 6 月 28 日）《修订法律大臣沈家本奏修订法律情形并请归并法部大理院会同办理折》：

> 参酌各国法律，首重翻译，而译书以法律为最难，语意之缓急轻重，纪述之详略，抉择未精，舛讹立见。从前日本译述西洋各国法律多尚意译，后因讹误，改用直译，中国名词未定，迻译更不易言。臣深虑失实，务令译员力求信达，先后译成法兰西刑法、德意志刑法、俄罗斯刑法、和兰刑法、意大利刑法、法兰西印刷律、德国民事诉讼法、日本刑法、日本改正刑法、日本海军刑法、日本陆军刑法、日本刑法论、普鲁士司法制度、日本裁判构成法、日本监狱访问录、日本新刑法草案、法典论、日本刑法义解、日本监狱法、

---

① 参见陈煜：《清末新政中的修订法律馆——中国法律近代化的一段往事》，中国政法大学出版社 2009 年版，第 323—341 页。

② 李贵连：《沈家本传》，法律出版社 2000 年版，第 270—276 页。

③ ［清］沈家本：《寄簃文存》卷一，收于氏著：《历代刑法考》（附《寄簃文存》），邓经元、骈宇骞点校，中华书局 1985 年版，第 4 册，第 2023 页。

监狱学、狱事谭、日本裁判所编制立法论，共二十六种。又已译未完者，德意志民法、德意志旧民事诉讼法、比利时刑法论、比利时监狱则、比利时刑法、美国刑法、美国刑事诉讼法、瑞士刑法、芬兰刑法、刑法之私法观，共十种。①

（3）宣统元年正月二十六日（1909年2月16日）修订法律馆奏折：

译日本商法全部、译德国海商法、译英国国籍法、译美国国籍法、译德国国籍法、译奥国国籍法、译法国国籍法、译葡萄牙国籍法、译各国人入籍法异同考、译比较归化法、译日本民法（未完）、译德国民法（未完）、译法国民法（未完）、译奥国民法（未完）、译西班牙国籍法、译日本票据法、译美国破产法、译美国公司法论、译英国公司法论、译亲族法论、译日本加藤正治破产法论、译罗马尼国籍法、译义大利民法关于国籍各条、译德国改正民事诉讼法（未完）、译日本条约改正后关于外国人之办法、译德国强制执行法及强制竞卖法（未完）、译日本改正刑事诉讼法全部、译日本改正民事诉讼法全部、译日本现行刑事诉讼法全部、译日本现行民事诉讼法全部、译法国刑事诉讼法（未完），译奥国法院编制法全部、译奥国民事诉讼法（未完）、译裁判访问录、译国籍法纲要及调查员志田钾太郎意见书、译日本民事诉讼法注解全部、译日本刑事诉讼法论全部、译日本民事诉讼法论纲、译德国高等文官试验法、译德国裁判官惩戒法、译德国行政官惩戒法、译国际私法。②

在这些立法、翻译成果的背后，尤值一提的是修订法律馆在制度创新方面所采取的薪金倒挂政策。为了吸引与留住人才，在修订法律馆中，资历最浅的留学生虽然职位较低，却享有超过其上司的薪酬，这种延揽人才的特殊政策，与沈家本爱才且懂得用才是分不开的，正如江庸谈到：

前清修订法律大臣沈家本，实清季达官中最为爱士之人。凡当

---

① 故宫博物院明清档案部编：《清末筹备立宪档案史料》（下册），中华书局1979年版，第838页。

② 《东方杂志》1909年第3期，第139—140页。

时东西洋学生之习政治法律，归国稍有声誉者，几无不入其彀中。法律馆于两大臣下虽设有提调、总纂、纂修、协修等名目，然薪俸之厚薄则不以位置之高下为标准。总纂薪金倍于提调，纂、协修之专任者，薪金又倍于总纂。盖以初筮仕之学生，其资格不足以充提调、总纂，使之专致力于编纂事业，非厚俸不能维系之也。当时王大臣中亦多喜延揽新进，惟严范，生师之爱士出于至诚，然事权不属不能尽如其意，其余类叶公之好龙，非沈公比也。①

（二）宪政编查馆

宪政编查馆的前身为考察政治馆，该馆乃在光绪三十一年十月二十九日（1905 年 11 月 25 日）因载泽等五大臣出洋考察政治所设，② 光绪三十三年七月初五日（1907 年 8 月 13 日）奉上谕著改为宪政编查馆。③

根据光绪三十三年七月十六日（1907 年 8 月 24 日）的《宪政编查馆大臣奕劻等拟呈宪政编查馆办事章程折》，该馆乃模仿日本明治初年的宪法取调所和后来日本内阁的法制、统计等局而设，定位是“宪政之枢纽”。

《宪政编查馆办事章程》共十六条，具体内容为：

第一条　本馆由军机王大臣管理，设提调二员，综理馆中一切事宜。

第二条　本馆职掌分列如下：

一、议覆奉旨交议有关宪政折件，及承拟军机大臣交付调查各件。

二、调查各国宪法，编订宪法草案。

三、考核法律馆所订法典草案（法典指民法、商法、刑法、刑

---

① 江庸：《趋庭随笔》，收入沈云龙主编：《近代中国史料丛刊》第九辑，台北文海出版社印行，第 61—62 页。

② 《设立考察政治馆谕》，收入夏新华等整理：《近代中国宪政历程：史料荟萃》，中国政法大学出版社 2004 年版，第 40 页。

③ 上海商务印书馆编译所编纂：《大清新法令》（1901—1911）第 1 卷，李秀清、孟祥沛、汪世荣点校，商务印书馆 2010 年版，第 43 页。

事诉讼法、民事诉讼法诸种而言），各部院、各省所订各项单行法（单行法指隶于一事之章程，不属法典之各法而言）及行政法规（如改订官制及任用章程之类）。

四、调查各国统计，颁成格式，汇成全国统计表及各国比较统计表。

第三条　本馆设编制局、统计局两所分司职掌各事。

第四条　编制局分为三科如下：

第一科 掌属于宪法之事，第二科 掌属于法典之事，第三科 掌属于单行法及行政法规之事。

第五条　统计局分为三科如下：

第一科 掌属于外交、民政、财政之事，第二科 掌属于教育、军政、司法之事，第三科，掌属于实业、交通、藩务之事。

第六条　编制局、统计局各设局长一人，承提调官职之命管理局务，副局长一人，协同局长管理局务，各科视事务繁简，酌设科员三人或者四人分司科务。所有奏咨文牍，即由局长、副局长挈同科员详慎拟草，送由提调核夺办稿。

第七条　编制局、统计局办事细则，由局长商承提调妥拟，呈王大臣核定施行。

第八条　本馆设总核二员，稽核各项奏咨文牍及官报事件。

第九条　本馆设庶务处一所，专司收发文书、款项出入及各项杂务。庶务处设总办一员，商承提调督率本处委员，办理一切庶务。

第十条　本馆设译书处一所，凡各国书籍为调查所必需者，应精选译才陆续翻译。其馆员多寡，取足备用，不必预定。另设图书处一所，收储中外图籍，设收掌二员专司其事。

第十一条　本馆有统一全国法制之责，除法典草案应由法律馆奏交本馆考核外，如各部院、各省法制有应修改及增订者，得随时咨明该管衙门办理，或会同起草，或由该管衙门起草，咨送本馆考核，随时酌定。所有统计事项，应由各部院、各省就其主管事务，派定专员按照本馆颁定格式，详细列表，随时咨报本馆，由本馆汇齐详核，编列总表，以昭划一。

第十二条 本馆调查及编订之件，应随时发刊报告书，或月刊，或季刊，随时酌定。

第十三条 本馆调查各件，关系重要，得随时派员分赴各国各省实地考察，并得随时咨商各国出使大臣及各省督抚代为调查一切。

第十四条 本馆拟订及考核之件，除法典及重大事项应由资政院议决外，其余各件呈由军机王大臣阅定，即奏准施行。

第十五条 本馆奏明附设之官报局，应设局长一人，综理原奏所定之编辑、校对、印刷、发行四项事宜，并酌定办事人员分任责成，由局长商承提调督饬办理。

第十六条 以上各条胪举纲要，其尚有未尽事宜，应随时酌定，奏明办理。①

宪政编查馆的编制是在《办事章程》的基础上逐渐设置完成的。该馆由军机王大臣管理，设提调专门负责馆中事务，最初拟定办事章程时，以编制、统计两局为核心部门，另设置总务、译书、图书三处，并附设官报局，后来又增设了参议和考核专科、谘议官。②

依据《办事章程》的规定和宪政编查馆的实践，该馆的工作主要有四个方面：起草宪法和法规、审核法规、统计政要、督导和考核宪政。在起草宪法和法规方面，它负责起草了《钦定宪法大纲》暨议院法选举法要领及逐年筹备事宜清单、《谘议局章程》、《谘议局议员选举章程》等宪法性法律，《行政纲目》、《结社集会律》、《宗室觉罗诉讼章程》等众多法规。在审核法规方面，它负责审核修订法律馆起草的法典草案、各部院、各省起草的单行法和行政法规，改变了以往各部门分别奏准施行，常有抵牾之处的现象，起到统一法制的作用。在统计政要方面，它引进

---

① 《宪政编查馆大臣奕劻等拟呈宪政编查馆办事章程折》（附清单），收入故宫博物院明清档案部编：《清末筹备立宪档案史料》（上册），中华书局1979年版，第47—51页。

② 参见刘汝锡：《宪政编查馆研究》，台湾师范大学历史研究所硕士论文，1977年，第15页。

西方的统计科学，实际应用到立宪筹备工作之中。在督导和考核宪政方面，它通过提供咨询、集成解释等方式，指导立宪筹备工作的进行，设置考核专科考核内外臣工筹办宪政成绩，推进立宪筹备工作的开展。[①]

（三）资政院

光绪三十二年七月十三日（1906年9月1日），清廷宣布预备立宪。[②]光绪三十三年八月十三日（1907年9月20日），清廷颁布上谕"立宪政体，取决公论，上下议院实为行政之本。中国上下议院，一时未能成立，亟宜设资政院，以立议院基础"。[③]资政院作为未来议院的基础，从清廷最初的设想上看，将其定位为"疏通舆论"的机构，乃在"大权统于朝廷，庶政公诸舆论"的预备立宪方针指导之下，达到方便国家征收税赋、制衡内阁保障君权、汇总舆情以达上闻的目的。[④]

依据《资政院院章》，[⑤]关于人员构成，资政院设总裁二人，总理全院事务，以王公大臣著有勋劳、通达治体者，由特旨简充（第二条）。副总裁二人，佐理全院事务，以三品以上大员著有才望学识者，由特旨简充（第三条）。资政院议员分为钦选和互选两类，年龄要求年满三十岁以上，以三年为任期，任满一律改选。前者由宗室王公世爵，满汉世爵、外藩（蒙回藏）王公世爵、宗室觉罗、各部院衙门官四品以下七品以上者（但审判官、检察官及巡警官不在其列）、硕学通儒、纳税多额者组成，后者由各省谘议局议员组成，各以一百名为定额（第九—第十三条）。资政院

---

① 参见刘汝锡：《宪政编查馆研究》，台湾师范大学历史研究所硕士论文，1977年，第28页、第125—206页。

② 《宣示预备立宪谕》，收入夏新华等整理：《近代中国宪政历程：史料荟萃》，中国政法大学出版社2004年版，第51—52页。

③ 《设资政院谕》，收入夏新华等整理：《近代中国宪政历程：史料荟萃》，中国政法大学出版社2004年版，第80页。

④ 参见《资政院官制草案》，收入上海商务印书馆编译所编纂：《大清新法令》（1901—1911）第1卷，李秀清、孟祥沛、汪世荣点校，商务印书馆2010年版，第692—693页。

⑤ 《资政院院章》出台于光绪三十四年六月初十日（1908年7月8日），共两章、十五条。宣统元年七月初八日（1909年8月23日）改订并增加八章，共十章、六十五条以及附条二条。宣统三年六月初一日（1911年6月26日）第三次改订。关于院章及改订情况，可见夏新华等整理：《近代中国宪政历程：史料荟萃》，中国政法大学出版社2004年版。本书介绍依据宣统元年七月初八日的院章。

设秘书厅，负责本院文牍、会计、记载议事录及一切庶务，设有秘书长一人和一、二、三等秘书官各四人（第五十四—五十六条）。

关于会议，资政院会议分常年会和临时会两种，常年会每年一次，会期三个月，从九月初一起至十二月初一止，有必须接续会议之事，可延长会期一个月以内。临时会无定期，会期一个月（第六条、第三十一条）。在清朝覆灭之前，资政院一共开了两次常年会议。第一次从宣统二年九月初一（1910 年 10 月 3 日）到十二月十一日（1911 年 1 月 11 日），第二次在宣统三年九月一日（1911 年 10 月 22 日）举行开院典礼，后因武昌起义等事件，议员离会，人数不足，自动关闭。[1]

关于职权，资政院有下列权力：一、议决。资政院负责议决下列事项：国家岁出入预算事件、国家岁出入决算事件、税法及公债事件、新定法典及嗣后修改事件（不包括宪法）、其余特旨交议事件（第十四条）。二、复议。资政院议决事件，若军机大臣或各部行政大臣不以为然，得声叙原委事由，咨送资政院复议（第十四条）。三、咨问。资政院于各衙门行政事件及内阁会议、政务处议决事件，如有疑问，得由总裁、副总裁咨请答问。若军机大臣或各部行政大臣认为必当秘密者，应将大致缘由声明（第二十条）。四、奏陈。军机大臣或各部行政大臣，如有侵犯资政院权限或违背法律等事，得由总裁、副总裁据实奏陈，请旨裁夺（第二十一条）。五、核议。各省谘议局与督抚异议事件，或此省与彼省之谘议局互相争议事件，均由资政院核议。议决后由总裁、副总裁具奏，请旨裁夺（第二十三条）。六、核办。各省人民于关系全国利害事件有所陈请，得拟具说帖，并取具同乡议员保结，呈送资政院核办（第二十五条）。资政院于人民陈请事件，若该管各股股员多数认为合例可采者，得将该件提议作为议案。其关于行政事宜者，应咨送各该衙门办理（第二十七条）。

尽管只被定位为"疏通舆论"的机构，尽管仅仅开会两次而存续时

---

[1]　参见姚光祖：《清末资政院之研究》，台湾大学政治研究所硕士论文，1977 年，第 103—117、300—307 页。

间不长，尽管院章所赋予的权力仍然依附于君权之下，但在资政院的实际运行中仍然突破了清廷原来的预想，有众多的民主亮点。有学者总结资政院对中国近代政治社会发展具有开创性的十点贡献：一、资政院是我国的第一个国会。二、资政院开办公所，创设了第一个公立的"速记学堂"，培养了我国第一批速记人才。三、资政院有半数民选议员，开我国民选议员参与中央政治的先河。四、资政院的会议程序，采取公开讨论，一人一票及多数决的方式，打破了我国数千年专制政治传统，为我国以民主方式议决国政及制定法律的滥觞。五、资政院议决弹劾军机案，是由人民代表机关所议决的第一个弹劾案，是我国民权发展史上的一大壮举。六、资政院所议决的宣统三年预算案，是我国历史上第一个全国性的岁入及岁出预算案。七、资政院议决的新刑律，为我国立法史上所完成的第一个现代化的大法典。八、资政院所组织的政党，为我国有公开合法政党之始。九、资政院所议决的十九信条，为我国历史上由人民代表机关所制定的第一部宪法。十、资政院依十九信条授权，选举了我国政治史上第一个责任内阁总理。①

四　出国考察

在晚清法律改革时期，清廷中央与地方都有派出人员出国考察法政。就中央层面而言，影响较大的有下列三次。

（一）五大臣出洋考察政治

光绪三十一年六月十四日（1905 年 7 月 16 日），清廷颁布《派载泽等分赴东西洋考察政治谕》，"方今时局艰难，百端待理，朝廷屡下明诏，力图变法，锐意振兴，数年以来，规模虽具而实效未彰，总由承办人员向无讲求，未能洞达原委，似此因循敷衍，何由起衰弱而救颠危。兹特简载泽、戴鸿慈、徐世昌、端方等，随带人员，分赴东西洋各国考求一

① 姚光祖：《清末资政院之研究》，台湾大学政治研究所硕士论文，1977 年，第 350—351 页。

切政治，以期振善而从"。① 八月二十六日（9 月 24 日），载泽、戴鸿慈、徐世昌、端方、绍英五人作为出使各国考察政治大臣出京，在火车站遇到革命党人吴樾的炸弹袭击，载泽、绍英受微伤。后来清廷用尚其亨、李盛铎替换徐世昌、绍英，在十一月下旬五大臣重新放洋。

五大臣分为两路。载泽、尚其亨、李盛铎前往日本、美国、英国、法国、比利时等国，戴鸿慈和端方前往美国、德国、丹麦、瑞典、挪威、奥国、俄国、意大利、荷兰等国，他们觐见元首，会晤政要，咨询专家，参观官署，采译图书，历时八个多月。

五大臣出洋考察政治的最大成果是促成了清廷的预备立宪。在《出使各国考察政治大臣载泽等奏请以五年为期改行立宪政体折》和端方的《请定国是以安大计折》中，都提出了立宪的必要性和重要性。② 在光绪三十二年七月初八日（1906 年 8 月 26 日）的《奏请宣布立宪密折》中，载泽更是提出了打动慈禧的立宪三大利之说：

一曰皇位永固。立宪之国君主，神圣不可侵犯，故于行政不负责任，由大臣代负之；即偶有行政失宜，或议会与之反对，或经议院弹劾，不过政府各大臣辞职，别立一新政府而已。故相位旦夕可迁，君位万世不改，大利一。

一曰外患渐轻。今日外人之侮我，虽由我国势之弱，亦由我政体之殊，故谓为专制，谓为半开化而不以同等之国相待。一旦改行宪政，则鄙我者，转而敬我，将变其侵略政策，为平和之邦交，大利二。

一曰内乱可弭。海滨洋界，会党纵横，甚者倡为革命之说，顾其所以煽惑人心者，则曰政体专务压制，官皆民贼，吏尽贪人，民为鱼肉，无以聊生，故从之者众。今改行宪政，则世界所称公平之正理，文明之极轨，彼虽欲造言，而无词可藉，欲倡乱，而人不肯

---

① 故宫博物院明清档案部编：《清末筹备立宪档案史料》（上册），中华书局 1979 年版，第 1 页。

② 收入夏新华等整理：《近代中国宪政历程：史料荟萃》，中国政法大学出版社 2004 年版。

从，无事缉捕搜拿，自然冰消瓦解，大利三。①

（二）三大臣出洋考察宪政

在预备立宪之后，鉴于五大臣考察政治时间有限且题材广泛，考虑到宪法问题的重要性，光绪三十三年六月十九日（1907 年 7 月 28 日）袁世凯上奏请派大臣赴德、日两国专门考察宪法，清廷下谕，"命外务部右侍郎汪大燮，充出使英国考察宪政大臣，学部右侍郎达寿，充出使日本国考察宪政大臣，邮传部右侍郎于式枚，充出使德国考察宪政大臣"。光绪三十三年八月（1907 年 9 月）三人出洋，后来改由李家驹代替达寿，这次考察先后历时两年。② 这次考察促进了清廷对日本宪法理念与经验的学习。

在《考察宪政大臣达寿考察日本宪政情况折》中，达寿提出两个重要的观点："一曰政体之急宜于立宪也，一曰宪法之亟当钦定也。"③ 他辨析国体和政体的概念，认为国体有君主与民主之分，政体有立宪与专制之别，国体基于历史不变，政体依据时势而变；他从欧洲宪法的历史与理论、日本近代的立宪经验等论证立宪有利于巩固国体，可以安置皇室，不会减轻君权；他比较钦定、协定、民定三种宪法，从君主、臣民、政府、议会、军队五个角度论证钦定宪法最有利于保存国体和巩固主权。在《出使德国考察宪政大臣于式枚奏立宪不可躁进不必预定年限折》、④《考察宪政大臣于式枚奏立宪必先正名不须求之外国折》⑤ 中，于式枚根据日本在本国风俗习惯基础上学习德国宪法的历史经验，认为中国不应盲目学习西法，而应该立足本国实际，做好筹备工作，明确钦定宪法上

---

① 夏新华等整理：《近代中国宪政历程：史料荟萃》，中国政法大学出版社 2004 年版，第 41 页。

② 参见夏新华等整理：《近代中国宪政历程：史料荟萃》，中国政法大学出版社 2004 年版，第 53—54 页。

③ 夏新华等整理：《近代中国宪政历程：史料荟萃》，中国政法大学出版社 2004 年版，第 56 页。

④ 收入夏新华等整理：《近代中国宪政历程：史料荟萃》，中国政法大学出版社 2004 年版。

⑤ 收入故宫博物院明清档案部编：《清末筹备立宪档案史料》（上册），中华书局 1979 年版。

下之分的理念。

（三）董康等考察日本裁判监狱

光绪三十二年（1906 年），刑部候补郎中董康、主事麦秩严、候补员外郎熙桢、四川綦江县知县区天相、日本法科大学学生熊垓、刑部员外郎王仪通赴日调查裁判监狱事宜，[①] 其成果汇集为《调查日本裁判监狱报告书》。这次调查的结果，明确了"司法独立"、"监狱以感化犯人为目的"等现代法制理念，使得晚清司法改革的目标和措施更加清晰。董康也在数次赴日与日本学者切磋学问的过程中，建立友谊，并先后延聘冈田朝太郎、松冈义正、小河滋次郎、志田钾太郎为修订法律馆顾问暨京师法律学堂教习。[②]

五　开办近代法律教育

光绪三十一年（1905 年），伍廷芳、沈家本上《奏请专设法律学堂折》，指出当时法律日益重要而法律教育存在明显不足：《奏定学堂章程》虽然设有政法科大学，但需要预备科及各省高等学堂毕业学生升入，而当时预备科刚刚设计，专科之成为期尚远；进士、仕学等馆的培养目标在于通才，法律只是其中所授的一种科目；游学毕业的法科人士不了解中国情况。在急缺了解中西法律专业人才的情况下，他们提出仿效日本变法时所设立的司法学校的模式，在京师设立法律学堂，先由修律大臣进行管理，"考取各部属员，在堂肄习毕业后，派往各省为佐理新政分治地方之用"。[③]

依据光绪三十二年（1906 年）的《修律大臣订立法律学堂章程》，[④] 关于培养目标，学堂以造就已仕人员研精中外法律，各具政治智识，足

---

① 参见王仪通：《调查日本裁判监狱报告书叙》，收入《调查日本裁判监狱报告书》，北京农工商部印刷科铅印，光绪丁未（1907）五月排印。

② 参见董康：《中国修订法律之经过》，收入氏著：《中国法制史讲演录》，文粹阁影印（无出版日期），第 158 页。

③ 伍廷芳、沈家本：《奏请专设法律学堂折》，收入《伍廷芳集》（上册），中华书局1993 年版，第 271—272 页。

④ 《东方杂志》1906 年第 10 期，第 249—276 页。

资应用为宗旨，并养成裁判人材期收速效。关于培养年限，学堂分两种：一种是三年毕业；一种是速成科，一年半毕业。

关于课程设置，三年制的科目和每周学时为：第一学年第一学期，大清律例及唐明律（4）、现行法制及历代法制沿革（4）、法学通论（6）、经济通论（4）、国法学（4）、罗马法（2）、刑法（6）、外国文（4）、体操（2）；第二学期，大清律例及唐明律（3）、现行法制及历代法制沿革（3）、法学通论（4）、经济通论（4）、国法学（4）、罗马法（2）、民法（4）、刑法（6）、外国文（4）、体操（2）。第二学年第一学期，宪法（3）、刑法（4）、民法（4）、商法（3）、民事诉讼法（4）、刑事诉讼法（4）、裁判所编制法（2）、国际公法（2）、诉讼实习（4）、外国文（4）、体操（2）；第二学期，刑法（3）、民法（4）、商法（3）、民事诉讼法（6）、刑事诉讼法（3）、国际公法（2）、行政法（2）、监狱法（3）、诉讼实习（4）、外国文（4）、体操（2）。第三学年第一学期，民法（4）、商法（2）、大清公司律（2）、民事诉讼法（2）、刑事诉讼法（2）、行政法（3）、国际私法（3）、财政通论（3）、诉讼实习（6）、外国文（4）、体操（2）；第二学期，民法（4）、商法（4）、大清破产律（2）、民事诉讼法（6）、国际私法（4）、财政通论（4）、诉讼实习（6）、外国文（4）、体操（2）、卒业论文。

速成科的科目和每周学时为：第一学期，大清律例及唐明律（4）、现行法制及历代法制沿革（4）、法学通论（4）、宪法大意（6）、刑法（6）、民法要论（6）、商法要论（4）；第二学期，大清律例及唐明律（4）、现行法制及历代法制沿革（4）、法学通论（4）、刑法（6）、民法要论（4）、商法要论（6）、民刑诉讼法（6）；第三学期，民法要论（4）、大清公司律（2）、大清破产律（2）、民刑诉讼法（10）、裁判所编制法（3）、监狱学（3）、国际法要论（4）、诉讼实习（6）。

关于职务和编制，法律学堂在修律大臣管理之下，设监督一员，监督主持全学教育事务，董理学规、稽察办事人员，裁定出入经费。教务提调一员，主审量教法，修饬学规，稽察教员勤惰，考验教员优劣，有实施教育之责，约束学生之权。教员八员，分任学科，按程讲授，有实施教育之责。掌书官一员，掌一切图书。庶务提调一员，管理修建房屋，置备器物，雇佣工役一切庶务。文案官一员，专办文牍。会计官一员，经理款项。杂务官一员，管理雇佣人役一切堂室器物并各种杂务。斋务提调一员，专管考验学员品行及堂外寄宿舍一切事务。监学官一员，稽察学员出入，考察学员功课勤惰及一切起居动作。检查官一员，照料学员，注意一切卫生事宜。

光绪三十二年九月（1906 年 10 月）京师法律学堂开学，当时的教员主要来自日本，有冈田朝太郎、松冈义正、小河滋次郎、志田钾太郎、岩井尊文、中村襄等人，中方的教员有律学家吉同钧等人。在日本教员讲课时，采用中方曾经留日的法科学生如曹汝霖、江庸等担任翻译的"双重讲授的间接教授法"。虽然在 1905 年 11 月，直隶法政学堂已经开学，但京师法律学堂作为中央开办的第一所法律专门学校，其资源更多，影响无疑更大，而且它以培养裁判人才为目标，与直隶法政学堂着重培养地方政治人才相比，法律专业方面的要求更高。在伍廷芳、沈家本的呼吁与行动的影响下，京师法政学堂与地方的法政学堂纷纷设立。法律作为一种专门之学，通过近代的法律教育得以传播。[①]

六　筹建近代司法体制

光绪三十二年七月十三日（1901 年 9 月 1 日），清廷宣布预备立宪，并从官制改革入手。[②]光绪三十二年九月十六日（1906 年 11 月 2 日），庆亲王奕劻等奏《厘定中央各衙门官制缮单进呈折》中提到"立法、行政、司法三者，除立法权当属议院，今日尚难实行，拟暂设资政院以为预备外，行政之事则专属之内阁各部大臣，司法之权则专属之法部，以

---

① 参见王健：《中国近代的法律教育》，中国政法大学出版社 2001 年版，第 190—216 页。

② 参见《宣示预备立宪先行厘定官制谕》，故宫博物院明清档案部编：《清末筹备立宪档案史料》（上册），中华书局 1979 年版，第 43—44 页。

大理院任审判，而法部监督之，均与行政官相对峙，而不为所节制"。①
九月二十日，清廷颁布《裁定奕劻等核拟中央各衙门官制谕》，同意奕劻
等人的意见，"刑部著改为法部，专任司法，大理寺著改为大理院，专掌
审判"。②法部尚书为戴鸿慈，大理院正卿为沈家本。在预备立宪背景下，
行政与司法开始分离，司法在皇权一统下获得相对独立的地位，近代司
法体制开始筹建。③

其主要的组织法案有光绪三十二年十月二十七日（1906 年 12 月 12
日）的《大理院奏审判权限厘定办法折》、《大理院审判编制法》，光绪
三十三年十月二十九日（1907 年 12 月 4 日）的《各级审判厅试办章程》
和宣统元年十二月二十八日（1910 年 2 月 7 日）的《法院编制法》④等，
规定渐趋完整精细。依据上述组织法案，全国的审判衙门分为四级：大
理院、高等审判厅、地方审判厅和初级审判厅（前两个法案称为乡、城
谳局），采用四级三审制。案件类型分为刑事、民事两类，民刑予以分
离。设立检察制度，与各审判衙门相对应，分别设有总检察厅、高等检
察厅、地方检察厅和初级检察厅。

依据这些组织法案，大理院、京师、东三省各级审判厅陆续设立，

---

① 故宫博物院明清档案部编：《清末筹备立宪档案史料》（上册），中华书局 1979 年版，
第 464 页。
② 故宫博物院明清档案部编：《清末筹备立宪档案史料》（上册），中华书局 1979 年版，
第 471 页。
③ 在宣告预备立宪之前，光绪三十二年四月初二日（1906 年 4 月 25 日）沈家本等曾
奏进呈刑事民事诉讼法草案，该草案采用陪审制、律师制，但因为张之洞等地方督抚反对而
无效。
④ 收入怀效锋主编：《清末法制变革史料》，上卷，李俊等点校，中国政法大学出版社
2010 年版，第 388—389、455—457、458—464、492—502 页。《大理院审判编制法》凡四十
五条，分总纲、大理院、京师高等审判厅、城内外地方审判厅、城谳局五节。《各级审判厅试
办章程》凡一百二十条，分总则、审判通则、诉讼、各级检察厅通则、附则五章。依据该章
程第一百一十九条，其在法院编制法和民事刑事诉讼法颁行后即停止施行，可见设立初衷乃
作为一过渡性法案，兼具组织法与诉讼法的内容。《法院编制法》凡一百六十四条，分审判衙
门通则、初级审判厅、高等审判厅、大理院、司法年度及分配事务、法庭之开闭及秩序、审
判衙门之用语、判断之评价及决议、庭丁、检察厅、推事及检察官之任用、书记官及翻译官、
承发吏、法律上之辅助、司法行政之职务及监督权十六章。

并于宣统二年（1910 年）举行了第一次全国法官考试。[①]

在筹建近代司法体制的过程中，出现了法部与大理院的司法权限之争，即所谓部院之争。法部试图将司法行政权解释为司法权（审判权）和行政权，前者指死刑案件、秋朝审的覆核权，恩赦、特典的具奏权，后者指司法官吏的任免权、死刑判决的执行权、审判区域的划分权、司法警察的调度权。大理院试图在拥有审判权的同时，掌握司法官吏的任免权和审判区域划分权，双方都出现了扩权化的趋势，而法部尤甚。最终朝廷以政治手腕平息论争，将大理院正卿沈家本和法部右侍郎张仁黼的职务对调，部院双方协商，达成妥协。法部拥有覆核死刑案件，核议朝审实缓等要案审判权，大理院获得会同具奏权，法部和大理院公同妥商司法官吏的人选。[②] 从结果上，法部仍然可以控制大理院，如何实现审判独立乃至司法独立在近代中国仍然任重道远。

---

① 详见李启成：《晚清各级审判厅研究》，北京大学出版社 2004 年版，第 3、4 章。李启成指出，在《各级审判厅试办章程》出台前，已经有《天津府属审判厅试办章程》（第 66—67 页），在全国法官考试之前，该府的各级审判厅已通过考试选拔法官（第 96—97 页）。这种特定区域先行实验的模式也是晚清法律改革的一个特点。

② 参见张从容：《部院之争——晚清司法改革的交叉路口》，北京大学出版社 2007 年版，第 1—3 章；李贵连：《沈家本传》，法律出版社 2000 年版，第 234—248 页。

第二章 近代公法的变迁

将法律分成公法和私法，最早源自古罗马法学家乌尔比安，他按照法律调整的对象进行划分，认为公法旨在"造福于公共利益"，私法则"造福于私人"。① 后来虽然因时代发展而公私法概念的外延有别，但其内涵则以一贯之，此种分类方法为世界普遍接受。按照乌的定义，在当代，公法一般包括宪法，行政法及其诉讼法，刑法及其诉讼法，乃至部分经济法；而私法则包括民法及其诉讼法，商法等。因为本书刑法与司法制度单列成章，故本章的"公法"，主要指宪法、行政法。又因为行政法包罗甚广，且未法典化，所以本章所讨论的"公法"，又侧重于宪法。行政法方面，仅于对近代历史产生重要影响的相关法律法规进行探讨。

第一节 近代公法概论

在传统中国社会，君主口含天宪，奉行"朕即国家"的理念，在道德和法律上强调臣民对君主尽义务，自社会生活中鼓励臣民安分守己，乡村自治。所以在这种情形下，臣民的权利意识一直比较薄弱，至于现代西方政治法律思想的核心观念如自由、民主、人权等，更无从谈起。而按照现代法学理论，近现代意义上的宪法，以规定国家根本任务、根

---

① 参见 [意] 桑德罗·斯奇巴尼选编：《民法大全选译·正义与法》，黄风译，中国政法大学出版社 1992 年版，第 35 页。

本制度以及人民基本权利为核心；而近现代意义上的行政法，则以规范国家机关运行，控制政府权力，以保障公民免受不法及不正当行政行为的伤害为核心。故严格来讲，这样的宪法与行政法，在传统社会中是不可能出现的。

但这样说，并不表明古代就没有公法和私法。事实上，中国很早就形成了完整而严密的法律体系，在公法方面尤为突出，主要表现为刑法和行政法律的发达。刑法暂且勿论，单从行政法方面来看，至迟在春秋战国时期，已经有一整套行政法律制度，表现为《周礼》（又称《周官》），从这部书里，"我们可以看到各种各样的官职，被有条不紊地组织起来，从而形成一套体系精密、分工井然的国家治理结构，堪称为各种典章制度的大全"。[1] 尽管《周礼》总体上是一部虚构的作品，并不是周代法律的实况，但是"全书记述三百五十六官，有百余职官与两周出土金文相同相近。可见《周礼》作者曾搜集大量历史记载和当时现实，并非完全虚构"。[2] 而古代的行政立法主要就表现在职官立法上，各代正史中，"职官志"记载颇详。至唐代，更是出现了《唐六典》这样的官制大全，其后明清会典继之，这可视为古代意义上的行政法。

现代行政法从其构成来看，一般包括行政组织法、行政行为法、行政法制监督法（包括行政救济法和行政责任法在内）三大部分，而古代行政法侧重于行政组织和部分行政行为，至于行政法制监督，则表现为各朝的监察法制。其针对职官设置和官员行政责任方面的规定颇多，至于对公民的行政救济，则传统行政法均付阙如。[3]

---

[1]　张晋藩、陈煜：《辉煌的中华法制文明》，江苏人民出版社 2015 年版，第 1 页。

[2]　钱玄：《〈周礼〉译注》，岳麓书社 2001 年版，第 6 页。

[3]　日本法学家织田万所著《清国行政法》，是第一次以"行政法"为名系统考查传统中国行政法的著作。他从行政法大意、行政法渊源、行政组织、职官史以及裁判制度等几个方面全面考了清朝行政法，而对行政组织和职官史部分言之独详，由此可见中国传统行政法的特色，参见氏著：《清国行政法》，李秀清、王沛校勘，中国政法大学出版社 2003 年版。

　　至于宪法，在中国其"名"古已有之，[①] 但均泛指典章制度和法令法规而言，不具备作为国家根本法意义上的宪法的内涵。而日本古代亦有"宪法"一词，如圣德太子（574~622）即制定了"宪法十七条"，虽然也不具备现代宪法的内涵，但它是一套政府行为的基础道德训条以及政治方针，[②] 起到了类似"根本大法"的作用。可能正因为有此内涵，所以1873年，日本法学家、拿破仑法典的翻译者箕作麟祥，就借用此词，把法文的 Constitution 译成"宪法"，当初还另有国法、国制、国体、国宪、朝宪、朝纲等等译法。其后中国便模仿日本修宪，将国家根本大法定义为"宪法"，从此该"宪法"方具备现代宪法之"实"。

　　近现代意义上的公法创制，始于"预备立宪"和清末修律过程中。其思潮则要上溯到19世纪70年代，一批改良派官僚士大夫，如王韬、薛福成、何启、胡礼垣、郑观应、马建忠、黄遵宪、郭嵩焘等，通过直接或间接的渠道，对西方民主政治已有或多或少的了解，再目睹中国的积贫积弱的现状，思改良之，遂纷纷主张"君民共主"、"设议院"、"行公法"等，其中以郑观应最为典型，在其代表作《盛世危言》一书中，他一开始就指出："欲行公法，莫要于张国势；欲张国势，莫要于得民心；欲得民心，莫要于通下情；欲通下情，莫要于设议院。"[③] 此处的"公法"，虽然并不专门指宪法和行政法，但实行宪法政治，无疑是其中一大要义。其后到90年代末，以康梁为首的维新派，更是明确提出了设议院、开国会、定宪法的维新主张，在《上清帝第六书》中，康建议皇帝效仿日本明治维新经验，"开制度局而定宪法"，将制度局设于宫中，选公卿、大夫及草茅才士二十人充总裁，议定参预之任，商榷新政。这制

---

　　① 如"维圣时宪"、"监于先王成宪"（《尚书·说命》），"赏善罚奸，国之宪法也"（《国语·晋语》），"故能出号令，明宪法矣"（《管子·七法》），"宪章文武"（《礼记·中庸》），"宪令著于官府"（《韩非子·定法》），"布施百姓者，宪也"（《墨子·非命上》）等，详细的考释参见钱大群：《"宪"义略考》，载《南京大学学报》1984年第2期。

　　② 参见[美]狄百瑞：《东亚文明：五个阶段的对话》，何兆武、何冰译，江苏人民出版社2012年版，第25页。

　　③ 郑观应：《盛世危言》"议院上"，华夏出版社2002年版，第24页。

度局性质无疑类似于议院。下面还包括法律、度支等十二局。① 而制度局首要做的，便是定宪法。可见此时康有为已经意识到宪法是维新大计的法律根据，换言之，亦是国家生活的头等大事。可惜，戊戌变法很快就以失败而告终，立宪主张告一段落。

庚子事变之后，清廷迫于内外危机，开始"新政"。但推行三年，成效不彰，恰巧此时日俄战争爆发，且蕞尔小国日本战胜了号称老大列强的俄国。消息传到中国，震惊朝野，于是有识之士纷纷认为日本以立宪胜，俄国以专制败。立宪思潮遂在中国重新复兴。不仅是民间知识分子，朝中高层人士亦有主张立宪者，于是 1905 年朝廷派大臣分赴东西洋考察政治，考察的结果就是主张仿照日本，推行"宪政"，但是考虑到中国的现实国情，立宪需要一个预备期限，于是 1906 年朝廷宣布"预备立宪"，并且还制定了一个预备立宪的清单，以九年为限，后来又缩短为五年，预备期内，需要进行中央机构的官制改革，设立资政院和谘议局。官制改革过程中，各部门纷纷出台"官制草案"，这可视为配合立宪而作的行政立法。此后近代的行政法，很大一部分仍是关于官制的行政组织法规，而终清之世，就行政程序和行政救济方面的立法，始终很有限。至于资政院和谘议局，虽部分具备了国家议会和地方议会的功能，但更多是一个咨询机构，且议员并非来自于普选，仍是由官僚士大夫担任，这种局面注定此机构终究难有作为。不过，到 1908 年，朝廷终于颁布了《钦定宪法大纲》，虽仅仅名为大纲，且是钦定，但毕竟是中国历史上第一个近现代意义上的宪法性文件，所以仍具备重大历史意义。但是此宪法将重心放在维护君主权力上面，对于人民的权利，规定寥寥。且清廷还借着立宪的幌子，行满洲亲贵揽权之实。再加上长期的矛盾积聚，终于在 1911 年，由四川保路风潮引发大规模抗议运动，继而湖北新军起义（10 月 10 日），辛亥革命爆发。革命军之后迅速成立军政府。于是一国之内出现南北两大政权，北方仍在清政府控制之下，而南方大部分省份则宣

① 参见康有为：《上清帝第六书》，载汤志钧编：《康有为政论集》（上），中华书局 1998 年版，第 214—215 页。

布归属军政府。

就在武昌起义后不久，1911 年 10 月 27 日，驻守滦州的新军第二十镇统制张绍曾联络一批将领联名向朝廷施压，请求朝廷尽快立宪，以政治变革回应南方革命党人的合理要求，进兵南苑，以兵临城下迫使朝廷屈服。这次兵谏的后果，就是 11 月 3 日朝廷出台了《宪法重大信条十九条》（简称《十九信条》），虽然对君主权力有所限制，也增加了人民的权利，但是已经没有办法改变清廷覆灭的命运。

而南方革命军的军政府，也在加紧设范立制的步伐。1911 年 12 月，各省都督府代表联合会议议决宣布了《中华民国临时政府组织大纲》，政府组织采用总统制。1912 年 1 月 1 日，孙中山就任南方临时政府的临时大总统，1 月 4 日，南京临时政府成立。此后南北和谈，南方允诺如果袁世凯能够使清帝退位，并赞成共和，则当推选其为总统。袁遂加紧了逼宫计划，2 月 12 日，清帝下诏退位，次日，孙中山向参议院提出辞职书，并推荐袁世凯继任临时总统。在孙任临时大总统的三个月中，孙用大总统令的方式，颁布了一系列行政法规，诸如《禁止买卖人口文》，《禁止贩卖华工及保护华侨令》等。同时，为了保障辛亥革命果实，限制袁世凯的权力，临时政府企图通过立宪，来实现共和。于是 3 月 11 日，参议院通过《中华民国临时约法》七章五十六条，该约法在民初，为民主共和法统的基石。此后的护法运动，主要就是维护该法及该法体现出的共和原则。

袁世凯担任临时大总统后，不满于《临时约法》加在其身上诸多限制，于是开始"改造法统"的进程。先是于 1913 年指使手下雇佣刺客刺杀了国民党代理理事长宋教仁，宋因为在该年的国会大选中带领国民党获胜，即将以国民党领袖身份组织责任内阁，直接对袁世凯专权构成威胁，是以遭袁毒手。国民党后以此开始"二次革命"，武力讨袁，但 1912 年 9 月即告失败。11 月 4 日，袁世凯下令解散国民党，次年 1 月 10 日，又解散了国会。另成立约法会议来代之。3 月 20 日，袁向约法会议提出"增修约法大纲"八项，主要是增加大总统权力的条款。于是约法会议按此大纲拟定《中华民国约法》，5月1日，袁公布该约法，同时废除《临时约法》。新约法废除内阁制，改行总统制，并大量扩张总统权力。虽规定以立法院行使立法权，但袁任内立法院始终未成立。6月29日，袁宣布成立参政院，规定在立法院未成立时由此参政院代行立法权，但实际上此参政院掌握在袁的手中。通过这些手段，袁就此完成了法统的改造。是以新约法又被称之为"袁记约法"。该年12月28日，约法会议通过《大总统选举法修正案》规定总统任期为十年，可以连选连任，故而在理论上，袁可以当终身总统。

但是袁世凯仍然不满足，加上美国顾问古德诺、筹安会诸人的蛊惑，袁决意"帝制自为"。在袁的授意和操纵下，1915年12月11日，参政院开会，全票决定将国体变更为君主立宪制，并称接到各省区国民代表电文，一致推选袁世凯为皇帝，敦请其就位。次日，袁就皇帝位，改元洪宪。随之"护国运动"爆发，很快全国相应，袁被迫取消帝制，次年6月5日，袁世凯病逝。

此前，孙中山等人一直在主张恢复民国元年的《临时约法》，1916年的6月22日，段祺瑞通电反对恢复约法，而以"袁记约法"即《中华民国约法》为准。于是引发了新旧约法之争。而6月29日，继任大总统的原副总统黎元洪，则宣布恢复民国元年约法，续行召集国会，同时裁撤参政院。又引发北洋实力派国务总理段祺瑞的强烈不满。次年（1917年）的5月23日，黎更是免掉了段总理兼陆军总长的职务，"府院之争"进入高潮。遂给张勋以调停"府院之争"为名而行拥溥仪复辟之实的机会。该年7月1日，宣统复辟。7月3日，段祺瑞马厂誓师，讨伐张勋，张很快失败。7月16日，副总统冯国璋代理大总统职，段仍任国务总理，段遂以"再造共和"之功臣自居。他再次上台，仍旧废除了黎主张的民国元年的《临时约法》法统，而坚持民国三年《中华民国约法》的法统。

于是在该年的7月19日，孙中山抵达广州，邀请国会议员南下护法，继开国会，正式开启了著名的"护法运动"，8月25日，南下议员召开《国会非常会议》，选举孙中山为海陆军大元帅。其后，孙在广州组建护法军政府，主张勘定内乱并恢复约法。

此后北京政府相继由皖、直、奉诸系军阀执掌，其间除直系曹锟政府于1923年制定并通过了《中华民国宪法》之外，其他军阀政府在宪法领域均无建树。即便是曹锟宪法，虽然在内容上照搬了西方民主共和的理念，但是因其制定的仓促和此前的总统选举存在着贿选，所以此宪法并没有实际重视和遵守，并且还承担了一个污名——"贿选宪法"。

当然，在北洋军阀统治时期，同样颁布了很多行政法律法规，诸如各种部门的组织法，《文官惩戒条例》等，另外还出台了许多救济性质的行政法，诸如《诉愿法》等等，但因为当时军阀林立，政权分裂，局势动荡，而未能很好地施行。

至于国民党方面，在坚持护法斗争之余，还着手健全自己的党、政、军各组织。1924年1月20日至30日，国民党第一次全国代表大会在广州召开，孙中山对国民党进行改组，明确联俄、联共、扶助工农的政策，该年4月12日。国民党广州国民政府公布《建国大纲》二十五条，确立以三民主义、五权宪法来建设中华民国，循军政、训政和宪政三个步骤来建国。所谓军政，就是主要通过军事斗争手段，打倒军阀，实现全国统一；所谓训政，就是鉴于人民普遍政治水平较低，不解民主法制之真意，所以要由国民党训练民众行使选举、罢免、创制、复决四大治权；而所谓宪政，就是经过训政，人民的政治水平提高，已经成为合格公民，故而可以用宪法来使国家生活规范化，即"行宪"。至1928年奉系张学良"改旗易帜"，全国实现形式上的统一。国民党中央以为"军政"时期已经结束，于是着手实施"训政"。

在东北易帜之前的1928年10月3日，国民党中央常务委员会已经通过了《国民党训政纲领》六条，并于该月13日予以公布。这实际上是训政时期的宪法大纲，该纲领确定了国民党的一党专政，一直沿用到1931年《训政时期约法》为止。而1931年6月1日，国民政府颁布了以《宪政纲领》为基础制定的《中华民国训政时期约法》，加强了整个国家的国民党"党治主义"色彩，引发了中国共产党及其他政治力量，乃至国民党内部异见人士的不满。迫于各方面的压力，1931年12月，国民党召开第四届中央执委会第一次全体会议，会上立法院院长孙科提议由立法院草拟宪法。于是1933年1月宪法委员会成立，开始起草宪法。至1936年5月5日，《中华民国宪法草案》公布，又称"五五宪草"。按照计划，本来1937年国民党要开始"行宪"，无奈后因日本帝国主义发动全面侵华而暂告中止。

一直到抗战胜利，在1946年的元月10日至30日，在重庆召开的由各党派共同组成的政治协商会议上，才重新提及"行宪"问题，并对1936年的"五五宪草"重新加以修改。该年11月15日，国民大会召开，会议主要内容就是制定中华民国宪法，故该届国民大会又称"制宪国大"。12月25日，国民大会通过经过修改后的"五五宪草"，这就是民国最后一部宪法《中华民国宪法》（蒋记宪法），1947年元旦由国民党政府正式颁布施行。

以上即为中华民国成立以来数次宪法的制定和修正情形。当然期间尚有活跃于各个时期的地方政权和伪政权也制定了相关的宪法性文件，诸如中国共产党革命根据地政权于1934年在瑞金通过了《中华苏维埃共和国宪法大纲》，中共抗日根据地政权于抗战时期通过了一系列边区"施政纲领"，"汪伪"政权于抗战时期在南京，以及东北的"伪满洲国"，都实行过相关的"宪法"或"宪法性文件"。总之，不管宪法由哪个政权制定，都是特定社会政治经济和思想文化条件综合作用的产物，集中反映各种政治力量的实际对比关系，民国时期的众多"宪法"的出现，最能反映出宪法的实质。

至于南京国民政府时期的行政法，较之北洋时期，已有长足的发展和进步。因为虽然国民政府对内面临着国民党新军阀和共产党革命势力的斗争，对外面临着日本帝国主义的侵略，但是就国民党政权下的行政组织及其行为而言，是具有较强的一贯性和连续性的，所以在南京国民政府统治的二十余年中，发展并通过了很多重要的行政法律法规，如《诉

愿法》、《行政执行法》、《违警罚法》、《土地法》等等，体现出其完善行
政组织、规范行政行为的努力，一定程度上也保障了作为行政相对方的
公民的权利。以下各节，我们将按照时代的顺序，重点讨论各时期重要
的公法方面的立法及其主要内容。

第二节　清末及南京临时政府时期的公法

一　清末的预备立宪活动与宪法性文件

（一）"预备立宪"的提出

在清末"预备立宪"的诏令发布以前，立宪思潮已经在朝野上下传
播开来。除了早期改良派和康梁维新派呼吁"设议院"、"定宪法"之外，
更有许多朝廷官员和地方士绅不断宣传立宪之利，并且还组织立宪团体，
为中国立宪事业鼓与呼，[①] 更有甚者，在日俄战争尚未见分晓之际，他们
就向朝廷最高统治者奏上鼓吹立宪的书籍和奏章，[②] 这些为此后的立宪上
谕的出台埋下一个伏笔。

而日俄战争日本战胜，又给中国朝野以巨大刺激，认定"日俄之胜
负，立宪专制之胜负也"[③] 又因为新政施行三年多来，无大建树，朝廷对
各省督抚寄予厚望，且一再下谕切责，但亦无根本改观。[④] 实际上这是

[①]　立宪派还在报纸上宣传"欲兴中国，舍立宪法其曷以哉！"见《立宪法议》，载《时
敏报》1904 年 11 月 12 日。

[②]　比如 1904 年 7 月，后来的立宪派领袖南通状元张謇，就与好友赵凤昌刻了《日本宪
法》，通过赵庆宽送到内廷，张謇《啬翁自订年谱》中记述："此书入鉴后，孝钦太后于召见
枢臣时谕曰'日本有宪法，于国家甚好'。枢臣相顾，不知所对，唯唯而已。"见李明勋、尤
世伟编：《张謇全集》（第八册），上海辞书出版社 2012 年版，第 1020 页。

[③]　吴经雄、黄公觉：《中国制宪史》（上册），上海书店 1992 年版，第 10 页。

[④]　如 1905 年朝廷下发的《派载泽等分赴东西洋考察政治谕》中，有"朝廷屡下明诏，
力图变法，锐意振兴，数年以来，规模虽具而实效未彰，总由承办人员向无讲求，未能洞悉
原委……"，载故宫博物院明清档案部编《清末筹备立宪档案史料汇编》（上册），中华书局
1979 年版，第 1 页。可见，实效不彰是因为没有找到新政的方向。

当时朝野对"中国往何处去"这一问题并无明晰的认识。但到日俄战争结束之后，"立宪"逐渐成为大多数官僚回答这一问题的首先答案，于是他们纷纷上书请求立宪。

于是在 1905 年 7 月 16 日，朝廷迫于立宪的舆论以及其他内外压力，于是接受了廷臣奏请简派亲贵分赴东西洋各国考察政治的建议，并成立考察政治馆，作为智库机构，"延揽通才，悉心研究，择各国政治之与中国治体相宜者斟酌损益，纂订成书，随时进呈……"[①]并负责指导"新政"的开展。

1905 年 12 月 7 日，亲贵组成考察团开始出洋考察，一路由载泽、李盛铎、尚其亨带队赴英、法、比利时、日本等国家；另一路则由戴鸿慈、端方带队前往美、德、意大利、奥地利等国。在日本，载泽等人受到了日本首相伊藤博文、日本著名法学家穗积陈重等人的会见，而在德国，戴鸿慈等人则受到了德国皇帝威廉一世等的会见，产生了效仿德日进行君主立宪的设想。次年 7 月 23 日和 8 月 10 日，载泽、戴鸿慈两路考察团先后归来，都痛陈中国不立宪之害，和立宪之利。大致观点是中国需要立宪，且列强支持中国立宪，立宪需要法德日模式进行，立宪的具体好处有"皇位永固"、"外患渐轻"、"内乱可弭"。[②]

这三大利最终打动了清廷最高决策者，于是 1906 年 9 月 4 日，朝廷发布《宣示预备立宪先行厘定官制谕》，这就是通常我们所论的预备立宪诏，该诏书强调：

> ……国势不振，实由于上下相睽，内外隔阂，官不知所以保民，民不知所以卫国。而各国之所以富强者，实由于实行宪法，取决公论，君民一体，呼吸相通，博采众长，明定国体，以及筹备财政，经画政务，无不公之于黎庶。又在各国相师，变通尽利，政通民和，有由来矣。时处今日，惟有及时详析斟核，仿行宪政，大权统于朝

---

① 政学社印行《大清法规大全》，台湾考证出版社 1972 年影印本，"吏政部·谕旨"，第 428 页。

② 上海人民出版社编辑部编：《辛亥革命》第 4 册，上海人民出版社 1957 年版，第 28—29 页。

廷，庶政公诸舆论……①

该诏书承认立宪国"君民一体"有利于发挥人民的积极性，集思广益，治理国家，而不立宪则会"上下相暌"，这是很客观的结论。但是他将仿行宪政，仅仅局限于"大权统于朝廷，庶政公诸舆论"，则只是在言论自由方面稍有变革，本质上与"立宪"真义差距甚大。但是不管如何，朝廷已经承认并宣布"预备立宪"，从此以后，"宪法"、"宪政"、"立宪"诸词成为可以广开讨论的范畴，乃至成为时代"热词"，在中国公法史上可谓意义重大。

图1：立宪万岁

（图片说明：图为晚清西方记者拍摄的一张老照片，拍摄时间大约在1906～1907年，是桂林一次公开集会的照片，主席台上站者疑为时任广西巡抚的张鸣岐。该主席台上有一牌匾，上题"立宪万岁"四字。由此可见此时，"立宪"已成政治流行话语。图片来源：《南方周末》2011年10月6日，06版）

（二）立宪"预备"的事项

在预备立宪上谕中，对为何要"预备"的原因说得很明确："但目前

① 故宫博物院明清档案部编：《清末筹备立宪档案史料》（上册），中华书局1979年版，第43—44页。

规制未备，民智未开，若操切从事，涂饰空文，何以对国民而昭大信？"①这固然有敷衍的意味，但所说也未必不是当时的实情。那么如何预备呢，该上谕有提供了一个整体的思路："故廓清积弊，明定责成，必从官制入手，亟应先将官制分别议定，次第更张，并将各项法律详慎厘订，而又广兴教育，清理财务，整饬武备，普设巡警。"②但是具体如何办理，似乎清统治者并没有明晰的认识，所以翌年的 7 月 8 日，朝廷又发布"立宪应如何预备施行准各条举以闻谕"，③要内外大臣提供具体的预备方案。根据大臣的条奏以及原定的思路，"预备"事项主要包括这么几个方面：

1. 官制改革

官制改革是最早也是最明确提出的预备事项。清政府认为要立宪，"必从官制入手"，按照权力分立和制衡的思路，将官制改成符合立宪政体的形式。最初源自出使各国考察政治大臣戴鸿慈等人的奏议，该奏议提出了八项措施：一是略仿责任内阁之制；二是定中央与地方之权限；三是在内外各重要衙门设辅佐官；四是中央各官应该酌量增置、裁撤和归并；五是变通地方行政制度；六是裁判与收税事务，应该从原地方官职权中分出来，专门设官办理；七是在内外官署，都应该设置专门的书记官来代替原先的胥吏；八是更定任用、升转、惩戒、俸禄、恩赏等各项行政法规及官吏体制。④

同时朝廷还接受了戴鸿慈"设编制局以改定全国官制折"的建议，在海淀"朗润园"（今北京大学校内）设立"编纂官制局"，开始改制，以庆亲王奕劻，北洋大臣袁世凯领衔，从各部院调入多人任编纂，这些编纂人员多为东西洋留学生，他们试图根据孟德斯鸠"三权分立"的原

①　故宫博物院明清档案部编：《清末筹备立宪档案史料》（上册），中华书局 1979 年版，第 44 页。

②　故宫博物院明清档案部编：《清末筹备立宪档案史料》（上册），中华书局 1979 年版，第 44 页。

③　故宫博物院明清档案部编：《清末筹备立宪档案史料》（上册），中华书局 1979 年版，第 44 页。

④　参见故宫博物院明清档案部编：《清末筹备立宪档案史料》（上册），中华书局 1979 年版，第 367—382 页。

则，来定官制，结果遭到了要害部门的激烈反对，尤其以吏部和礼部反对最甚。结果这场官制改革，最后变成了对官僚集团利益的一次大调整。而原先所谓的"宪政分权"，在实际权力的争斗中反而被淡化了。

官制改革的结果，形成了十一部两院的中央文官体制，即改巡警部①为民政部；户部改称度支部（新政初期成立的财政处和税务部亦并入该部）；礼部照设（太常寺、光禄寺、鸿胪寺并入）；兵部改为陆军部（新政初期成立的练兵处和原太仆寺并入）；刑部改为法部；新设邮传部（负责轮船、邮政、电线、铁路事务）；工部并入商部，②改称农工商部；理藩院改称理藩部；外务部（1901 年由原总理各国事务衙门改称）、吏部、学部（1905 年设）均照设；大理寺改大理院，都察院不变。其余衙门，如军机处、宗人府、内阁、翰林院、钦天监、銮仪卫、内务府、太医院、各旗营、侍卫处、步军统领衙门、顺天府、仓场衙门等，均保留不动。官员的设置，除外务部堂官和制度照旧外，其他各部堂官均设尚书一人、侍郎二人，丞、参若干人，且明确规定不分满汉。

经过改革后的官制，呈现出较为"杂糅"的色彩，体现皇权专制的"军机处"等机构依然存在，而体现出宪政色彩的各种新机构亦有出现。立宪派期望实行的"责任内阁制"已然流产，改革并没有实现作为"宪政初阶"的目标。但是其毕竟已经酝酿出了新式的机构，而且中央机关中，"司法"和"审判"实现了分离（法部、大理院分司），且各机构按照要求都要制定新的官制草案，这实质上就是新的行政组织法，表明清末对新官制"规范化"的努力，带来了清末新政立法的一个高潮。因此，预备立宪中官制改革，仍有其积极意义。

2. 中央"资政院"的设立（筹设议院）

既然要"仿行"宪政，那么"设议院"就是应有之义。议院和国会或者议会均属一义，日本明治维新以后，引入西方议会制度，名为"帝

---

① 1902 年，清政府在京师陆续裁撤五城司坊各署，创立工巡局，仿外国警察制度，用警官巡警，分段站岗，先在内城试办，1905 年工巡局正式改名为巡警部。

② 清光绪二十九年七月十六日 (1903 年 9 月 7 日) 置商部，掌商务及铁路矿务等事。

国议会"，设置贵族院和众议院，又称上下两院。但实权仍掌握在天皇手中，议院是"协赞"机构。清末行宪，所仿的直接对象就是日本。也要设议院，但一时条件并不具备，也需"预备的过程"，于是在 1907 年 9 月 20 日，清廷下谕：

> 立宪政体取决于公论，上下议院实为行政之本。中国上下议院一时未能成立，亟宜设资政院以立议院基础。①

因此资政院设立的初衷是作为"议院的基础"，本身并不是真正意义上的议院，所以这个谕令发布后，还有官员陆续上奏，如请求"将都察院改为下议院"，"速设民选议院"、"速开国会"、"开设议会"等奏议。②可见在官僚士大夫眼里，也未将资政院等同于国会，以致在 1909 年 10 月资政院第一次会议召开之际，海内外呈请速开国会的请愿书及电报仍纷至沓来。资政院自身也顺应时代潮流，向朝廷奏上《资政院请速开国会奏折》，但是一直到清朝灭亡，国会始终未能开设。

1908 年 7 月 8 日，资政院向朝廷奏上了部分资政院院章，8 月 4 日，奏上全本。共十章加上附条二条，共六十七条。第一章为"总纲"，规定了资政院的宗旨、组成以及活动的主要原则。第二章为"议员"，规定了议员的任职资格、人数编制、推选方式、任期等。第三章为"职掌"，规其应行议决的事项：诸如预算、决算、税法、公债、新定法典及修改（不包括宪法）、奉旨特交事件。第四章"资政院和各部衙门之关系"，实际上规定了资政院和各部衙门一种平行的，不相统属的关系，最后的决定权还得取自上裁。而第五章"资政院与各省谘议局之关系"，类似于一个复议的关系；第六章"资政院与人民之关系"，则规定资政院对人民的陈情，只有咨送各衙门处理之权，而无行政或裁判之权。第七章"会议"则规定了资政院开会的规则。此外第八章"纪律"、第九章"秘书厅官制"、第十章"经费"则规定了资政院的一些常规管理规范。

---

① "设立资政院派溥伦、孙家鼐为总裁并会同军机大臣拟订院章谕"，载《清末筹备立宪档案史料》，第 606 页。

② 参见故宫博物院明清档案部编：《清末筹备立宪档案史料》（下册），中华书局 1979 年版，第 606—626 页。

根据这个院章，在国会未能开设之时，资政院实质上代行某些国会的职责。不过虽然带有某种临时国会性质，但是和真正意义上的国会仍有本质的差别，表现在它既无制定和修改宪法的权力，也没有制约政府的职责。且院章明确规定预算和决算案由军机大臣或各部行政大臣先期拟定具奏，请旨于开会时交议。且议决后，还得由资政院总裁、副总裁分别会同军机大臣或各部行政大臣具奏，请旨定夺。再看其议员的产生情形，非常复杂，有八种之多，分成民选议员和钦选议员，而钦选议员，以有特别身份之人，先行互选，而后钦选，民选议员则由各省谘议局议员互选，再由督抚核定。所以，资政院"实际不过是由皇亲贵族、官僚地主、资产阶级上层所组成的，并受皇帝直接控制的机构而已"。①

尽管如此，因为有不少支持真正立宪的议员的努力，所以资政院在1910年开院之后，还是为推动立宪作了不少的贡献，诸如通过了《大清新刑律》以及其他法律草案，通过了弹劾军机大臣案和迅速设立责任内阁案，支持国会请愿运动，自身也要求速开国会等等。有些活动尽管因为遭到保守势力乃至皇帝的阻挠而未能成功，且更多停留在"议而不决"阶段，但它毕竟是中国筹设国会的第一次尝试，所以在近代法制史上仍有着很大的影响。

3. 地方自治的推行和谘议局的设立

早在1905年出使各国考察政治大臣载泽等在《奏请以五年为期改行立宪政体》一折中，就特别强调立宪必须先举行的三件大事：一是宣誓宗旨，二是布地方自治之制，三是定集会、言论、出版之律。理由是中国面积太大，人口太多，各国郡邑辖境，以户口计，大者也仅相当于中国小县之半。靠官府统管，不惟力有未逮，且地方无积极性。所以载泽建议："宜取各国地方自治制度，择其尤便者，酌订专书，著为令典，克日颁发，各省督抚分别照行。"②预备仿行立宪谕下发之后，内外官僚更

---

① 张晋藩：《中国宪法史》，吉林人民出版社2011年版，第123页。

② 故宫博物院明清档案部编：《清末筹备立宪档案史料》（上册），中华书局1979年版，第112页。

是纷纷建言地方自治之法。① 地方自治俨然成为预备立宪的重要环节。

各地督抚为了各自利益，也热心于地方自治，1906 年直隶总督袁世凯在天津直接督导试行地方自治，并设立自治研究所。其后各地纷纷效仿，踊跃设立自治研究所，并拟定自治章程。而在立宪派基础较好的地方，更是由各地乡绅出面主导地方自治。

而为了指导地方自治的开展，更为了将地方自治控制在自己所许可的范围内，清政府还专门制定了地方自治章程，由民政部负责起草制定，这就是 1907 年的《城镇乡地方自治章程》，② 共八章一百一十二条，第一章为"总纲"，界定了"自治"、"城镇乡区域"等概念，明确了自治范围，划定了自治权以及居民和选民等权限。明确宣布"按照定章，由地方公选合格选民，受地方官监督办理"。也就意味着地方自治并非放任自流，而是在地方官监督之下的自治。

第二章为"城镇乡议事会"，规定了议事会议员的员额及任期、职任权限、会议召集及相关议事规则，相当于地方的权力机关，其组织方法和议事规则颇有点基层民主的色彩。

第三章为"城镇董事会"，规定了董事会的员额及任期、职任权限、会议召集及相关议事规则。董事会相当于城镇议事会的执行机关，准备议事会的选举及执行议事会的决议。当然对议事会也有一定的监督之权。

第四章为"乡董"，规定了乡董的员额和任期、职任权限等规则。乡董负责乡一级的议事会的组织选举，执行乡议事会的决议。

第五章为"自治经费"，规定了经费的类别、管理及征收、预算决算及检查。此外尚有第六章"自治监督"，第七章"罚则"，第八章"文书程式"，第九章"附则"，都是针对地方自治的一系列补充规定或形式上的规定。

地方自治的构想以及《城镇乡地方自治章程》，均是模仿日本的实

---

① 参见故宫博物院明清档案部编：《清末筹备立宪档案史料》（下册），中华书局 1979 年版，第 711—756 页。

② 条款见故宫博物院明清档案部编：《清末筹备立宪档案史料》（下册），中华书局 1979 年版，第 727—741 页。

践而为之，由朝廷自上而下进行推动，经过朝廷的三令五申，很多形式上的要件陆续在地方上具备，比如各省纷纷开设自治研究所，来培训自治指导人才。但是就实际执行而言，并没有达到预期的效果，直到1910年，仍旧有许多地方尚未明了自治之义。陕甘总督的奏折反映的也是当时普遍的实情："民智锢蔽，语以自治名称、选举资格，多茫然不解所谓，即读书明礼之人，亦仅知道硁硁自守，或反以公益共谋，诮为多事。"①地方自治需要地方人士踊跃负起责任，并有强烈的爱国精神才可得致，但在一个民智未开，人民只知道有家庭有朝廷而不知有国家的社会中是难以实现的。当然，尽管地方自治在清末最终流于形式，但是它对于促进民智、宣传宪政还是起到了一定的作用的。

相比于城镇乡的地方自治，各省谘议局的开办还是比较顺利而迅速的。原因主要有三方面，一是谘议局是在省会一级的城市设立，带有省议会的性质，省会相对来说较之内地城镇乡要开风气之先，而各地立宪派的活动场所主要就是在各省会城市。因为立宪派的活动及各省立宪派人士的广通声气，且这些人往往成为当地的意见领袖，因此设谘议局符合当地舆论的呼声；二是朝廷明发谕旨，要求地方速设谘议局，且只有谘议局开办了，资政院的"民选议员"才能产生，且省一级地方范围小，已经具备一定的"民主"基础，意见分歧也容易协调。三是谘议局的开办，是地方督抚的强制性任务，而清末，各省督抚普遍都是地方实力派，他们既有此义务，更有此能力。所以谘议局相比资政院的开办，要相对容易一些。1907年10月19日，朝廷发布"著各省速设谘议局谕"，要求：

> ……各省应有采舆论之所，俾其指陈通省利弊，筹计地方治安，并为资政院储才之阶。著各省督抚均在省会速设谘议局，慎选公正明达官绅创办其事②

---

① 《陕甘总督长庚奏甘肃设立地方自治筹办处并地方自治研究所情形折》，载故宫博物院明清档案部编：《清末筹备立宪档案史料》（下册），中华书局1979年版，第751—752页。

② 故宫博物院明清档案部编：《清末筹备立宪档案史料》（下册），中华书局1979年版，第667页。

这个谕令下发后，不到一年，1908 年的 7 月 22 日，宪政编查馆（1907 年 8 月，由原考察政治馆更名而来，为清末预备立宪指导机关，由军机处王大臣领衔，地位很高）就奏上了"各省谘议局并议员选举章程"一折。《各省谘议局章程》① 分十二章，共六十二条。

第一章为"总纲"，规定谘议局的性质和宗旨，为"各省采取舆论之地，以指陈通省利病，筹计地方治安"。

第二章为"议员"，规定各省议员的数目，用复选举法选任。规定议员的选举办法，分本省籍贯之男子和非本省籍贯之男子，用不同的标准参选。又规定剥夺及停止某些人议员选举权和被选举权的情形。

第三章为"议长、副议长及常驻议员"，规定了其选举方式以及各自的权利和义务。

第四章为"任期及补缺"，任期一般以三年为限，而常驻议员则是以一年为限，而补缺，则都是以补足前任未满之期为限。

第五章为"改选及辞职"，规定了议员任满后需要改选，同时规定了不能辞职的相关事项，当然，如果任满后再被选，则可以辞职。

第六章为"职任权限"，规定谘议局有权议决本省应兴应革事件，出入预算、决算事件，税法及公债事件，本省担任义务之增加事件，本省单行章程之修改增删事件，本省权利之存废事件，选举资政院议员事件等等。当然，还规定了和督抚的关系，虽然也提到督抚为谘议局决议的执行机构，但是如果督抚对谘议局决议不以为然，是可以呈请谘议局复议乃至交资政院核议。虽然如此，如前所述，清末的地方实权掌握在督抚手里，所以谘议局的权限也如资政院一般，是"议而不决"。只是因为某些省份立宪派占据了很大的实力，且很多立宪派人士还是著名的实业家，如张謇等，所以相对而言，谘议局发挥的作用较之于资政院似尚显著一点。

第七章为"会议"，规定了谘议局的会议分常年会和临时会两种，常年会如何召集，临时会如何召集，以及开会的人数，会议纪律，以及诸

---

① 故宫博物院明清档案部编：《清末筹备立宪档案史料》（下册），中华书局 1979 年版，第 670—682 页。

如回避，议员履职以及言论得司法豁免等等。

第八章为"监督"，明确规定各省督抚有监督谘议局选举及会议之权，并于谘议局之议案有裁夺施行之权。如果谘议局出现逾越权限、违反法律、议员于议场作狂暴举动，督抚还有权令谘议局停会。如果谘议局所议事件有轻蔑朝廷、妨害国家治安、不遵停会的命令乃至多数议员不到的情形，那么督抚还可以奏请解散谘议局。这一章内容颇具有实际意义，从中可以看到朝廷对舆论机构的严密控制，谘议局无疑是在督抚的监控中开展工作的。

第九章"办事处"，第十章"经费"，第一章"罚则"，第十二章"附条"，皆是对谘议局的其他补充性规定或形式性规定。

总之，经过种种财产、出身、学历、职务的限制，选出的谘议局议员，非富即贵，且选举操纵在地方督抚手中，所以谘议局议员不能真正代表广大民众的利益。当然，因为热心于谘议局事业的，绝大多数为立宪派人士或受其影响的官绅，他们在地方上都很有实力。所以到1909年底，各省基本上都开办了谘议局。而议长、副议长大多为各地立宪派的领袖人物，如江苏议长张謇、浙江副议长沈钧儒、四川议长蒲殿俊、湖北议长汤化龙、湖南议长谭延闿等等，所以总体而言，各省谘议局代表倾向于立宪。

谘议局成立之后，虽然受到朝廷和地方督抚的种种限制，但是其仍在权限范围内，行使职权，促进宪政的展开。最有影响的运动，就是各省谘议局中的立宪派人士联合起来，发起国会请愿运动，从1909年10月至1910年9月，先后请愿了三次。前两次因资政院尚未开院，请愿代表将速开国会的请愿书递交都察院，而第三次请愿活动正发生在资政院会议进程中，导致了资政院议员也将之作为一个议案，从而使得速开国会成为立宪人士要求民主的一个代表性主张，虽然因清廷的种种干扰而不了了之，但是却由此推动了宪政民主的进一步发展，也暴露了清统治阶层落后保守的面目，从而教育了一批立宪派人士，促其转向革命派的阵营，比如沈钧儒、谭延闿等，均是由立宪转向革命的代表性人物。

4. 其他方面的改革

此外，立宪的预备还包括其他方面的制度改革，这些改革都在 1908 年 8 月 27 日宪政编查馆奏进的"会奏遵拟宪法大纲暨议院选举各法并逐年应行筹备事宜"折后附的清单上有所体现，这个清单又称九年预备清单，①是立宪预备的路线图和时间表，它规划了自 1908 年至 1916 年这九年每年应该完成的事项，到第九年时（按计划即光绪四十二年的 1916 年）宣布宪法。

清单规定的事项，综合起讫年份，可以归结为二十四大项：

（1）筹备各省谘议局，举行谘议局选举；

（2）颁布资政院章程，举行资政院选举，召集资政院议员举行开院；

（3）颁布厅州县地方自治章程，筹办城镇乡地方自治；

（4）颁布调查户口章程，调查各省户数和人口；

（5）筹办各省省城及商埠等处各级审判厅；

（6）厘订京师官制，编订文官考试与任用章程，颁布新定内外官制；

（7）颁布法院编制法；

（8）颁布清理财政章程，调查各省岁出入总数，确定全国预算与决算，制定预算案；

（9）编辑与推行简易识字课本和国民必读课本，创设厅州县简易识字学塾，普及教育，提高识字人口比例；

（10）设立厅州县巡警；

（11）编订与实行会计法；

（12）颁布地方税章程、国家税章程；

（13）制定与实行户籍法；

（14）核订并实行新刑律；

（15）颁布与实行民律、商律、刑事民事诉讼律等法典；

（16）设立行政审判院，成立府厅州县各级审判厅，成立乡镇初级审

---

① 故宫博物院明清档案部编：《清末筹备立宪档案史料》（上册），中华书局 1979 年版，第 60—67 页。

判厅；

  （17）确定皇室经费；

  （18）变通旗制，融合满汉；

  （19）设立审计院；

  （20）颁布宪法；

  （21）颁布议院法；

  （22）颁布上下院议员选举法，举行上下议院议员选举；

  （23）宣布皇室大典；

  （24）设弼德院顾问大臣。

  这二十四大项中，除了上文已经交代过的，主要就集中于法律和司法改革、融合满汉关系、教育改革、财政改革诸领域。

  就 1908 年至 1910 清政府所从事的各项改革来看，基本上是按照时间表来进行的，尽管很多流于形式，但仍旧说明这个计划是在有条不紊地进行的。即便在 1908 年 11 月中旬光绪帝和慈禧太后相继去世，继任的统治者仍"重申仍以宣统八年为限实行宪政"，[①] 但是受革命形势高涨以及立宪派不断请愿的压力所致，1910 年 11 月，朝廷下诏"缩改于宣统五年开设议院"，将预备期由九年缩为五年。所改革事项未变。

  这些改革，均因为时间的仓促而未竟其大功，但在一定程度上，的确是尽到了预备之责。除上述作为临时议会的谘议局和资政院得以成立之外，其他如新的法律草案也一部一部的得以出台，有的得以通过和公布，比如《大清刑律》和《法院编制法》等等。至于司法方面，最大的成就就是将原先存在的传统司法行政合一的体制，改造成了行政司法两分的体制，中央设法部主管全国司法行政，设大理院作为最高法院。在融合满汉关系方面，取消了很多原先存在于《大清律例》等法律法规中的满人特权条款，注意满汉平等。在教育方面，1905 年设立学部，废除科举，开始向新式教育体制转变。在财政方面，也强调要清理财政，向

---

  ① 故宫博物院明清档案部编：《清末筹备立宪档案史料》（上册），中华书局 1979 年版，第 69 页。

现代预算决算体制方向改革，这都代表着进步的方向。

总之，以上诸多预备措施，虽然没有能够真正实现"宪政"，但是预备开启的法制的近现代化道路不容抹煞，正是因为有这些"预备"，所以清末各项法制，才能在很短的时间内摆脱传统的束缚，而进入了近现代化的轨道。虽然存在着很多形式主义的弊端，且因为内容脱离国情、时间过于仓促而不能适应社会，但是其对于中国此后的法制，无疑具有很强的指引作用和很高的参考借鉴价值。

（三）清末的宪法性文件

1.《钦定宪法大纲》

1907 年 9 月 8 日，在审核了 8 月 27 日宪政编查馆奏进的《进呈宪法议院选举各纲要暨议院未开以前逐年应行筹备事宜》一折之后，有感于"现国势积弱，事变纷乘，非朝野同心不足以图存，非纪纲整肃不足以保治安，非官民交勉互相匡正不足以促进步而收实效"。① 清廷正式下发谕旨，颁布了中国历史上第一部宪法性文件——《钦定宪法大纲》。

《钦定宪法大纲》并非严格意义上的宪法，其颁布也是为了弥合国内纷乘的乱局，并安慰地方立宪派的情绪，所以只是一个非常简单的纲要，但是清朝廷统治者的意图却已经在这个宪法大纲中得到了最真实的流露。

《钦定宪法大纲》分为两大部分，一共二十三条。第一部分为正文，为"君上大权"，共十四条，而第二部分为附则，为"臣民权利义务"，共九条。

这部宪法大纲模仿 1899 年的日本明治宪法，开篇第一条就宣告"大清皇帝统治大清帝国万世一系，永永尊戴"，第二条则规定"君上神圣尊严，不可侵犯"，这两条总则性的条文，强调了该宪法大纲的宗旨，乃在扩张君权。第三条至第十一条，乃是规定了皇帝的各项权力。第三条规定皇帝有钦定颁行法律及发交议案之权，第四条规定皇帝有召集、开闭、停展及解散议院之权，第五条规定皇上有设官制禄集黜陟百司之权，第

---

① 政学社印行《大清法规大全》，台湾考证出版社 1972 年影印本，"宪政部·谕旨"，第 61 页。

六条规定有统帅军队之权，第七条规定有宣战、媾和、订立条约以及其他外交权，第八条规定有宣告戒严之权，第九条则规定君主总揽司法权，第十条规定有发布命令权，第十一条规定紧急命令权。剩下的两条，一条规定皇室经费，由君上制定常额，议院不得置议，另外一条则规定，皇帝大典，亦由皇帝决定，议会同样不能干预。

"君上大权"部分极为简略，而"臣民权利义务"则更只有寥寥数语，干脆收在"附录"之中，当然在这一部分，有小字提示"其细目当于宪法起草时酌定"，由此可见，这也是一个最简单的纲要，只是泛泛而谈臣民有政治自由、财产自由、人身自由等权利，有纳税当兵、遵守法律等义务。

这部宪法性文件的特色在于：一、它以根本法的形式确认了君主立宪制；二、具有浓厚的封建性；三、权利、自由的规定非常狭窄，范围极其有限；四、议院的立法权和监督权非常有限，即使在形式上，议院也不是最高立法机关，且内政外交，军备财政，也多是由君上独专，明确规定"议院不得干预"或"不付议院议决"。

不过，《钦定宪法大纲》虽然具有浓厚的封建性，也并未真正贯彻近代宪政精神，更无从谈宪法一般蕴含的议会主权、主权在民、天赋人权等现代政治理念。但是其在近代公法史上的里程碑意义是不容忽视的，原因在于：一、标志着宪法合法地位的确立，开中国宪政史之先河，从而拉开了法律制度现代化的序幕；二、标志着法律高于皇权原则的确立；三、标志着法定权利和义务概念的产生；四、其基本宗旨"大权统于朝廷，庶政公诸舆论"，奠定了近代中国宪政史的基本格调。这一方面说明时代的进步，另一方面也说明从数千年的皇权专制转向民主共和，显然需要经历一番艰辛的历程。

2.《宪法重大信条十九条》

1908 年《钦定宪法大纲》以及立宪筹备清单颁布之后，其后清政府遂按照清单逐年筹备，并且宪政编查馆还奏请设立专科来考核九年限内议院未开以前应行筹备事宜，[①] 以期监督各部门按照清单规定的时间如期完成相应事项。受激进的革命风潮和日益高涨的立宪呼声影响，1910 年 11 月 9 日，朝廷更下谕缩改于宣统五年（1913）开设议院，而原来是打算在 1916 至 1917 年开议院的。1910 年 11 月 10 日，又下派宗室溥伦和载泽为纂拟宪法大臣主持制定宪法，此后多人参与宪法起草，如李家驹、汪荣宝等，但草案一直未出台。

按照修正后的筹备清单，宣统二年要厘定内阁官制，而宣统三年要颁布内阁官制，设定内阁。内阁负行政总责。但是这项工作一直未贯彻落实，直到宣统三年即 1911 年的 5 月 8 日，朝廷实在难以抵制立宪派以及众督抚设立责任内阁的陈请，不得已批准接受奕劻等奏上的《拟定内阁官制并办事暂行章程》一折，原折内称"凡请开议院者，皆以设责任内阁为急务"，但又提到"国务大臣责任所负，自当用对于君上主义，任免进退皆在朝廷，方符君主立宪宗旨，议院有弹劾之权，而不得干黜陟之柄，庶皇极大权益臻巩固，辅弼之地愈著恪恭"[②] 这样的"责任"内阁注定只是徒有虚名，大权仍旧掌握在君主手里。

就在 5 月 18 日同一天，新内阁正式成立，同时军机处、内阁、会议政务处、宪政编查馆等裁撤。新内阁以原军机处首辅大臣庆亲王奕劻为内阁总理大臣，那桐、徐世昌为协理大臣，梁敦彦为外务大臣，善耆为民政大臣，载泽为学务大臣，绍昌为司法大臣，荫昌为陆军大臣，载洵为海军大臣，浦伦为农工商大臣，盛宣怀为邮传大臣，寿耆为理藩大臣。在这十一个席位中，满洲贵族占据了七席，其中五人又为皇族亲支，因此这一届内阁又被称之为"皇族内阁"。这样一来，责任内阁无疑成为满洲亲贵加强权力的工具，原先改革所抱持的"融合满汉"或"化除满汉畛域"的宗旨显然有名无实，这又大大加强了满汉官僚之间的对立，加速了清朝的灭亡。

---

① 参见故宫博物院明清档案部编：《清末筹备立宪档案史料》（上册），中华书局 1979 年版，第 79—70 页。

② 故宫博物院明清档案部编：《清末筹备立宪档案史料》（上册），中华书局 1979 年版，第 559 页。

在外患不断、内乱渐炽的时代背景下，清政府的倒行逆施终于导致了1911年10月10日武昌起义的爆发，辛亥革命风潮迅速席卷了大半个中国。清廷措手不及，亟思弥补之道。10月29日，时任资政院总裁的世续等人连续奏上"请速开党禁以收拾人心"、"请明诏将宪法交院协赞"等折，其中第二折将革命发生的原因归结于朝廷之前的"不立宪"、"假立宪"：

"近数年间，朝廷下预备立宪之诏矣，宣布九年筹备清单矣。上年采用臣院之议，又缩改之为宣统五年开国会矣。今年又按照缩改筹备清单，设立暂行内阁矣。夫此数事，皆有名无实。在政府以为可借此以敷衍人民，在人民终不能因此而信爱政府。于是愤政府之疲缓，官吏之酷虐，法律之不备，审判之不平，人民生命财产之无所保障，权利义务之不能确定，国势之陵夷，民族之衰弱，将归于优胜劣败之数，政府愈疲缓，人情愈愤激，愤激之极，则革命之说易于传播，而革命之势力于是大盛……故彼之所藉口者，其初恐朝廷之不立宪，其继则愤政府之假立宪，其后乃不欲出于和平立宪，而思以铁血立宪。"①

该折提出补救之道，就是将宪法由"钦定"变成"协定"，具体的办法，就是将宪法交资政院协赞，"非请皇上将宪法交臣院协赞，无以示皇上公天下之心，而表现其真正立宪之据"。

此两折奏上之后，第二天，朝廷就连发三道谕旨："准开党禁颁布特赦谕"、"实行宪政谕"和"著溥伦等迅拟宪法条文交资政院审议谕"，又过了三天，又下谕"组织完全内阁并令资政院起草宪法"。清政府虽然竭力补救，但为时已晚，就在令资政院起草宪法的谕令发出后的翌日，驻守京畿滦州的新军第二十镇统制张绍曾就联络一批将领联名奏陈请愿意见政纲十二条，在承认皇帝万世一系的前提下，要求朝廷立开国会，改定宪法，且宪法要由国会起草议决，宪法改正提案权也得专属国会。并

① 故宫博物院明清档案部编：《清末筹备立宪档案史料》（上册），中华书局1979年版，第94页。

且要求限制皇帝权力，开放党禁，组织责任内阁，以及要求军人于国家重要问题有参议之权。对于张绍曾等人的建议，朝廷筹议未决，于是张绍曾等又向朝廷请求进兵南苑，以兵临城下迫使朝廷屈服。此事件被称为"滦州兵谏"。

图 2　滦州兵谏和滦州起义纪念塔

（图片说明：1911 年 11 月，驻守滦州的二十镇统制张绍曾等在此地实行"兵谏"，兵谏最后因受到清政府的分化瓦解而最终失败，张绍曾等被调往他处。翌年 1 月，参与滦州兵谏的王金铭、施从云、冯玉祥等人受革命势力之感召，宣布起义。最终在清政府的镇压下，起义失败，多名领导人壮烈牺牲。1937 年，为了纪念滦州起义，冯玉祥于此地建滦州起义园并纪念塔。塔基座上"精神不死"为冯手书。图片摄于 2011 年，图片来源：http://blog.sina.com.cn/s/blog_490c2bcf0100rzvt.html）

受此影响，清政府迅速于当日，颁布了《宪法重大信条十九条》，其中不少条款来自于滦州兵谏所提奏折中的"政纲十二条"。除了保留"大清帝国皇统万世不易"和"皇帝神圣不可侵犯"之外，明确地提出"皇帝之权，以宪法所规定者为限"，"皇位继承顺序，于宪法规定之"，强调皇帝必须在宪法的范围内活动，这就加强了对皇帝的限制。

同时，该法案还规定"宪法由资政院起草议决，由皇帝颁布之"，"宪法改正提案权属于国会"，排除了皇帝操纵宪法的可能。

此外，该法案对于"议员"、"总理大臣"的选举，对于皇帝职权的行使，以及对于预算决算及其他国事方面的处理，皆作出了简要的规定，很显然，这个法案的宗旨是将原"钦定宪法大纲"中的以君主为主的"君主立宪"变成了"虚君共和"的"君主立宪"。至于臣民权利和义务，"十九条"只字未提，这就表明了当时清统治者考虑的是如何在统治阶级内部重新分配权力问题，对于他们而言，这是兵谏的由来，为首要解决之事。在这个意义上，《宪法重大信条十九条》只是一个为了应付眼前危机而仓促制定的文件，离真正意义上的宪法还相去甚远。

但是即便清政府出台了"十九条"，也难以抵制浩浩荡荡的革命潮流。且清政府的统治早已千疮百孔，此后半年不到，清帝即被迫颁下退位诏书，从此"君主"成为历史的陈迹，而近代"立宪"的步伐继续前行。

二　南京临时政府时期的《中华民国临时约法》

（一）辛亥革命与《中华民国临时政府组织大纲》

1911 年 10 月 10 日，革命党人发动武昌起义，此后又陆续占领汉阳、汉口，成立中华民国军政府，推举黎元洪为军政府鄂军都督，并制定颁布了《中华民国军政府条例》及《中华民国鄂州约法》，该约法规定人民一律平等，规定人们得以享有各种自由并有选举和被选举的权利。对于政府组织、都督与议会的权限和职责也都作了明确的规定。主持起草人为国民党人宋教仁，他仿照美国州宪法体制，并以三权分立为原则，起草了这部约法，这是中国第一部具有民主宪法性质的法令，是一部省宪。[①]

---

① 此处的"鄂州"效仿的是美国各州体制中的"州"，指湖北全省，而非今日湖北"鄂州市"意义上的鄂州。

随着革命形势的不断发展，南方众多省份纷纷脱离清廷的控制，宣布起义。革命党人推翻原来清政府后，在各省建立了都督府，并成立了各省都督府代表联合会，通过了《中华民国临时政府组织大纲》，它是辛亥革命胜利后关于筹建中华民国临时政府的纲领性文件。虽然是一部政府组织法，但起着临时宪法的作用。其中规定了"临时大总统"、"参议院"、"行政各部"、"附则"四章。条文很简单，一共不过二十一条，但它第一次以法律的形式确认了共和政体，功不可没。根据大纲的精神，民国施行的是总统制共和制，总统的权力较大，它规定临时大总统有统治全国之权、统率海陆军之权、得参议院之同意，有宣战、媾和及缔结条约之权。临时大总统还可以制定官制、官规，兼任免文武官员，但制定官制、官规，及任命国务员及外交专使，须得参议院之同意。临时大总统得参议院之同意，有设立临时中央审判所之权等等。临时大总统即便有时要征得参议院同意，却不必对参议院负责。在临时大总统之下不设总理，而是直接设行政各部，各部部长由临时大总统任命，对临时大总统负责。临时大总统发布国务文书、公布法律和发布命令，无须相关部长副署。"显而易见，临时大总统集中了国家元首和政府首脑的权力。赋予临时大总统如此大的权力，显然是旨在建立有力的集权的中央政府。"[①]

这部临时宪法性质的法案自然存在着很多缺陷：它缺乏民主性的建政大纲，缺乏民主的基础，将人民群众排斥在政权之外，也没有规定人民的民主自由和权利。即便从组织法角度来看，这个大纲也只是草创了临时政府的一个规模，而未及细化，所以自然难以树立起革命政府的权威。

（二）"法律限袁"：《中华民国临时约法》产生的背景

各省都督府代表联合会于 1911 年 12 月 29 日投票选举临时大总统，到会代表十七省，孙中山以十六票当选。于是翌年的 1 月 1 日，中华民国诞生，以南京为首都。孙中山由沪抵宁，当晚 10 时，宣誓就任中华民国临时大总统。

---

① 郑治发：《对〈中华民国临时政府组织大纲〉的几点认识》，载《北京政法学院学报》1983 年第 2 期，第 79 页。

但是孙甫一就任，就面临着巨大的困难。清廷依然统治着北方，袁世凯指挥的清廷武装北洋军实力很强，而此时革命军内部并不统一，成分驳杂。除了清末的立宪派之外，很多都督都是慑于革命形势发展而临阵倒戈的旧官僚，本质上并无"共和"的理想。对于"民国"和"共和制"，也无清醒的认识。① 且民国肇始，财政困难，尽管民军取得了一定的军事胜利，但无法应付与清军长时间的消耗战。而当时国际上，普遍认定民军属反政府武装，不予支持。在这种情形下，想靠纯粹武力推翻清廷，十分困难。于是，革命党人只能寄希望于拥有实权但早已经与清廷离心离德的袁世凯。希望袁推翻满清帝国。② 出于推翻帝制的考虑，孙中山甫一就任临时大总统，即于 1912 年 1 月 2 日电告袁世凯，谓如袁能迫使清帝退位，则总统一职，"推功让能，自是公论"。③ 此虽权宜之计，但却给后来的北洋军阀和革命党之间埋下了祸根。

当然，孙中山让出临时大总统，除了清帝退位之外，还有其他的条件。1912 年，南京临时政府参议院（当时民国的权力机构）通过了孙中山提出的条件：其一是清帝退位；其二是袁世凯宣布政见赞成共和；其三是俟接获退位布告，大总统即行辞职；其四是参议院另举袁世凯为大总统；其五是袁须誓守参议院所定宪法，乃能接受事权。

革命党一方，试图通过制定该约法来限制袁世凯的权力，以便其按照"共和"的方式行政施权。因为革命党人担心北洋军阀袁世凯一旦获

---

① 最典型的如当时民国第二号人物黎元洪，最初毫无革命之念，武昌起义爆发后，身任第二十一混成协协统的他还枪杀革命党人并试图逃亡，后迫于革命军的压力，不得以才在起义爆发后的第四天宣布赞成革命。此后又多在革命军内部排斥异己，争权夺利。

② 早在 1911 年 12 月 9 日，南北双方暂时议和，黄兴即电复汪精卫，认为："项城雄才英略，素负全国众望，能顾全大局，与民军一致行动，迅速推到满清政府，令全国大势早定，外人早日承认，此全国人人仰望，中华民国大统领一位断举项城无疑。"而 12 月 16 日，代表革命军发声的《民立报》就说："吾族健儿必乐予满虏以特别之优待，而总统之席袁氏终有时当选。"即便是对袁有着很深刻认识的孙中山，也说："袁世凯诚不可信，诚然，但我因而利用之，使推翻二百六十余年贵族专制之满洲，则贤于用兵十万。"以上引文，均可参看韩信夫、姜克夫主编：《中华民国史（大事记）》（第一卷 1905~1915），中华书局 2011 年版，第 292—296 页。

③ 韩信夫、姜克夫主编：《中华民国史（大事记）》（第一卷 1905~1915），中华书局 2011 年版，第 301 页。

得临时大总统之位，就极有可能借共和之名而行独裁之实，[①] 故为了防止袁背离共和，孙中山希望用宪法的方式将辛亥革命的成果确立下来，使得袁世凯只能在宪法和法律的框架内活动。即便袁独裁，但于国体却无法变更，则待袁死以后，民国能依旧继续。所以孙中山和临时参议院在袁南下就任前，所做的最要之事即是制定民国的临时宪法，即我们所熟知的《中华民国临时约法》。该法制定得很快，3月8日，南京临时参议院就正式通过了《中华民国临时约法》。

当然，该约法对总统诸行为作了诸多限制，大大压缩了总统的权力，而增加了"国务总理"及其他国务员的权力，实际上是一种变相的责任内阁制。如果对照《中华民国临时政府组织大纲》和《中华民国临时约法》，则"法律限袁"的色彩至为明显，详参下文。这也是引发袁世凯大量不满，且最终发生"二次革命"的原因之一。（见第三节）

（三）《中华民国临时约法》的主要内容及其特征 [②]

《中华民国临时约法》分七章五十六条。大致内容如下：

第一章为"总纲"，共四条。第一条开宗明义，指出中华民国的"人民性"，即"由中华人民组织之"。而第二条则提出"主权在民"的原则。第三条界定了民国的领土，包括二十二行省和蒙藏青海。第四条则规定统治权由参议院、临时大总统、国务员、法院来行使。

第二章为"人民"，共十一条，规定了平等原则，以及泛泛地规定了身体、住宅、财产、言论、通信、居住、宗教信仰等各项自由，还规定了人民所享有的各项政治权利，以及获得救济之权。

第三章为"参议院"，共十三条，规定了参议院的立法机关的性质和组织办法。还列举了参议院的各项职权。参议院可以监督、弹劾大总统。

---

① 这一点在其 1912 年 1 月 27 日致各国公使的电报中就可见一斑，他说袁"既知民国必欲其施行赞助共和而决不肯贸然相让，坠其轨迹，则袁氏又复变态矣！盖袁氏之意，实欲使北京政府、民国政府并行解散，俾得以一人而独揽大权也"。韩信夫、姜克夫主编：《中华民国史（大事记）》（第一卷 1905~1915），中华书局 2011 年版，第 312 页。

② 本文所援引的《中华民国临时约法》条款，均载杨松、邓力群原编，荣孟源重编：《中国近代史资料选辑》，北京三联书店 1954 年版，第 677—683 页。

参议院议员享有很大的政治权力。

第四章为"临时大总统副总统",共十四条,规定了大总统和副总统的选举办法、各自的职权,虽然仍然很大,但是得受参议院的种种制约。

第五章为"国务员",共五条,规定了国务员的组成和职权,这是该临时约法中最有特色的一章(详后)。

第六章为"法院",共五条,规定了法院的组成和职权,并规定"公开审判"、"独立审判"等工作原则,并强调了法官的保障措施。

最后一章为"附则",共五条,规定了约法施行之后的后续措施。比如规定"本约法施行后,限十个月由临时大总统召集国会,其国会之组织及选举法,由参议院定之"。"中华民国之宪法,由国会制定;宪法未施行之前,本约法之效力与宪法等",这附则就可以表明《临时约法》是一个临时的宪法性文件,所以条款规定得相对较为粗疏。

从整体内容来看,这个《临时约法》是一个带有急就章性质的宪法性文件,这也和它最主要的制定目的相吻合。与《中华民国临时政府组织大纲》相比,该临时约法除了加上必要的"人民权利与义务"、"法院"等内容外,最明显的改变在于增加了"国务员"一章以及限制总统权限的条款。譬如规定,"国务总理及各部总长均称为国务员"、"国务员辅佐临时大总统负其责任"、"国务员于临时大总统提出法律案公布法律及发布命令时须副署之"。这实际上是一种责任内阁制度。但是并没有完全排除总统实质上的权力,譬如规定"临时大总统代表临时政府,总揽政务,公布法律","临时大总统为执行法律或基于法律之委任,得发布命令并得使发布之"、"临时大总统统帅全国海陆军队","临时大总统得制定官制、官规,但须提交参议院议决","临时大总统任免文武职员,但任命国务员及外交大使公使须得参议院之同意","临时大总统经参议院之同意,得宣战媾和及缔结条约"、"临时大总统得依法律宣告戒严","临时大总统代表全国接受外国之大使、公使"。尽管其中有些条款中有"但书",表明该临时约法是意在使临时大总统受参议院的约束的,但是从整个约法来看,临时大总统所有的权力,并不只是代表国家的象征性权力。

这样一来，国务总理副署和总统全权负责，都能在法律上找到依据。到底谁才是政府的实际负责人，《中华民国临时约法》对此没有给出一个清晰的界定，以致后来总统府和国务院之间不断地发生争斗。即便像袁世凯和其首任国务总理唐绍仪有着多年的交情，但由于权限的不明晰，导致袁视唐的政务行为为揽权，故很快把他开缺了事。所以，这样一种内阁和权力的分配，实有点"不伦不类"之意。①

总体而言，《中华民国临时约法》以临时宪法的性质，正式宣告封建君主专制制度的灭亡，资产阶级民主共和国的诞生。从此，使民主共和的观念深入人心。同时一定程度上的确对袁世凯揽权和破坏民国的行为有所限制。但是它的局限性也很明显表现在它没有具体规定人民的权利，以及实现权利的保障；没有采取地方分权制，不利于民国的巩固；也没有真正贯彻孙中山本人所倡导的五权宪法的理论。更麻烦的是，孙中山及其临时政府参议院这样的立法意图，很明显带有"因人立法"的特征，为了限制某一个人，不惜仓促改变原来的总统制的政体架构，企图用责任内阁和参议院来分总统之权，但在法律文本上表达得又不够彻底，这就既给了袁世凯钻法律空子的可乘之机，又徒增其对革命党人心理上的恶感。于是袁世凯一面小心翼翼地在《临时约法》的框架内慢慢集中其作为大总统的权力，一面又千方百计地拉笼议员、分化同盟会，以期另立新法、另行选举，并最终废除了《临时约法》，从而引起此后陆陆续续长达十余年的"护法运动"。

三　清末及南京临时政府时期的行政法制

近代意义上的行政法，是以宪法的产生及实施作为基础和前提的，

---

① "《临时约法》制定者的意图是设立责任内阁，以对抗总统的行政权力，防止由于总统权力的过分膨胀而造成独裁和暴政。按照责任内阁制来组织政府的话，那么就应该将政府主要的行政权力赋予内阁，而使总统处于一种无权的象征性地位，并且以议会来制约总统的权力……但《临时约法》在划分总统、内阁、议会的权力时，却未能体现责任内阁的精神，使总统和内阁的权力分配处于一种不伦不类的困境。"见音正权：《〈中华民国临时约法〉的主要缺陷》，载《政法论坛》2000年第6期，第142—147页。

是将宪法所确认的基本制度和基本权利予以具体化的主要途径，它在一定程度和范围内补充和发展了宪法，其深入发展是推动宪法的修改重要的源动力。所以行政法常常被作为宪法的"施行法"来对待。故近代行政法，也是伴随着清末立宪而逐渐产生和发展的。因为近代意义上的行政法是全新的事物，区别于传统以职官制度为代表的行政法，所以在限制政府行政权力、保障人民各项权益方面的立法发展缓慢，而与传统有一定联系的行政组织法和行政管理法则率先得到发展。清廷在"预备立宪"开始之后，就大规模地进行各项行政立法。但因之后国祚的颠覆，绝大多数立法都停留在"草案"的阶段。而南京临时政府时期，则因政局的动荡以及为政至短，故行政法案多以临时大总统的命令颁发。

（一）清末"预备立宪"过程中的行政法制

1907 年 8 月，宪政编查馆大臣奕劻等上奏朝廷，称"伏查立宪各国，无不以法治为主义，而欲达法治之域，非先统一法制不可，各项法制规模大具，然后宪法始有成立之期"。[①] 所谓"法治"，在清末重臣看来，就是国家各项治理，事事皆有章程。而此前预备立宪诏内又强调改革官制以立宪政之基。因此清末的行政立法，主要表现在各种官制草案和其他公共事业管理法规这两大方面。

1. 清末各种官制草案的议定

1906 年的预备立宪诏内有"亟应先将官制分别议定"一语，[②] 于是此后，各种新的官制草案陆续出台，如《各部院官制通则草案》、《集贤院官制草案》、《资政院官制草案》、《审计院官制草案》等等，这些草案均是新机构的行政组织法。而有很多机关，则以"章程"、"办法"等为名，来厘定官制。比如《学部章程》、《大理院章程》、《修订法律馆办事章程》、《陆军部现行办法》等等。

此外，为了配合官制改革，除了编纂官制草案和章程外，还出台了

---

① 故宫博物院明清档案部编：《清末筹备立宪档案史料》（上册），中华书局 1979 年版，第 48 页。

② 故宫博物院明清档案部编：《清末筹备立宪档案史料》（上册），中华书局 1979 年版，第 44 页。

一系列有关职官选任、考核及奖惩方面的行政法规及其细则，比如《法官考试任用暂行章程实施细则》、《考核巡警官吏章程》等等。

值得注意的是，官制改革过程中出现的章程，既有新议定的，也有是在原部院则例的基础上"变通"规定。因为官制改革本身就具有杂糅色彩，改革之后，既出现了一些新机构，比如大理院（作为最高法院，已与原先的大理寺根本不同），也保留了传统旧机构（如都察院、銮仪卫）。所以各种官制草案，既有按照传统旧观念组织的，比如翰林院官制，基本上和原来的官制官规没有什么两样；也有采用现代西方宪政理念组织的，比如法部和大理院的官制草案，就是按照近现代西方司法独立（指行政和司法分开）的理念编纂的。

在种种官制草案中，有一份《行政裁判院官制草案》，最为特殊，因为它除了体现传统的行政组织法的特色外，还带有强烈的限制行政权力，保障人民权益的色彩，是比较符合现代行政法理念的法律文件。它既是中央官制改革的一部分，也是将来设立行政裁判院的组织基础。该草案在序言中直接写明了设立行政裁判院的目的："今采用德奥日本之制，特设此院，明定权限，用以尊国法防吏蠹，似于国家整饬纲纪勤恤民隐之至意，不无裨益。"①

该草案共计二十一条，不分章节。第一条概括规定了行政裁判院的审判权力，即"掌裁判行政各官员办理违法致被控诉事件"。第二条至第七条规定的是行政裁判院的组成，"行政裁判院置正使一人，副使一人，掌签事三人，签事十二人，别置一二三等书记官、录事若干人属焉"。第八条规定的是行政裁判院与地方行政机关的关系，"行政裁判院于本院与京外各衙门有关涉事件可分别咨行札饬办理"。第九条和第十一条规定了行政裁判院的受案范围。第十条规定的是提起行政诉讼的程序。第十二条和第十三条规定了审判组织和审判方式。第十四条规定了审判员的回避制度，"行政裁判院签事以上各官，于裁判应行回避者：一、事涉本身

---

① 《行政裁判院官制草案》，载政学社印行《大清法规大全》，台湾考证出版社1972年影印本，"吏政部"，第960页。

及亲属例应回避者；二、事为该员所曾经预闻者；三、事为该员原任行政官时所曾经办理者"。第十五条规定了一审终审的原则，"行政裁判院判决事件，原告及被告人不得再求复审"。第十六条至十八条规定的是审判官独立原则。第十九条和第二十条规定了除审判官以外的书记官和录事的职务，"行政裁判院一二三等书记官承正副使之命料理庶务"，"行政裁判院录事承上官之命缮写文件料理庶务"。第二十一条规定的是以后制定《行政裁判院章程》和《行政裁判院官制草案》的制定和实施程序，"行政裁判院办事章程，由正副使拟定后请旨裁定。行政裁判院官制应俟钦简本院正使会同修律大臣妥定行政裁判法，咨送阁议，奉旨裁定后再由该正使奏请钦定施行。"

当然，这一法规基本上是照搬日本的行政裁判院法，对于中国而言，缺乏用司法审判行政违法的传统，而只有御史弹奏而由皇帝或者皇帝简派钦差来处理的故事。所以这一草案出台之后，迟迟未有下文。甚至到民国袁世凯当政时期，出台了《平政院组织法》，虽然设有行政裁判机构平政院，但是又在院内设肃政史，实际上是将行政审判和御史纠弹同时并用，这又可见近代行政立法受传统体制影响之深。

2. 其他公共事业管理法规的出台

为了适应立宪的需要，至清末，政府兴办了一系列公共事业，在民政、教育、财政、实业、交通等领域都有开拓，并且为了行政管理之需，创设了一大批行政法律法规。

在民政领域，首先出台了户籍方面的规章制度，民政部首先奏请朝廷下令全国各地调查户口，京师为首善之区，民政部为此还定下《京师调查户口规则》、《京师户口管理规则》、《户口执行法》等作为全国其他地方参照的样板。其次，为了加强治安管理，1908 年 5 月，朝廷还公布了《违警律》，共十章四十五条，这是中国历史上第一个治安管理处罚法规，涉及到关于"政务"、"公众危害"、"交通"、"通信"、"风俗"、"身体及卫生"、"财产"等各种违警的情形，贯彻了"依法行政"的理念，同时，民政部为了保证违警律的正确施行，专门制定了《违警律施行办法》，并咨行全国。此外，在民政领域，还陆续颁布了《大清报律》、《习艺所试办章程》、《车捐章程》、《禁烟章程》等等。

在教育领域，清末自 1905 年废除科举体制之后，即仿照日本全面规划了新学制，新学制将全国教育划分成普通教育和职业教育，前者包括大、高等、中、小四级学堂，后者包括师范、艺徒、女子、实业、法政、巡警、方言、速记等学堂，而为了规范各种学堂的运行，清政府制定了各种学堂章程，比如《大学堂章程》、《高等学堂章程》、《中学堂章程》、《优级师范学堂章程》、《初级师范学堂章程》等，中国近代的教育行政法体系由此启其端。

在财政领域，为了配合预备立宪"清理财政"之需，清政府也颁布了系列财政行政法规，如《清理财政办法》、《铁路地亩纳税章程》、《整顿圜法通行章程》等等，规范了财政领域当中的行政行为。

在实业领域，清末新政中为了求富强，鼓励广大士民绅商兴办实业，制定了一系列劝业方面的行政法规，如《华商办理实业爵赏章程》、《奖给商勋章程》、《奖励华商公司章程》，规定由政府对兴办实业成就者进行行政奖励；同时为了规范实业领域的行政行为，还制定了大量的关于实业兴办的行政法规，如《商会简明章程》、《公司注册试办章程》、《商部新订出洋赛会章程》等等，

而在交通领域，清末设邮传部，专门负责交通事务。同时，尽管新式交通，如铁路、机动轮船、邮政、电报、电话等之前就早已出现，但是大规模的兴办，还是在清末新政之后，随着交通事业的发展，其行政管理法规也逐渐地发达，大量交通行政法陆续出台，如《铁路简明章程》、《商船公会酌拟章程》、《铁路代递邮政章程》等等。

此外，在文化、卫生、农林、军政、民族、宗教等领域内，清末亦有行政法规的创设。

总之，清末的行政立法范围非常广泛，涉及到国家生活的方方面面，是中国近现代行政立法的开始，但是限于时间的紧迫以及此后清国祚的短暂，许多行政法规难以适应社会的实际情形，没有产生出应有的实效，

且大量行政法规停留在"草案"阶段而没有颁行，所以这段时期总体而言，是近代行政法的草创时期，许多规则尤待后来者加以完善。

（二）南京临时政府时期的行政法制

南京临时政府成立之后，在行政立法方面，有着大量的举措。主要表现在两个方面，一是通过行政法规明令人们废除带有专制色彩的习惯做法；二是在前清行政法的基础上继续完善对各项行政和公共管理事业的立法。

1. 明令人们废除带有专制色彩的习惯做法的行政法规

为了强调民国乃民主国，所以南京临时政府创立伊始，就通过行政立法来明令人们废除带有专制色彩的习惯做法，主要是用大总统"令"和"文"的方式来发布。

首先是改历法，历来王朝换代，需要"改正朔，易服色"，表示王朝的正统性。但是改来改去，无非是以新朝国号代旧朝国号，以新君年号代旧君年号。而民国成立，孙中山就向各省都督发布《改历改元通电》这一行政命令，改用阳历，以民国为年号。

其次是改变相关礼节，1912 年 3 月，发布《大总统令内务部通知各官署革除前清官厅称呼文》和《内务部咨各省革除前清官厅称呼文》，要求改变带有身份不平等色彩的称呼，官厅中废除"老爷"、"大人"等称，而改以官职相称，民间则以"先生"或"君"相称。又废止跪拜礼，改鞠躬礼。

再次是移风易俗，废除象征帝制色彩的习惯。1912 年 3 月，相继发布了《大总统令内务部晓示人民一律剪辫文》和《大总统令内务部通敕各省劝禁缠足文》，要求人民剪掉代表臣民满清政府的辫子，同时禁止妇女缠足。

最后是提倡人民平等，保障人民权益。1912 年 3 月，又发布《大总统令内务部禁止买卖人口文》、《大总统通令开放蛋户惰民等许其一律享有公权私权文》，此前的 1 月 28 日，还发布《保护人民财产令》，这些行政法规，禁止将人民当物品进行买卖，同时废掉专制皇朝中将人民所作的良贱之分，允许其一体享有公权私权，且政府还承诺保护人民的财产。

此外，尚有改良社会、禁烟禁赌等行政法令，这些无疑是新政府对"主权在民"原则的宣示。

2. 继续完善各种行政和公共管理事业的行政立法

南京临时政府时期，政府同样着力于各项行政和公共管理事业的行政法规的制定，在官制官规、军事、内务、警政、教育、财政、经济、交通等领域都有相应的创制。诸如《各部官制通则》、《临时军律》、《普通教育暂行办法》、《会计法草案》等等。因为时间的短暂，新起草的行政法规大多条文很少，而绝大多数的行政立法沿用前清的相关法律法规，去除了其关于帝制方面的内容，再加以改造，最终成为临时政府时期的行政法律法规。

这些行政法律法规，因为临时政府存在的时间短暂且南北尚未统一，所以未能通行全国，即便是在南方革命政权控制的区域内，一时半刻也难以很好地贯彻施行。

所以南京临时政府时期，行政立法最有成就的，仍旧是在废除帝制习惯的立法上。虽然存在时间至短，但是通过行政法规废止帝制时期的习惯，移风易俗，成为一股潮流。同时，通过这样的行政法规，更教育了广大民众，从而逐渐由帝制下的"皇民"转变成共和下的"公民"。故南京临时政府时期的行政立法，仍旧影响深远，功不可没。

第三节　北洋政府时期（北京政府）的公法

一　《中华民国约法》与"袁记法统"的确立

（一）袁世凯权力的来源

1911 年武昌起义猝然爆发，清廷反应不及。由皇室亲贵担任的军事领袖指挥部队不力，无奈之下，只得起用闲废三年的北洋军首领袁世凯。

袁世凯自从 20 世纪初在天津小站练兵以来，其所练就的北洋军成为了清末最强的武装，所部段祺瑞、冯国璋、张勋等皆为军队实力派人物，都效忠于袁。这样，即便袁在 1909 年被开缺回籍之后，依然利用北洋的袍泽关系，与军队实力派暗通声气。无论从为官资历还是从武装斗争经验上来看，满清宗室新贵都显然无法和袁相比。所以袁在辛亥之际，就成为清廷握有军事实权的头号人物。

袁世凯受命于"危难"之际，很快督率清军攻克汉口，与民军（革命军）隔江对峙。此后，为了获得更大政治权力，袁并不积极"进剿"，而是"养寇自重"，不断挟军事实力向清廷索取权力。而此时，皇室内部亦已分裂，① 慌作一团。1911 年 11 月 1 日，清室重臣、内阁总理大臣奕劻辞职，授袁世凯为内阁总理大臣。至 11 月 8 日，资政院开第八次会议，举袁世凯为内阁总理大臣。至此，袁终于在法理上成为了满清政府的首脑。

而我们从本章第一节可以知道，1912 年 1 月 1 日，孙中山宣誓就任南京临时政府大总统。

这样在 1912 年上半年，中国出现了两个政府，北方大致还是清廷，而南方则已经成为了中华民国。南北两方互相对峙，时战时停。袁世凯目的很明确，即要在这个对峙中获得最大的利益。

临时大总统即位后，就承诺，只要袁世凯能够迫使清帝退位，结束帝制，并赞成共和，则会将临时大总统之位让与袁世凯。

由于得到了临时大总统的承诺，袁世凯加紧了逼迫清室退位的步伐，在内外交困中，隆裕太后和宣统皇帝终于在 1912 年 2 月 12 日下诏退位，其中一道诏书中有"……由袁世凯以全权组织临时共和政府，与民军协商统一办法"② 的表达。如此一来，袁世凯最后一次取得了清廷授予的全权组织临时共和政府的权力。此后，清廷覆灭，袁世凯手里事实上有了

---

① 参见李喜霞《满族皇室分裂与宣统退位诏书》一文，载《宁夏社会科学》2011 年第 5 期，第 115—119 页。

② 关于跟退位相关的三道诏书，参见《宣统政纪》辛亥，十二月，戊午，中华书局 2008 年影印版。

一个新的临时共和政府（北京政府），他便是这个共和政府的领导人。

如此一来形势不变，南北两京两个共和政府，如何统一便是当务之急。按照承诺，南当让与北。孙恪守承诺，2 月 14 日即向南京临时参议院辞临时大总统职，并推荐袁继任，参议院议决接受。2 月 15 日下午，临时参议院开会，推举袁世凯为第二任临时大总统。这样，至少在法理上袁集原来的北京政府首脑与新的南京临时政府首脑于一身，成为了名副其实的统一国家的临时大总统。

（二）《中华民国约法》制定前的准备

在孙中山通电辞职后直到第二年"二次革命"爆发的一年多时间之内，袁世凯通过以下几个步骤逐渐增强了实力，从而为其废除《中华民国临时约法》，而颁布按照自己意图制定的《中华民国约法》创造了必要的条件。

首先是在 1912 年 2 月 29 日授意部下制造北方各省"兵变"的乱象，以弹压兵变之需为由逼迫南京政府同意其在北京继任临时大总统，从而使得革命党人原来设想迎袁赴宁任职的愿望落空。袁牢牢地掌握着自己的地盘，而且运用其总统的地位，最终迫使南京临时参议院及诸多官员北上就范，落入袁的掌控中。

第二，加紧分化同盟会，瓦解革命团体。参议院相当于议会，按照《临时约法》的规定，内阁由参议院中占多数席位的政党或几个政党联盟的领袖人物组成，内阁首脑即为国务总理。按照这样的设计，只要内阁中同盟会及其联盟成员占多数，则政府事务仍在革命力量的掌握之中。所以，为了使其行为符合《临时约法》，袁世凯不得不用改变参议院议员的党派构成来达到控制参议院的目标。于是，袁尽量安插自己人进入参议院，并收买其中的党派，对付革命党，则高唱"用法制消解革命"之说：

> 自武汉起义，各省响应，官僚政客，倡"革命军兴，革命党消"之说，南京政府成立，本党既不实行革命方略，复由秘密之革命党，改为公开之政党；时以革命成功之党，内而政府，外而都督，大都皆党员所居，热心革命者固群焉趋之，而慕势争权者，尤欲先登捷

足，党员数量，骤然大增，而旧日党员，反有以为革命成功，洁身远引。复有因政见不合，而别有所组织，如章炳麟等之中华民国联合会，孙武等之民社是也。且以为成功之后，党员中难免流于骄纵，更招嫉妒者以反对。及联合数党而成之共和党，几以对抗同盟会为职志。及总理退位，南京留守府取消，唐内阁辞职，北京临时参议院之初期，共和党之势，在院内与同盟会之势相等，复甘为袁世凯所利用。加以统一共和党，在院内得有二十余席，往往依附共和党，而同盟会在院内之主张，常为所扼。①

袁世凯的分化、瓦解策略起到了一定的作用，即便此后宋教仁重组国民党，一度将政党政治搞得有声有色之时，袁世凯还积极出资让梁启超、汤化龙组成了进步党，制衡国民党。而且他还与江浙财团的领军人物张謇，暗通声气，争取中间力量的支持。② 从而在参议院争取到很大的支持。

第三，利用临时大总统的优势地位及《临时约法》文本的缺陷，安插私人于重要的政府岗位。袁世凯强行夺去外交、内务、陆军和海军这些重要部门的权力，并于总统府内设外交、政治、军事、法律、教育、边事等各种顾问以分这些部门之权，而且还怂恿由其党羽把持的部门奉行"独立主义"而拆内阁之台。

第四，绕过参议院，袁向外国银行大肆借款，以充实自己的实力。

当然，在这一过程中，革命党人的"法律限袁"仍在进行，并取得来一定的成效。仅 1912 年 8 月之前，由革命党人主导的临时参议院就针对袁世凯的种种不法行为展开了一系列的斗争：一是反对袁世凯违法任命政府官吏；二是对于袁世凯交议的国务院官制修正案、各部官制通则修正案以及各部各局官制修正案，临时参议院常常用"议决权"，加以删修；三是参议院还先后通过了一系列提案，催政府交院议决，包括预算决算、地方官制、户籍立法等等议案，使得袁无法因循敷衍。③

① 邹鲁："国民党"，载杨松、邓力群原编，荣孟源重编：《中国近代史资料选辑》，北京三联书店 1954 年版，第 687—688 页。
② 相关情形见丁文江：《梁启超年谱长编》，上海文艺出版社 2009 年版，第 660—665 页。
③ 李新、李宗一主编：《中华民国史》（第二卷上），中华书局 2011 年版，第 25—27 页。

袁世凯是自然无法满意这种状况的，他一再以"限制过苛"为借口，竭力摆脱参议院的监督。只是羽翼未丰，所以在继任临时大总统的 1912 年，基本上还是在《临时约法》框架内活动的。但是随着国民党在议会选举中逐渐取得优势，和其北洋派系实力的提升，以袁为代表的军阀势力和保守势力，再也不愿屈从《临时约法》，而是要成为制定规则者。双方的冲突日益加深。终于，随着国民党领袖宋教仁的遇刺，逐渐引发了北洋当局和革命党的全面破裂。于是在 1913 年 7 月，革命党人就发动了"二次革命"，但该年 9 月即告失败。

（三）《中华民国约法》的产生

"二次革命"之后，国民党人在国会中的势力有所削弱，且当时袁世凯是以一种"依法平叛"的形象出现在世人眼中，很大程度上迷惑了原立宪党人和进步党等党派之人，所以在参议院和众议院于 1913 年 10 月 4 日之前举行的联席会议上，就匆匆地通过了所有的步骤，出台了《大总统选举法》，并于 10 月 6 日进行了选举。在第三次投票时，袁世凯以五百零七票当选为中华民国首任正式大总统。

而此时，虽然二次革命已经失败，但是留在国会中的国民党人，依然凭借着起草宪法而与袁世凯进行合法的政治斗争。因此前 6 月 30 日，根据《国会组织法》第二十条的规定，参、众两院各选出宪法起草委员三十人，候补委员十五人，组成宪法委员会。此时宪法起草委员会内国民党人仍旧占据重要地位。袁世凯试图通过向宪法起草委员会安插私人的方式，来使宪法向有利于己的方向发展，于是 10 月 25 日，指派八人参加宪法委员会讨论，但遭到拒绝，于是袁密电各省军政长官来指责宪法草案之不当。但是委员会排除困难，于 10 月 31 日将《中华民国宪法草案》三读通过，咨交宪法会议。由于宪法起草委员会工作地点在北京天坛祈年殿，所以这部宪法草案又称"天坛宪草"。这部宪法草案因是国民党人主导制定的，所以在精神上多继承《临时约法》，分"国体"、"国土"、"国民"、"国会"、"国会委员会"、"大总统"、"国务院"、"法院"、"法律"、"会计"、"宪法之修正及解释"十一章一百三十条，但从文本来看，是一个较为成熟的宪法草案（具体见本节第二部分）。但与袁世凯加强总统权力的目标却是格格不入的："天坛宪草内阁制色彩更为明显，不仅明定副署制度，更同时纳入不信任投票及解散议会之建制，如此势必与野心勃勃居大总统职位亦意犹未尽之袁世凯无法相容。加之二次革命的失败，袁氏气势更为嚣张，于是公然决裂，进而互相对抗，乃势所必然。"①袁世凯随即采取了一系列措施，来阻止"天坛宪草"的通过。

1913年11月4日，袁世凯下令解散国民党，取消国民党议员资格。走上以"命令代法律"的专制主义老路。这样一来，国会便因议员人数不足而陷于瘫痪，国民党也丢掉了与袁合法斗争的阵地。而袁世凯开始组织"御用"议会来表明其权力的法定性，构建合法性政治统治。11月26日，袁世凯下令会同各省所派人员合组"政治会议"。1914年1月10日，更是下令解散国会，宣布停止参众两院议员的职务，一律资遣回籍，这样原先国会中同情国民党的其他人士，也失去了与袁进行法律斗争的舞台。于是此后立法就在袁一手操控当中。该日，"政治会议"遵循袁世凯的意思，呈请特设"造法机关"，修改约法。次日，袁即命政治会议拟具具体办法呈报。24日，政治会议通过《约法会议组织条例》，呈报袁世凯，从而开始为塑造"袁记法统"而努力。3月18日，约法会议开会，20日，袁世凯以增修"约法大纲"咨交约法会议，提出增修内容七项：

一、外交大权应归诸总统，凡宣战媾和及缔结条约，无须经参议院同意；二、总统制定官规官制，及任用国务员与外交大使、公使，无须经参议院同意；三、采用总统制；四、正式宪法应由国会以外之国民会议制定，由总统公布，正式宪法起草权应归于总统及参议院；五、关于人民公权之褫夺回复，总统自由决定；六、总统应有紧急命令权；七、总统应有财政紧急处分权。②

较之《临时约法》，袁的主张一下子就将总统的权力进行了大幅度扩

---

① 中华民国史法律志编纂委员会：《中华民国史法律志》（初稿），"国史馆"1994年发行出版，第319页。

② 引文出自韩信夫、姜克夫主编：《中华民国史（大事记）》（第一卷1905~1915），中华书局2011年版，第559页。

充。约法会议本为袁的御用机构，很快就将袁的意思纳入新的约法。4月 29 日，在《中华民国约法》（"袁记约法"）出台前夕，约法会议议决以《中华民国约法》代替《临时约法》。这说明自民初孙中山等革命党人通过法律的限袁的举措，在法律层面上被彻底废除。

终于在 1914 年 5 月 1 日，袁世凯公布了其早就希望看到的约法，这也被称之为中华民国历史上第一部正式意义之上的宪法，只不过后来被冠以一个讽刺性的名号"袁记宪法"。这个约法的产生，"乃是把两年来恣意破坏资产阶级民主制度所取得的各种专制特权，用法律的形式肯定下来，而且为他进一步扩充权力提供了'法律依据'。难怪袁记约法公布之时，他不胜喜悦地说：'予今日始入政治新生涯。'"[1]

袁世凯在其约法中大大扩充了总统的权力，"假总统政治之名，而行独裁政治之实"。[2]不料袁世凯到此还没有满足，他还要在法律上确认其长期把持权力，为此，势必要对总统任期做出修正。于是在他的授意下，内阁趋承其意，向约法会议提出修正《大总统选举法》的提案，8 月 26日，约法会议对此予以讨论，自然也完全按照袁的设想去修正法律。至12 月 28 日，修订后的《大总统选举法》得以在约法会议通过，袁次日即公布了这部法律。此次《大总统选举法》修正规定大总统任期十年，不限制连任。如果到选举之年，参议院认为政治上有必要时，只需三分之二以上参议员同意，即可连任。总统继任人并非任意选举产生。而应由大总统推荐候选人三人，书于嘉禾金简，钤盖国玺，藏于金匮石室。按照这个选举法，理论上大总统可以任职终身，且有权传子。其金匮石室的做法，几类于清代秘密建储之制，只不过后者将储君之名藏于乾清宫"正大光明"匾后而已。

总之，通过《袁记约法》和新修订的《大总统选举法》，袁世凯在法律上确认了自己的法统，最终完成了其统治的"合法性"。

当然，革命党人也未忘记自己的使命，"袁记约法"的公布之日，实

---

[1]　李新、李宗一主编：《中华民国史》（第二卷下），中华书局 2011 年版，第 457—458 页。
[2]　汪馥炎：《中华民国约法摘疑》，载《中华杂志》第 1 卷第 6 号。（1914 年 6 月）

际上就是孙中山"护法"革命开始之时，"护法"表面上是护《中华民国临时约法》这一个法律文本，而实质在于护该约法体现出的共和体制和民主精神。所以以孙中山为首的革命党人尽管此时尚未正式提出"护法"一词，但是围绕着《临时约法》和《中华民国约法》的斗争早在 1917 年"护法运动"开展之前早以展开。

图 3 讽刺袁世凯的政治漫画：刀大杀人多

（图片说明：《刀大杀人多》反映了袁世凯篡夺胜利果实后，实行专制独裁统治，经常用暗杀的方式来排除异己。这幅漫画，反映了辛亥革命后民主共和制度遭到了严重破坏。画面中的猿猴代表袁世凯，其所举的刀上刻着"专制"二字，表明了袁世凯法统的实质。图片来源：www.yzedu.net/blog/show.asp?uid=933&style=pic&id=1530）

（四）《中华民国约法》的主要内容及其特征

《中华民国约法》共十章六十八条，其内容大致如下：

第一章为"国家"，共三条，规定中华民国，"由中华人民组织之"，即国体性质为共和。规定中华民国之主权，本于国民之全体。国土依从前帝国所有之疆域，即内地各行省及民族边疆地方。

第二章为"人民"，共十条，规定国民平等，并享有身体、住宅、财产、营业、言论、著作、集会、结社、书信秘密、居住迁徙、信教等自由权利，并有选举与被选举、请愿于立法院、诉讼于法院、请愿于行政官署及陈述于平政院等政治权利和获得救济的权利。并规定了人民须负纳税、服兵役等义务。

第三章为"大总统"，共十六条。开宗明义"大总统为国之元首，总揽统治权"，"大总统代表中华民国"并对全体人民负责。然后规定大总统的各项权限。大总统有召集立法院，宣告开会、停会、闭会的权力。经参议院之同意，可以解散立法院。大总统有提案权，发布命令权，宣布紧急状态权。并且有制定官制官规、任免文武职官权、宣告开战媾和权。此外他还是海陆军大元帅，统率全国海陆军，确定海陆军之编制及兵额。以及有其他荣典、赦免等权。

第四章为"立法"，共九条，规定立法以人民选举之议员，组织立法院来行使。而其组织及议员选举方法，由约法会议议决。立法院拥有议决法律、预算、公债等权，并答复大总统咨询事件，收受人民请愿事件，提出法律案、提出关于法律及其他事件之意见并建议于大总统，还可以提出关于政治上疑义，要求大总统答复；但大总统认为须秘密者，可以不答复。立法院每年召集之会期，以四个月为限；但大总统认为必要时，得延长其会期，并得于闭会期内召集临时会。此外，该章还规定了立法院议员的选举、任职等其他事项。

第五章为"行政"，共五条，规定了行政以大总统为首长，置国务卿一人赞襄之。下面又置外交、内务、财政、陆军、海军、司法、教育、农商、交通各部分掌。各部总长依法律、命令，执行主管行政事务。国务卿、各部总长及特派员，代表大总统出席立法院发言。当国务卿、各部总长有违法行为时，受肃政厅之纠弹及平政院审理。

第六章为"司法"，共五条，司法以大总统任命之法官组织法院行之。法院编制及法官之资格，以法律定之。还规定了依法独立审判、公开审判、一定的法官豁免原则等等。

第七章为"参政院"，仅有一条，即"参政院应大总统之咨询，审议重要政务。参政院组织，由约法会议议决之"。实际上是一个总统幕僚机构。

第八章为"会计"，共九条，规定相应的决算预算、财政支出和会计事项，并规范了审计院的职权。

第九章"制宪程序"，共四条，规定中华民国宪法案，由宪法委员会起草。还规定了宪法起草委员会的构成以及参政院、约法会议在制宪过程中的职权。

最后一章为"附则"，共四条，规定了约法的效力、修改的程序，重申了优待王室的条款，并且明确宣布废除原"临时约法"。

就形式上而言，此部宪法较之于"临时约法"，要相对完善。一部宪法的主要构成要素，诸如国体、政体、人民权利义务、国家机构的划分和权力的分配，以及宪法制定和修改的程序，都在本约法中有所体现。

该约法最大的特征，还在于大大扩充了大总统的权力，比较典型的如：外交大权归诸总统，宣战媾和缔约不必经由参政院；总统制定官制，任用国务员及外交大使，不必经由参政院；宪法起草权归诸总统及参政院；人民公权的褫夺回复，总统应自由行之；总统有紧急命令权；总统有紧急处分权。这些权力原先大部分都是临时参议院所有或者受到参议院严格限制的，现在都归属于总统。

更有甚者，这部约法中完全看不到原先作为权力机构的"临时参议院"的影子，而是以"立法院"取代之。但是这个"立法院"，名义上虽是权力机构，但是约法中用了很多"但书"条款，使总统凌驾于立法院之上。比如虽然规定立法院可以要求总统答复其提出的关于政治上的疑义，但又规定大总统认为须秘密者，可不答复。又如规定立法院每年会议，以四月为限，但又规定大总统认为必要时，得延长其会期，并得于闭会期内召集临时会。又如规定立法院之会议须公开，但又规定经大总统之要求或出席议员过半数之可决时，得秘密之。再比如规定立法院出席议员三分二以上仍执前议，而大总统认为于内治外交有重大危害，或执行有重大障碍时，经参议院之同意，得不公布之。凡此种种，皆是为了大总统集权之需而设。

此外，该约法还设置了"参政院"这个机构，且此机构在宪法制定和修改过程中还起着举足轻重的作用。但是究其实质，不过是总统私人的幕僚机构，根本无法对总统权力构成制约。所以无论是约法会议，还是参政院，事实上都是袁用来集权的工具。

事实上也是如此，带有权力机构色彩的立法院，终袁世凯统治之世，从未得以设立。所以《中华民国约法》尽管有民主宪法之形式，终难掩袁行专制独裁之实。

二　法统斗争的继续与 1923 年的《中华民国宪法》

（一）法统斗争的继续（新旧国会之争）[1]

袁世凯称帝后，激起一片反对声。以蔡锷为首的护国军首先于西南发难，其后各地相应。袁世凯不得不 1916 年 3 月下旬取消帝制，之后于 1916 年病逝。袁世凯死后，副总统黎元洪继任总统，此时内阁由之前袁世凯任命的国务卿段祺瑞控制。6 月 29 日，北京政府国务院开会，最后决定恢复旧约法（指《临时约法》），并重新召集国会，这等于承认了民国元年的法统。南北遂达成和解，同意国会召开之前，由大总统暂时任命国务总理组阁，待国会召开后再追认之。于是新旧法统之争暂告一段

---

[1]　旧国会指 1913 年的第一届国会，其间被袁世凯取消，至 1916 年重开。而新国会指 1918 年段祺瑞执政时第二届国会，也称"安福国会"。此外，尚有"新新国会"，新新国会，指 1920 年 8 月安福国会解散之后，时任大总统徐世昌于 10 月 30 日宣布开展新一届国会的选举，但因直系军阀的反对等诸原因，该届国会被选出的议员始终未能集会，故是一届流产的国会。

落。同日，黎元洪颁布命令，任段祺瑞为国务院内阁总理，废除带有帝制意味的国务卿头衔。

8月1日，国会两院议员至北京众议院开会，这就是第一届国会第二次常会（民国二年即1913年4月开幕的国会为第一届国会第一次常会），8月23日，参议院又开会投票，追认段祺瑞为内阁总理，至9月4日，正式决出了唐绍仪、陈锦涛等内阁阁员，至此，段祺瑞内阁正式成立。而按照《临时约法》，采责任内阁制，故段祺瑞内阁由此开始了皖系军阀控制中央政权的历史。

段祺瑞执政后不久，便和总统黎元洪发生了激烈的争执，史称"府院之争"。这不是两人之间的个人恩怨，而在于其所代表的两部分政治力量的分歧。支持黎元洪的力量是国民党人和南方地方军阀势力，而支持段祺瑞的则是北洋军阀势力。段执政后，千方百计挤压黎元洪的权力，同时在安排各省军政长官时，也尽量用北洋军阀或与北洋有渊源之人，这就引发了黎及其支持者的强烈不满。其后，在对德外交和是否参加"一战"等问题上黎、段分歧尖锐，终于在1917年5月23日，总统黎元洪发布命令，免去段祺瑞国务总理的的职务。而段祺瑞则赴天津策动主要由北洋军阀组成的督军团，以解散国会，驱逐黎元洪。

府院关系恶化之后，黎、段都争相拉拢拥重兵于徐州的军阀张勋。张在对待国民党人和国会、内阁问题上与段一致，但在参战问题上则与黎一致。但是张最想做的，却是拥溥仪复辟，于是1917年6月，张勋借着"调停"府院之争的幌子，率军进京，先是逼迫黎元洪解散了第一届国会，后又要求其在"奏请归还大政"的奏折上签字，[①]黎不从，又为免遭张勋迫害，故特任冯国璋以副总统的身份代行总统职务，重任段祺瑞为国务总理，自己则避进日本驻华使馆。张勋则于7月1日，拥立溥仪复辟。复辟自然不得人心，段祺瑞见有机可乘，立刻在天津组织"讨逆军"讨伐张勋。张勋很快失败，而段则以"再造共和"重任内阁总理，继续把持北京政权，而以冯国璋为代理大总统。

---

① 指出归还大政给清帝，该折是一主张复辟的文件。

段重掌政权后，并未恢复国会，而欲以临时参议院代之，7 月 24 日更是电告全国，"有参议院行使立法职权，即无异于国会之存在"，[①] 这显然有违民初所确定的"共和"法统，[②] 段的目的在于摆脱国会的控制，而加强自己的权力。这激起了革命派与非北洋系统的南方军阀的不满，遂引发了声势浩大的"护法战争"。[③]

7 月 17 日，孙中山到达广州，19 日，于广东省议会发表演说，提出再造政府、恢复国会，并电邀旧国会议员南下护法。而 8 月 11 日，云南督军唐继尧通电护法，并提出理由："一、总统有故不能行使职务时，当以副总统代行职权，惟故障既去，总统仍应复职，否则应当向国会解职，照大总统选举法第九条第二项办理；二、国会非法解散，不能认为有效，应即召集国会"等等。

在这种情形下，旧国会议员一部分留京（多为倾向于段内阁的议员），另一部分则南下参加护法。8 月 19 日，南下国会议员于广州开会，讨论召开国会及组织政府事宜，因议员不足法定人数，遂决定于 25 日在广州召开"国会非常会议"（"非常国会"）。至 8 月 30 日，国会非常会议议决《中华民国军政府组织大纲》，规定"为勘定叛乱，恢复临时约法，特组织中华民国军政府"，南方军政府遂得以成立。1918 年 5 月，又通过修正后的军政府组织法，改组了军政府。而 1918 年 6 月，又宣布非常国会为正式国会（尽管到会议员仍旧未足半数的法定人数），9 月，正式国会凑足法定人数，便召集宪法会议继续审议 1913 年的"天坛宪草"。但后

---

①　参见韩信夫、姜克夫主编：《中华民国史（大事记）》（第二卷 1916~1921），中华书局 2011 年版，第 864 页。

②　通常意义上，构成民初"共和"法统的主要法律文件是 1912 年的《中华民国临时约法》和《国会组织法》、《众议院议员选举法》、《参议院议员选举法》，此后民国正式国会即依这些文件选举产生并组织，作为国家权力机关。虽然《中华民国临时约法》中有参议院的设置，但是那是在国会成立之前代行参议院某些职权的临时机构，并且《临时约法》第二十八条明确规定："参议院以国会成立之日解散，其职权由国会行之。"所以段 1917 年重掌政权后不恢复国会而以临时参议院代之，无疑是对民初确定的共和法统的破坏。

③　这是第一次护法运动，最初孙中山试图借助南方军阀实力派而进行护法，而西南军阀也因为段推行"武力统一"为求自保而同意护法。南北战争爆发之后，最初护法运动有声有色。但因 1918 年南北战事出现僵持，而西南军阀谋求南北议和，并在南方护法军政府中排挤孙中山，致孙于 1918 年 5 月北赴上海而宣告失败。

来因改组后的军政府受桂系控制，对外谋求与北洋直系妥协，对内蹂躏国会，破坏护法，故至 1920 年春，多数旧国会议员离粤，至此南方军政府的国会名存实亡。

而段祺瑞控制的北京政府，则如期成立临时参议院，制定新的国会组织法，同时决定"武力统一"全国，随即派军队进攻南方。1918 年北京政府按照新的《国会组织法》，举行全国大选，而之前段祺瑞为操纵此次国会选举，指使其亲信徐树铮等，在北京的安福胡同成立俱乐部，以卖国借款和军队空饷收买议员政客，结果，在新国会中，安福系议员多达三十余人，新成立的国会遂成为段祺瑞的"御用国会"，又称为"安福国会"，延续至 1920 年。1920 年 7 月，直皖战争爆发，直系曹锟、吴佩孚取胜之后控制北洋政府，迫使段祺瑞辞职，8 月，安福国会解散。

因此，在 1917 年至 1920 年这段时期之内，中国南北出现了两个政权和两个国会，双方为了证明自己政权的合法性，均在形式上成立立法机关，宣称自己法统的正当性。但就严格意义上说，南北两个国会，皆非遵循 1912 年的《国会组织法》而组织，故均为"非常"性质的国会。"双方之争执，以'法'为名，实则皆以'权'为目的也。"[①]

（二）"法统重光"和北京政府继续制宪

1920 年 7 月，直皖战争以直系胜利而告终，皖系政权垮台。因奉系军阀曾经在战争中支持直系，故胜利后直奉两系军阀进行政治分赃，"共治"北京政府。"与皖系独控北京政治时期相比，北京内阁处于两强之间，谁也得罪不起，不能不左右逢迎，而又左支右绌，原本北京政府的力量就有限，此时更受着夹板气，实在难有作为。"[②] 所以在 1920 年至 1922 年直奉"共治"期间，总统徐世昌不啻为一傀儡，而内阁就换了五次，在这种情形下，更不用说立宪的进展了。

此后，因为直奉双方实力的加强，均想独掌政权，双方矛盾逐渐加剧，最终于 1922 年 4 月爆发第一次直奉战争，5 月，直系获胜，遂独掌

① 钱端升：《民国政制史》，上海人民出版社 2008 年版，第 125 页。
② 汪朝光：《中华民国史》（第四卷 1920～1924），中华书局 2011 年版，第 1 页。

北京政权。

获胜后的直系，为了收拾战后局面，同时巩固政权，所谓："恢复法统，即南政府可即时取消，中央可同时改良，副总统可即选出，北洋正统可即巩固，旧会制宪完毕闭会，正式国会、总统即根据新宪成立。"①于是力倡"法统重光"。他们驱逐了傀儡总统徐世昌，并拥黎元洪复位。6 月 13 日，黎元洪在以曹锟、吴佩孚为首的直系军阀的支持下，以大总统的名义宣布撤销他于 1917 年 6 月 12 日所发布的解散国会令，恢复第一届国会及民元"法统"，这就是"法统重光"。

于是 1922 年 8 月 1 日，旧国会得以正式复会。鉴于民国以来宪法屡经起草，屡遭变故，迄今未有以"宪法"为名的正式宪法。因此，这次国会首要任务就是制宪。同时直系实力派军阀吴佩孚和全国商会联合会也通电要求"国会专意制宪"，②所以国会决定先行制宪。且鉴于以往制宪，常因到会议院人数不足而中辍，故而本次国会主张修改民国元年的《国会组织法》，减少人数的限制，于是通过国会组织法修正案，将原先开议制宪人数必须满议员的三分之二，议决必须满出席议员的四分之三的人数规定，分别改为五分之三和三分之二，实质上减小了制宪的难度。

11 月 15 日，"国会宪法起草委员会"开始工作，经过半年时间，在此前的《临时约法》和"天坛宪草"的基础上又增补了"地方制度"、"国权"等章，正待进入二读程序时，发生了直系军阀驱逐总统黎元洪事件（1923 年 6 月 13 日），因黎不甘心成为傀儡，而触犯了直系军阀之利益，故有此变。受此刺激，部分反对曹锟的议员离京赴津，导致制宪进程再度中断。7 月 8 日，拥护直系的三十余政团在北京中央公园（今中山公园）开会，决定请国会议员维持国会，完成宪法，并希望国会于制宪后选举总统。会后并向全国发表通电。

而曹锟为了使会选举他为正式大总统，指使下属限制在京议员的

---

① 《稿本吴孚威（佩孚）上将军年谱》，第 360 页，转引自汪朝光：《中华民国史》（第四卷 1920~1924），中华书局 2011 年版，第 152 页。

② 《东方杂志》第十九卷第十七号，1922 年 9 月 10 日。

人身自由，另一方面又派人对已经离京的议员进行贿赂，促其回京。并承诺只要议员出席总统选举，还可以另加高额奖赏。至 1923 年 10 月 4 日，国会众议院召开宪法会议，出席议员五百五十一人，足法定人数，议长吴景廉以"地方制度"章各分条分付表决，二读通过。而当日晚，听命于曹锟的政治团体"甘石桥俱乐部"，为了曹锟贿选总统活动通宵，发给贿选议员的支票增至六百余张。次日，北京国会开会选举总统，为确保选上，曹锟派军警、侦缉队、保安队密布于场内外。因起初到会议员尚不满法定人数，国会遂三次延长时间，其间曹派人四处拉人，最终出席议员达五百九十三人，超过五百八十六人法定人数，曹锟以四百八十票当选，成为大总统。

为了掩盖贿选的丑行，平息社会的愤怒，也为了表示尊重"法统"，大总统选出之后，紧接着 10 月 8 日，国会宪法会议匆忙完成了三读程序，通过了《中华民国宪法》十三章一百四十一条，该宪法因曹锟贿选而被称为《贿选宪法》，这也北京政府时期通过的惟一一部正式的宪法。10 月 10 日，曹锟于中南海怀仁堂即大总统位，同日公布这部宪法。"民元"法统自此完成了"重光"。

图 4　1923 年宪法成立纪念币

（图片说明：曹锟对贿选成功和宪法成立较为看重，视为自己的统治合法性的最终标志，故而下令造币局铸造宪法纪念币，正面为其头像，背面为国旗像。图为天津造币总厂同期铸造的曹锟文装像金质样币。图片来源：http://www.epailive.com/items/4/3/3014670.shtml）

（三）《中华民国宪法》（"贿选宪法"）的主要内容和特征

1. 作为《中华民国宪法》蓝本的"天坛宪草"

在总体框架和具体宪法规范内容上，《中华民国宪法》对 1913 年以来不断在议的"天坛宪草"多有抄袭，这也可以解释为何曹锟贿选和颁宪会如此迅速。所以要了解贿选宪法的主要内容和特征，必先得回顾"天坛宪草"。

"天坛宪草"共分十一章一百一十三条。各章主要内容为：

第一章"国体"仅一条，规定"中华民国永远为统一民主国"，这较之临时约法和袁记约法所承认的共和政体更为简洁明确。

第二章"国土"，也只有一条，规定"中华民国国土，依其固有之疆域。国土及其区划，非以法律不得变更之"。

第三章"国民"，共十七条，规定了中华民国人民的资格以及人民平等的原则，继而以列举的方式规定了人民的居住、通信、职业、集会、结社、言论、出版、宗教信仰、财产等自由，还规定了请愿诉愿以及选举被选举等权利，又规定有纳税、服兵役、受初等教育的义务。最为独特的是在这章最后一条，也就是"受初等教育的义务"一条中，专门规定一款"国民教育以孔子之道为修身大本"，直接在教育中规定意识形态，这实际上是对民国以来各界"孔教入宪"呼声的一个回应，但如此规定又引发了此后多年的更激烈的争论。

第四章"国会"，共三十一条，这是宪草中条款最多的一章，这体现了国会在国家生活中的地位，亦可见起草者对国会的重视。1913 年天坛宪草制定之时，正是袁世凯不断加强总统权力，独裁步伐加骤之际，所以这种"国会"的设置，不免仍有"因人设法"的意味。该章除了按照常规规定国会的立法权、国会的结构、议员的资格、议员的选举方式、两院议员任期、开会及闭会、议事的程序等内容之外，还规定参议院得审判被弹劾之大总统、副总统及国务员，规定"两院议员不得兼任文武官吏，但国务员不在此限"，实际上是提高了国务员的地位，目的是为了更好地限制总统的独裁。这都彰显了起草者试图以"国会"为对抗独裁的工具的思路。

第五章"国务委员会",共四条,规定了国务委员会乃是国会闭会期内常行机构。由两院各于其议员内选二十名委员组成。

第六章"大总统",共二十三条,规定了总统的任职资格、选举办法、任期、各项职权,整体精神与"临时约法"规定得一致。

第七章"国务院",共六条,规定国务院的组织方式,国务员的职权。还特别规定"大总统所发布的命令及其他关系国务之文书,非经国务员副署,不发生效力"。这也延续了临时约法用国务员来限制总统的精神。

第八章"法院",共六条,规定了法院行使司法权以及审判公开、独立等原则。

第九章"法律",共五条,规定了法律案的提出以及变更、废止等事项。

第十章"会计",共十四条,大致是关于预算和决算的会计、审计规则,许多规则亦为"袁记约法"所采纳。

最后一章为"宪法之修正及解释",共五条,规定宪法修正的议案由国会提出,宪法的修正和解释都由宪法会议行使,宪法会议由国会议员组织。特别值得注意的是,该章中专有一条"国体不得为修正之议题",即起草者试图用宪法来确保民主共和的国体,说明当时主张复辟帝制之人仍大有人在,且民国肇造,尚有大量的人对帝制和共和无明确信仰,因此须在宪法草案中再作严正宣示。

"天坛宪草"总体看来是一部反专制、求民主的宪法草案,但也带有特定的时代特色,且有因人设法的局限性。

但袁世凯为了行独裁之实,很快就解散了国民党,解散了国会,而设约法会议自行制定约法,因此"天坛宪草"虽于1913年10月31日经宪法起草委员会通过,但始终没有机会在国会性质的机构中通过。直到1916年袁世凯病死,黎元洪继任总统,重新恢复国会后,"天坛宪草"才重新得以续议。该年9月5日至13日,宪法会议听取宪法起草委员会说明旨趣，完成初读程序，至 1917 年 1 月 10 日，完成一读会程序。1 月 26 日至 4 月 20 日，完成二读会程序，经二读之后的宪草，删除了原"天坛宪草"的"国务委员会"一章，废除了大总统的紧急命令权，扩张了国会的权力，并修改了关于孔教问题的条款。而关于中央与地方权限的划分，以及如何在宪法中体现，各方经过激烈的争论，最终拟定了"地方制度"的宪法条文，但未及审议，国会便因张勋复辟之故而由黎元洪下令再次解散，宪法起草再告中断，直到 1922 年"法统重光"，制宪活动才得以继续，修改后的宪草条款大部分得以出现在"贿选宪法"当中。

2.《中华民国宪法》（"贿选宪法"）的主要内容

《中华民国宪法》共分十三章一百四十一条。各章主要内容为：

第一章"国体"仅一条，规定同于"天坛宪草"。

第二章"主权"，为新增章，亦一条，规定"中华民国之主权，属于全体国民"，这是"主权在民"这一近现代宪法原则在本宪法中的体现。

第三章"国土"，也只有一条，亦同于"天坛宪草"。

第四章"国民"，共十八条，仅与"天坛宪草"有两处不同，一是增加了一条，这就是第十四条，规定"中华民国人民之自由权，除本章规定外，凡无背于宪法原则者，皆承认之"，实际上是用一个概括性条款来扩张了人民的自由权，是近现代宪法文本上的一大进步。另外则是删除了原先国民教育以孔子之道为修身大本的条款，而在第十二条中加入"尊崇孔子的自由"等相关文字。

第五章"国权"，为新增章，共十七条。首先将国权分成"国家事项"和"地方事项"，然后又规定，哪些事项由国家立法并执行，哪些由国家立法并执行或令地方执行，哪些由省立法并执行或令县执行。并规定了课税、法律的解释、财政、军队组织等权，以及地方禁止从事的事项。这实际上是宪法起草者看到了当时军阀割据的现实，试图通过宪法巩固中央政府权力，当然也必须做出一定的妥协。

第六章"国会"、第七章"大总统"、第八章"国务院"、第九章"法院"，第十章"法律"，第十一章"会计"皆与"天坛宪草"大同小异，总体而言，总统的权力在这部宪法中受到了进一步的限制，尤其是不再规定总统的紧急命令权，以及在官吏方面，总统权限也明显要较"天坛宪草"来得小。

第十二章"地方制度"又是一新增章，共十二条，将地方划成省和县两级，省可以按照宪法的规定，制定省宪。地方可设议会。而省税和县税的划分，由省议会议决。该章还规定了其他属于省、县的自治权力。这一章的主旨乃在承认地方有自治的权力，"是直系军阀的武力统一政策与各省军阀的连省自治主张之间进行妥协的产物，制宪者们力图以国家根本法的形式记载和巩固这种政治妥协的成果"。①

最后一章"宪法之修正解释及其效力"，共六条。较之"天坛宪草"，前五条完全一致，仅多了一条"宪法非依本章所规定之修正程序，无论经何种事变，永不失其效力"。这一条可能是宪法起草者鉴于民国成立以来，制宪屡屡因为各种事变而命运多舛，于是为了保证宪法的稳定性，专门通过此条赋予宪法的永久效力。但事实上，宪法的效力从来不是由宪法条文本身所保证的，制宪者制定该条文只是表达了自己的美好期望。而随着1924年10月23日，第二次直奉战争中直系冯玉祥等人的倒戈及"北京政变"的发生，曹锟政权黯然倒台，这一条款连同整个贿选宪法都成废纸。所以"贿选宪法"自1923年10月10日公布，到最后废除，仅仅只存在了一年有余的时间。

3.《中华民国宪法》（"贿选宪法"）的特征

本宪法虽然绝大多数条款继承了"天坛宪草"，但是也有其自身鲜明的特色，除上文所述之外，尚有两点：

第一，带有强烈的分权色彩。"贿选宪法"的文本体现了西方权力分立和制衡的宪政原理，首先体现在中央各机关的权力分配上，国会为权力机关，负立法之责，大总统和国务院负行政之责，而法院则负司法之责。三者各司其责，又互相制约。其次体现在中央和地方权力的分配上，

① 张晋藩:《中国宪法史》，吉林人民出版社2004年版，第249页。

"国权"和"地方制度"两章明确地划分了中央和地方的权力，但是同样存在着制衡，比如第二十八条规定"省法律与国家法律发生抵触之疑义时，由最高法院解释之"，这就是中央通过司法审查，对地方进行制约。所以这部宪法是按照分权理论来进行设计的。

第二，带有强烈的杂糅色彩。所谓杂糅，就是同时夹杂了新派和旧派，拥护统一派和联省自治派的主张，最明显地又表现在两个方面：

一是关于"孔教入宪"的争论。自"天坛宪草"起草开始，一直到贿选宪法的完成，这一直是一个带有争议的话题。"天坛宪草"起草期间，支持孔教入宪者认为不管承不承认，孔教之尊为历史上之事实，写入宪法只是确认事实而已。且孔教有助于世道人心之改良。而反对孔教入宪者则认为支持孔教则会使得蒙藏等具有浓厚喇嘛教传统的地区产生二心，且会导致野心家借此恢复帝制之可能，另外孔教并非宗教，不宜以教育和宗教相混同等等。[①] 双方争执不下，妥协的结果就是在宗教信仰自由中未涉及孔教，而在受初等教育之义务的条款中增加"国民教育以孔子之道为修身之本"。"天坛宪草"中最终孔教未曾入宪，虽然出现了"孔子"，但放在教育条款中，说明该宪草是将"孔子之道"作为"教育之道"对待的。这引起了主张孔教入宪者的很大不满。虽然宪草后被搁置，但争议依然在继续，待 1916~1917 年国会重开之后，1917 年 1 月 8 日，宪法会议审议讨论以孔教为国教问题，反对者以袁世凯复辟为由，指出若将孔教列入宪法，"将来仍恐难免帝制问题发生"，结果投票赞成孔教列入宪法者未获三分之二多数，被否决。同时国民教育以孔子之道为修身之本也遭到新派人士的攻讦，1 月 30 日，《甲寅》日刊发表当时已经比较著名的学者李大钊《孔子与宪法》一文，指斥宪法草案中规定此条为怪诞之事实。但是这些"孔子"不入宪的主张遭到了守旧人士，尤其是部分实力派军阀的反对，2 月 7 日，张勋、倪嗣冲即以宪法会议未能通过国教案，通电北京政府及各省，强烈要求将孔教列入宪法。

---

① 参见陈新宇：《从礼法论争到孔教入宪——法理健将汪荣宝的民初转折》，载朱勇主编：《中华法系》（第五卷），法律出版社 2014 年版，第 169 页。

而到该年的 5 月 14 日宪法审议会仍旧否决"孔教"为国教，将《宪法草案》有关条文撤销，并将第一十条改为"中华民国人民又尊崇孔子及信仰宗教之自由，非依法律不受限制"。议员陈焕章就此发表《敬告全国同胞书》，唆使孔门信徒"抵死力争，务使宪法规定孔教为国教而后止"。[①]最终宪法审议会保留修改意见，该条最终确定在贿选宪法中。虽然未将孔子确定为国教，但是将"尊崇孔子"与"信仰宗教"并列于宪法条款中，无疑表明孔子之道为一种宗教，只是不将之作为"国教"对待而已。故主张宗教信仰自由者，无疑仍得信仰自由，而主张孔教入宪者，无疑也实现了其部分主张。

二是关于统一与联省的争论。1917 年，在讨论地方制度时，一部分议员主张正视各地割据的事实，而用宪法来规范，并通过地方自治来限制控制中央政权的皖系军阀。而另一部分议员则反对将省制写入宪法，认为这将影响宪法的稳定，增加议会和各省督军的隔阂。双方久决不下，甚至大打出手。而这段时间，部分省份已经开始主张联省自治的省宪运动，至 1922 年，许多省份都制定出了各自的省宪法，很多省甚至公然和中央分庭抗礼。于是在这种情形下，贿选宪法一方面强调中国是一个单一的国家，而另一方面又给予地方很大的自治权，承认在"地方制度"这一章。这就使得宪法精神内部不能一贯而产生矛盾。

> 推原其故，由于当时制宪诸人，分为两派，一派主张联邦，一派主张统一，两方既不能贯彻其主张，结果则惟有互相让步。主张联邦者，则去其联邦之名称，而以统一字样加之于国体；主张统一者，则听其以省权国权之分配，规定于宪法以内。彼以为如是既可以免裂统一为联邦，又可以防中央凌迫地方之弊。岂知宪法本身既造成前后之矛盾，其精神已不能一贯。[②]

综上所述，"贿选宪法"带有明显限制总统权力，且有三权分立和联

---

① 相关内容参看韩信夫、姜克夫主编：《中华民国史（大事记）》（第二卷 1916~1921），中华书局 2011 年版，第 835 页。

② 杨幼炯：《近代中国立法史》，台湾商务印书馆 1966 年版，第 312—313 页。

邦宪法的色彩，那么曹锟为什么愿意接受呢？实质上，其之所以接受这个宪法，并不意味着他甘受宪法的制约，而是他需要以此为其统治"正名"，同时也是对当时军阀割据现实无奈的接受。宪法文本的民主共和色彩，是难以掩饰统治者武人专政的实质的。

1924年第二次直奉战争结束后，直系政府跨台，倒戈的直系冯玉祥和奉系张作霖合作，邀请段祺瑞出任临时政府执政，开启了奉系军阀控制北京政府的时代，段任执政之后，废除了贿选宪法，另立国民代表会议，专门制宪。而委托各省长官组成的"国宪起草委员会"另行起草宪法，1925年年底，新《中华民国宪法草案》起草完毕，此为"段记宪草"，但因为终段氏执政之日，国民代表会议始终未能召集开会，所以此宪草最终也未能出台。而随着南方国民革命军北伐战争的节节胜利，北洋军阀最终覆灭，北京政府的制宪活动遂成历史陈迹。

三　北洋政府时期的行政法制

北洋政府时期，北京中央政府为不同派系的军阀集团所把持，最终是以军事实力决定其政权统治的，所以其实质是军阀专制。但是在表面上，无论哪一派军事集团掌权，都会打出"宪政"、"民主"的幌子，借以混淆人民视听，以免给革命派以口实。所以他们都会在"宪法"的框架下，实行文官政治。且因为各种政治势力之间存在着激烈的斗争，掌握北京政权的统治集团限于自身军事实力，常常不得不作必要的妥协。因此就形式而言，"法统"斗争之下的行政立法还是取得了长足的进步。通过一系列行政立法，北洋政府一定程度上完善了行政组织，规范了行政行为，人民的权益在一定范围内也有所保障。

（一）北洋政府时期行政立法的种类

北洋政府时期行政立法种类繁多，各种行政和公共管理事业方面立法均有建树，主要表现在三个方面：

1. 行政组织法

按照宪政的要求，国家行政机关需要在宪法和法律的框架下运行。

所以北洋政府成立之后，首先就是根据各个时期宪法性文件的规定，进行行政组织法的制定。在这方面继承了清末制定官制的做法又有所发展，主要又集中在组织和人事两大块。首先是关于行政机关的设置、编制、职权、职责、活动程序和行使方法诸方面，立法的目的在于使组织正规化、合法化。1912 年的《国务院官制》、《各部官制通则》，1915 年的《国民会议组织法》、《暂行法院编制法》，1917 年的《临时国际政务评议会章程》等等，这方面规定众多，无年无之。其次是有关国家机关与国家公务员在录用、培训、考核、奖惩、晋升、调动中权利义务关系的规范。这些内容既可以包含在官制法规中，也可以独立成一单行的行政组织法规。比如 1913 年的《文官任免执行令》、《文官考试法草案》、《文官任用法草案》、《文官保障法草案》、《文官惩戒法草案》、《文官甄别法草案》，后来这些草案陆续通过，或者改以命令的方式颁发，又如 1918 年的《文官惩戒条例》、《教育部分科程》、《司法官官等条例》等，均是规定官员权利和义务的单行行政组织法。

2. 行政行为法

行政行为方面的立法占北洋时期行政立法之最，内容涉及方方面面，有些在行政组织法中已有体现，有些则针对专门的行为制定法律法规，大体在政治、经济、军事、文化上都有表现：

在政治方面，包括政治礼节、政治待遇、民族宗教事务管理、各部办事规程、行政方法、任用考核、议事办法等，都有专门行政法加以规定，如 1912 年的《谒见大总统礼节》、《颁给勋章条例》，1913 年《治安警察条例》、《蒙藏院办事规则》等等。

在经济方面，包括颁布统一的度量衡与货币标准、制定经济管理相关章程、制定有关会计审计办法、制定关于银行货币及财政方面的行政法规等等。如 1912 年的《工商部暂行办事通则》，1913 年的《币值委员会议事规则》，1914 年的《会计法》、《审计法》，1915 年的《全国烟酒公卖暂行章程》等等。

在文化方面，主要包括各级教育法规，各种学会方面的管理法规，以及其他文化事业方面的法规，比如 1917 年的《国民学校令》、《高等小学令》，1918 年的《省视学规程》，1922 年的《关税临时研究会简章》等。

在军事方面，则主要包括各军种办事细则等，对于军官，专门规定实行不同于文官的组织和运行的行政法律法规。

尤其值得一提的是 1913 年参议院还出台了极具有限制行政权色彩的《行政执行法》，此后该法经过屡次修订，成为民国时期行政行为法的代表。该法对行政机关的强制执行权进行了特别限定，规定了强制执行的种类，禁止行政机关在执行时使用刑罚、非法拷打以及无限期拘禁，同时明确只有当法律规定的条件存在时，行政机关才可以为强制处分。尽管该法后来因为军阀的专横而未能切实施行，不过就文本意义而言，其虽经屡次修改，但所蕴含的"控权"精神是一以贯之的。

3. 行政救济法

北洋政府延续了清末筹设官制裁判院的思路。袁世凯当上大总统后，颁布《平政院编制令》，设立行政诉讼的机关——平政院，规定普通法院受理民刑诉讼，而平政院专司行政诉讼的二元制司法体制。除了编制令以外，当时还先后颁布了《平政院裁决执行条例》、《平政院处务规则》、《平政院各庭评事兼代办法》、《平政院各庭办事细则》等。虽然其后的几次制宪活动中取消了二元制的司法模式，规定统一由普通法院受理所有的诉讼，但平政院却一直存续，直到北京政府时期结束。

除了设置行政诉讼机关的组织法外，北洋政府时期还多次制定、修改相关的行政救济法，其代表性法律就是《诉愿法》和《行政诉讼条例》、《行政诉讼法》。《诉愿法》即行政复议法，最初颁布于 1914 年，其后又经过修改。《诉愿法》开宗明义就规定人民可以因中央或地方官署之违法处分致损害其权利或利益者，提起诉愿。 实际上是确保了宪法所规定的人民的诉愿权的实现。该法共十四条，第二条至第十四条则规定了诉愿的管辖与等级，最终决定的诉愿及提起行政诉讼的诉愿条件，提起诉愿的条件和方法，行政官署对诉愿的处理、决定以及执行情形。此法意在由同级政府或上级主管机关对原行政机关的不当和违法行为作出决定，以维护诉愿人之利益。《诉愿法》的出现，是近代行政法发展历史上一个标志性的事件。对于保障人民免受公权力的不法侵害，具有极为重要的意义。

（二）北洋政府时期行政法制的特色

北洋政府时期的行政法制，具有鲜明的时代特色：

第一，北洋政府吸收了此前行政立法的成果，并将之前的某些行政法制由设想变成了现实。如前所述，北洋政府的行政组织法，实际上脱胎于清末预备立宪官制改革中的"官制草案"，而对其中相关的设置、编制、职权、职责、罚则等内容进行了进一步细化。同时，对之前未来得及实施的某些行政法制，则进行了落实，最典型的就是按照清末《行政裁判院官制草案》的设想，成立了平政院，颁行了《平政院编制令》等法案，从而使行政诉讼的专门化成为现实。

第二，北洋政府行政法仍具有"过渡时代"的特色，吸收了西方行政法理念，但又带有较强的守旧色彩。比如平政院内设"肃政厅"，由肃政使履行行政公诉的职责，这个肃政厅很大程度上类似于帝制时代的御史台或都察院，故而平政院内诉讼和"纠弹"并举。另外《文官高等考试令》这样一个现代行政法规中，仍然规定，考试第一试均试"经义"仍以传统取士的科目掺杂进公务人员考试中，背后反映出北洋军阀的封建性。

第三，北洋政府行政法规数量虽多但缺乏系统性，且在实践中屡屡受军阀专制的破坏。北洋政府虽然制定了众多的行政法规，但是缺乏内在的系统和条理，即如官制，最初以草案的方式出台，继之又以大总统令的方式表现，后来又以条例、暂行章程等方式问世，前后缺乏一贯性。当然出现这种局面，亦不能责之起草者本身，而是政局动荡的反应。北洋政府时期政坛更迭频繁，从1916年至1928年短短的十三年中，就有三十八届内阁，最短的两届只有六天。而每个军阀扶植政治派系上台执政后，都要更新法制，重新确定官制，所以相应的行政组织法也是更迭不断，在这种情形下，行政法制是难以得到系统化整理的，而且也没有办法得到切实遵守。更何况北洋军阀并没有能够完成全国的统一，各地军阀割据一方，各自为政，全国性的行政法规，是难以在军阀割据区域得到实施的。

第四节　南京国民政府时期的公法

一　从"护法"到"训政"

1918 年 5 月，因受桂系军阀的排挤，孙中山不得不离粤赴沪，第一次护法运动失败。赴沪后，孙中山完成过去已着手撰写的《建国方略》，对以往的革命经验进行总结，提出了改造和建设中国的宏伟计划。在这段时间之内，孙又正式将 1905 年所创的中华革命党改组成为中国国民党。1920 年 11 月，在广州军政府驱逐了桂系军阀之后，孙中山于该月 28 日抵达广州，重张护法旗帜。第二次护法运动开始。

但是孙经过了此前护法运动中的变故之后，已经发现单纯与旧军阀争"法统"，而没有强大的政府作为后盾，是难以奏效的。于是在 1921 年的 1 月 1 日，广州军政府举行的南京临时政府成立九周年纪念大会上发表演说，指出："此次军府回粤，其责任固在继续护法，但余观现在大势，护法断不能解决根本问题。"① 而主张在广州设一正式的政府。该年 4 月，在广州的议员组成"非常国会"，通过了成立"中华民国政府"的决议，选举孙为大总统。5 月 5 日，孙就任"非常大总统"，开始实施其建国方略。但是转年的 6 月 16 日清晨，此前受孙中山大力扶植起来的广东实力派军阀陈炯明叛变，下令手下炮轰总统府，8 月，孙被迫再次离粤赴沪，至此"第二次护法运动"失败。

此后，孙中山一方面致力于组织力量讨伐陈炯明叛乱，一方面加强

---

① 韩信夫、姜克夫主编：《中华民国大事记》（第二卷 1916~1921），中华书局 2011 年版，第 1325 页。

国民党党义的建设，1923 年 1 月 1 日，孙中山在沪发表《中国国民党宣言》，宣传三民主义政策，提出该党"以三民主义为立国之本原，五权宪法为制度之纲领"。这标志着从民初的"法统论"到新的建国理论的完成。

同时，在实现救国的道路上，鉴于此前依靠军阀"护法"失败的教训，孙又加强武力的培植，1923 年 2 月 25 日，孙在宴请朱培德、程潜等革命将领时，就明确提出："主义与武力二者，终须相辅而行，希望以实力为后盾，实现救国主张。"① 并在该年 8 月 16 日，派蒋介石率团赴苏联考察军事、政治，筹组由革命党人为主体的军官学校和革命军队。10 月 11 日，对曹锟担任贿选总统，孙通电声讨，并称将从速组织北伐军，从事讨曹。从此以后，"北伐"就成为孙中山建国的第一阶段，即"军政"阶段，目的是以武力统一全国。

孙在这一阶段，接受苏联和中国共产党的帮助，实行"联俄、联共、扶助农工"三大政策，发动群众，打倒军阀。1925 年孙中山逝世之后，其"军政"政策得以继续，1926 年 7 月，广州国民政府成立国民革命军，从广东起兵，开始北伐，一路势如破竹。1927 年 4 月 18 日，蒋介石在南京建立了国民政府。因与汪精卫的武汉政府存在政见差异，北伐暂告中止，宁汉合流后，北伐方得以继续。1928 年攻克北京，执掌北京政府的奉系军阀首领张作霖退出关外，"皇姑屯事件"之后，其子张学良宣布东北易帜。至此南京国民政府形式上完成统一，北伐战争结束。

按照孙中山的建国方略，"武力统一"，就意味着"军政时期"的结束，于是 9 月 15 日，国民党元老胡汉民发表《训政大纲》，提出："今北伐既已完成，军阀渐已告终，本党目前所致力者，厥为负荷实施训政之一大责任。"② 而所谓"训政"，按照孙中山在《建国大纲》中的说法，就是对于人民之政治知识、能力，政府应当加以训练，以行使其选举、罢免、创制、复决等诸种"政权"。本来孙是将政府作为训政的主体，民众

---

① 韩信夫、姜克夫主编：《中华民国大事记》（第三卷 1922~1924），中华书局 2011 年版，第 1693 页。

② 韩信夫、姜克夫主编：《中华民国大事记》（第五卷 1928~1930），中华书局 2011 年版，第 3163 页。

作为被训的对象，而到了胡这里，训政的主体变成了"本党"，于是国民党"训政保姆论"就此出台，即国民党要像政治保姆一样，看护和训练普通人民行使政权，直到民众可以胜任，方能进入"宪政"阶段，这成为后来国民党一党专政理论基础的一部分。

1928 年 10 月 3 日，国民党中常会第一百七十二次会议，通过了《训政纲领》，该纲领一共六条。第一条规定了中华民国在训政时期，由国民党代表国民大会行使政权；第二条则规定在国民党全国代表大会闭会时，由国民党中央执行委员会执行政权；第三条规定选举、罢免、创制、复决四种"政权"，应训练国民逐渐推行，以立宪政之基；第四条规定行政、立法、司法、考试、监察五种"治权"，托付于国民政府总揽实行；第五条规定中央执行委员会政治会议来指导监督国民政府重大国务；最后则规定政治会议负责修正和解释《中华民国国民政府组织法》。

1929 年 3 月，国民党第三次全国代表大会召开，正式宣布军政时期结束，"训政时期"的正式开始，从此，国民政府抛弃了民元以来的法统，不再恢复国会，而是以国民党全国代表大会来取代之，而国家权力的核心，则在于"国民党中央执行委员会"。当然，其背后仍体现出国民党新军阀军事实力的角逐，最终军事实力更胜一筹的蒋介石集团占据了优势，逐渐控制了"党国"，建立了"蒋家王朝"。

二 "训政"时期的制宪活动与宪法性文件

1.《中华民国训政时期约法》

《训政纲领》的出台，并没有消弭社会各界关于法统的纷争，同时在国民党内部也存在着分歧。社会上一些主张立宪的人士强调即便进入"训政"时期，为了保障人权之需，也要制定约法，明文规定保障人民权利。而国民党内部，实力派军阀李宗仁、冯玉祥、阎锡山鉴于蒋介石以训政为名而行独裁之实的情形，要求召集国民会议，制定训政时期约法，为此组织成立约法起草委员会制定约法草案，1930 年 10 月 27 日草案完成，因该草案最后是在太原起草完成的，故又称《太原约法草案》，共八章，二百一十一条，它较之《训政纲领》，大大扩充了公民的权利与自由。但制定约法的主张同时遭到了国民党内以立法院院长胡汉民为代表的另一派人士的反对，胡认为应当以孙中山先生的遗教为根本大法，无须另立约法。而实力派军阀蒋介石既不满意《太原约法草案》对政权行使的限制和公民权利的扩张，又不满意胡汉民等时刻以总理遗教正统继承人的身份自居。他更倾向于另立约法，以服务于自己的独裁统治，同时表明自己的总理继承人的"正统"地位。于是他借助军事斗争和政治压迫，逐渐达致目标。

1930 年 5 月至 11 月，蒋介石和结合成反蒋同盟的国民党新军阀李宗仁、冯玉祥、阎锡山等在中原地区进行了浩大的"中原大战"，最终以蒋的胜利而告终，挟胜利之余威，蒋很快废止了《太原约法草案》，又拘押了胡汉民，罢免了其立法院院长的职务。1931 年 3 月 2 日，国民党中央常务会议临时会议，决定开国民会议制定约法，推吴敬恒、李煜瀛、王宠惠、于右任、丁惟汾、蔡元培、叶楚伧、邵元冲、刘芦隐、孔祥熙、邵力子为约法起草委员。同年 5 月 1 日，中央全体执监委员临时会议通过约法草案，12 日，又在南京召开的国民会议上三读通过，6 月 1 日国民政府正式公布了《中华民国训政时期约法》。

该《约法》以《训政纲领》为基础，共八章八十九条。

第一章"总纲"，规定了民国为人民主权的共和国。属国体性质的规定。

第二章"人民之权利义务"，一般性地规定了公民的各项权利和义务，但是后面大多附有"依法律"或"非依法律不受限制"等但书条款，这就给国民政府剥夺人民权利开了一个方便之门。

第三章"训政纲领"，则延续了此前的《训政纲领》中的条款，以根本法形式确认了国民党一党专政的国家政治体制。这实际上才是本约法的最核心部分。

第四章"国民生计"，则是国民党政府关于经济方面的主张，实质是承认并确认官僚资本主义。

第五章"国民教育"，主要在于将"三民主义"确认为根本原则，实质上是以"党义"作为国家的意识形态。

第六章"中央与地方之权限"，一定程度上体现了中央集权的色彩，这是国民党政府较之于北洋政府权力更为集中的反映。

第七章"政府之组织"，主要确认了国民党政府立法、司法、行政、考试、监察的五院制政府组织，表面上体现了权力分立和制衡的政治原则。而实质因为国民党享有政权，故而无论怎样在政府里面贯彻"分权"和"制衡"，都改变不了"一党专政"和领袖独裁的实质。

最后一章为"附则"，规定约法解释权由中央执行委员会行使，所以虽然国民政府亦有立法会行使立法权，但真正掌握立法的，还是国民党中央执行委员会政治会议。

虽然这部约法的核心是以党治国，但它还是在"序言"中承认宪政是其政治目标，而训政时期不过是施行"宪政"之前的过渡。而按照国民党1929年的决定，训政时期预定为六年，那么理论上1937年就要"行宪"，所以《中华民国训政时期约法》，只是一个过渡性的法律。但是它毕竟是从根本法的角度，规定了国家的根本制度和人民的权利义务，且在承认一党专政的同时，也强调了对人民权利义务的保障，具备了宪法的主要要素。而且事实上1937年随着日本帝国主义全面侵华，"国民大会"没能如期召开，《训政时期约法》遂得以延用，直到1946年底（1947年新宪法生效）。它实际运行了十六年之久，所以这部《训政时期约法》虽无"宪法"之名，但却是近代公法史上最重要的宪法性文件之一。

2. "五五宪草"（《中华民国宪法草案》）

尽管国民政府颁布了《训政时期约法》，但是朝野上下，要求"还政于民"、反对"一党专政"的呼声不绝于耳。再加上日本帝国主义加紧了对中国侵略的步伐。于是大量的爱国人士纷纷要求国民党政府开放党禁，停止内战，一致对外。国民党内部也有人士呼吁"结束训政，实行宪政"。

于是在1932年12月20日国民党四届三中全会第三次大会上，立法院长孙科提议从速起草宪法草案，以期早日实行宪政，还政于民。孙的提案最后获得大会的通过。于是1933年1月，立法院指定了以孙科为主任，以张知本、吴经熊为副主任的宪法起草委员会，正式开始了宪法草拟工作，次年10月，宪法草案于立法院二读通过。

1935年11月21日，国民党召开了第五次全国代表大会决议授权五届中央执行委员会决定宣布宪法草案及召集国民大会日期。随后的12月4日，国民党五届一中全会决议于次年5月5日宣布宪法草案，11月12日召开国民大会，10月10日前代表选举完毕。1936年4月23日，国民党中常委通过了《宪法草案修正原则》，及《国民大会组织法》、《代表选举法修改原则》，1936年5月5日，国民政府准时公布了《中华民国宪法（草案）》，这份宪草因此又称之为"五五宪草"。

"五五宪草"共八章一百四十八条。

第一章"总纲"，规定中华民国为三民主义共和国，主权属于全体国民，中华民族由各民族共同构成等，其与此前宪法性文件的区别，在于它开宗明义就将中华民国奉行的主义定为"三民主义"，虽然陈义颇高，国家贯彻"民族"、"民权"、"民生"，但因"三民主义"本为国民党的"党义"，所以这样一规定又不免使得国家带上了强烈的"党治"色彩。

第二章"人民之权利与义务"，规定了人民所拥有的各项权利与应尽的义务，其内容与曹锟宪法中的规定大同小异。

第三章"国民大会"，规定国民大会为最高权力机关，由各地选出的代表组成，有选举、罢免政府重要官员，创制、复决法律，修改宪法等权力。大会每三年召集一次，会期为一个月，代表任期为六年。

第四章"中央政府"，规定中央政府由总统及立法、行政、司法、考试、监察五院组成，总统为国家元首，有代表国家、宣战、媾和、缔约、大赦、特赦、荣典等权，但在立法权限上，必须由各院的院长副署，方能有效。五院除了对总统负责之外，还要对国民大会负责。

第五章"地方制度"，"凡事务有因地制宜之性质者，划为地方自治事项"，实际上是确认了地方自治的权限。

第六章"国民经济"，贯彻了孙中山平均地权、节制资本的理论。

第七章"教育"，规定了教育的原则、宗旨和经费筹集等问题。

最后一章为"宪法之施行及修正"，规定了相关的解释和修改事项，主要由国民大会负责。

"五五宪草"作为一个宪法草案，在形式上较之于《训政时期约法》，更加完善，国家机关的组织方式和人民的各项权利，也规定得更加充分，但是考虑到当时战争阴云的密布和国民党集权之需，"宪草"继续倾向于用"法律限制主义"来限制人民的自由，所以权利条文中多有"非依法律"的限定语。此外，遵照权能划分的理论，固定了"政权"和"治权"的行使，所谓"政府有能，人民有权"，但"政权"的行使端赖国民大会，如果国民大会不成立，那么人民是无从参与到政权的行使中的，这就意味着一切的政权和治权还是在国民党的手里。该宪法还贯彻了均权主义与地方自治的色彩，一定程度上承认地方自治，但相对而言，其实质的倾向依旧是中央集权。

本来按照行宪日程表，宪法草案公布后，就要组织国民大会代表的选举，继而召开国民大会，但是由于当时日本加紧对华北地区的侵略，拉拢亲日势力，筹备更大面积的"华北自治"，所以华北地区的国大代表未能及时选出，且共产党政权尚处于国民党政权的对立面中，国内战争仍在继续，故国民大会无法按时召开。而1936年底，虽然因为西安事变后国共达成一致协议，停止内战，形势出现缓和。且次年2月20日国民党五届三中全会议决国民大会定于本年11月12日召开。但是由于1937年7月"卢沟桥事变"全面抗战的爆发，国民大会更无法按时召开，行宪的时间被再一次拖后。此后，国民政府的主要任务就是组织全国人民进行抗战，中国也因进入到"战时"，而暂不具备"行宪"的基础，于是"五五宪草"又被搁置，"训政时期"依然在继续。

虽然"五五宪草"最终没能够如期通过而成为正式的宪法，但是其所确定的框架结构和许多基本原则，为后来的宪法一脉相承。抗日战争胜利之后，宪政重新被提到议事日程，此后的宪法起草，就是在这部宪草的基础上修正的。从某种意义上说，"五五宪草"经过修正，又得以延续其生命，因此，它也是"训政时期"又一重要的宪法性文件。

三 《中华民国宪法》（"蒋记宪法"）的主要内容和特征

抗战期间，虽然对日斗争是当时国家生活中的头等大事，但是宪政的研究和促进始终没有停止，许多组织应运而生，诸如由救国会、青年党等多个政团组成的"宪政座谈会"，云南教育会等团体发起召开的"宪政研究会"，延安各界组成的"宪政促进会"等等，乃至于1943年11月12日，重庆"宪政实施协进会"成立，蒋介石自任会长。可见，各界均意识到，不管战争状态要持续多久，宪政终究是历史的必然。

1945年8月日本战败投降，次年，由各党派和政治团体组成的政治协商会议在重庆召开，1月31日，会议通过《政协关于起草宪法问题的协议》，达成了对"五五宪草"修改的十二条原则，根据该修改原则，新宪法采取国会制、内阁制、省自治的精神，从而改变了训政时期国民党一党专政和领袖独裁的故事。这自然无法为蒋介石把持的国民党政府所接受，于是，在该年的3月国民党六届二中全会上，政协的协议被推翻，国共和谈最后失败。1946年6月，国民党军队大举进攻解放区，解放战争全面爆发。7月3日，国民政府决定单方面召开国民大会，绕过共产党，自行修宪。

1946年11月15日，没有共产党等重要政治团体成员参加，缺乏民意基础的"国民大会"还是召开了，这届国民大会首要任务即制定宪法，史称"行宪国大"。而在此之前，蒋介石指令专人对"五五宪草"进行修改，很快完成了修正案，这个修正案是秉持着蒋介石的意志完成的。而12月25日，国民大会通过了这个修正案，1947年元旦由国民政府正式颁布，这就是1947年宪法，因为它从起草修正到出台，都秉承着"领袖"蒋介石的意志，所以又被称为"蒋记宪法"，它带上了强烈的蒋介石专制独裁的色彩，又以比较漂亮的文字来进行修饰，是中华民国统治时期最后一部正式颁布的宪法。

这部宪法共十四章一百七十五条，是民国条款最多的宪法。

第一章"总纲"，规定中华民国基于三民主义，为民有、民治、民享的民主共和国，主权属于全体国民，国民以国籍为准，领土依固有疆域，各民族一律平等，国旗为"青天白日满地红"。该总纲中有两点值得注意，一是它重新解释了民主共和国"民"字一义，用的是美国式的提法"民有、民治、民享"；二是它直接规定了"国旗"的内容和特点，作为国家象征，国旗被规定在宪法中，当是一个进步。

第二章"人民之权利义务"，同样延续了自"天坛宪草"以来的种种规定，而且人民权利保障的力度更大，且规定除了"妨碍他人自由，避免紧急危难，维持社会秩序，增进公共利益所必要者"之外，不得以法律手段限制。这样对法律限制人民权利的范围，有了一个明确的规定，这对统治者试图以法律限制人民权利，无疑有很强的约束。

第三章"国民大会"，规定了国民大会是政权行使的主体，代表全体国民。又规定了国民大会的组织结构、代表选举办法、任期、开会闭会等相关事项，这主要是从"政权"这个角度来界定的。

第四章至第九章分别为"总统"、"行政"、"立法"、"司法"、"考试"、"监察"，可以很清晰地看出，这是按照孙中山"五权"宪法的设想来构建的，规定的是全国的"治权"。总统拥有很大权力，但是行使起来要受到立法院、行政院乃至监察院等机构的制约，表面是一种有限的总统制。

第十章规定了"中央与地方之权限"，秉持"均权主义"，对中央和地方各自的权限明确作了规定，与曹锟贿选宪法"国权"一章的规定有很多相似之处。

第十一章规定了"地方制度"，分省和县两级，明确了其自治权利。

第十二章则是"选举、罢免、创制、复决"，这是四种"政权"，本质上没有单独标举出来的必要，但是因为这是孙中山先生的思想创造，所以为了突出国民党的"政统"所在，不惜专设一章来表明。

第十三章为"基本国策"，分别从"国防"、"外交"、"国民经济"、

"社会安全"、"教育文化"、"边疆地区"来阐述，实际上是在强调国民政府的诸多政策，都是贯彻了中山先生"民族"、"民权"、"民生"之三民主义的。

最后一章为"宪法的解释和修改程序"，肯定宪法至高无上的地位，但又将解释权赋予了司法院，至于修改权，则需要由国民大会来修改。司法院得解释宪法，与美国的司法审查制度颇有相似之处。

这部宪法基本精神本自《训政时期约法》，但亦有其自身显著特征：

第一，该宪法以孙中山"三民主义"和"五权制度"学说为指导，且在框架结构和条款制定上全面体现。蒋介石拒绝此前的旧政协的修宪方案，所持的理由就是该方案有违三民主义。蒋一直以"总理信徒"自居，他要借助"三民主义"这个幌子来实现自己的独裁统治。在1946年12月2日，制宪国大开第六次大会当天，蒋介石主持中枢纪念周致训词的当天，他还要求国大代表制宪时，"要以国家民族为前提，一心一意实行三民主义"。① 而事实上该部宪法也是尽可能地将三民主义诸要点都涵盖到。故1946年12月25日，宪法最终通过后，法学家王宠惠在答记者问时谈到，此次国大制定的宪法，"三民主义和五权制度，是我国宪法的基本特点"。② 所以这部宪法在确定国家意识形态后，就按照民族、民权、民生的顺序来具体编排，在民权方面，先谈人民自由权利，再谈政府各项权力，在民生方面，则注意经济制度中的节制资本问题。所以就表面而言，这部宪法堪称是"三民主义"的法律化。

第二，该宪法掺杂了英美宪政的某些理念，体现了一定的分权和制衡色彩。该宪法的起草者受英美宪政的影响较深，试图将英美宪政理念引入到中国宪法中，所以在保持"三民主义"的框架下，试图"中西结合"，于是将英国内阁制的某些内容（诸如关于行政院长等"副署"的规定）和美国的总统制糅合（诸如总统诸多权力的规定）在一起，而在尊总统为最高元首的同时，还从其他方面进行诸多制约。同时，在中央和

---

① 韩信夫、姜克夫主编：《中华民国史（大事记）》（第十一卷 1945~1946），第 8224 页。
② 韩信夫、姜克夫主编：《中华民国史（大事记）》（第十一卷 1945~1946），第 8244 页。

地方关系上，也参照了美国联邦和州的关系，当然，这一定程度上也是对当时地方实力派别的妥协。

第三，该宪法实质仍是一党包办的产物。宪法本身应当是国内各种政治力量斗争与妥协的产物，而制宪国大中，最大的政治派别之一共产党没有一个代表，另外很有影响的民盟也无代表参加。其余或者是国民党，或者是受国民党指使或控制的政治派别，所以这就意味着这部宪法最终只能代表和服务于国民党的利益，而无法反映广大的共产党人及共产党领导下人民的诉求。因此，这部宪法注定不会得到很好的遵守。

事实上，即便是国民党，也未必就完全贯彻宪法。当时国共内战已经全面展开，国民党很快就宣布国家进入"戡乱时期"，所以在这样的时代背景下，是很难追求真正的宪政而不折不扣地施行宪法的，权力依然掌握在军事首脑手里，蒋介石集团的独裁情形，并没有因为宪法的公布而改变。

近代宪法的宪法制定，就国家层面而言，虽然制定的主体不同，代表的利益不同，规定的方式也不同，但是有一点却始终未变，就是在这种种制宪活动中，最广大的"人民"始终没有登场，清末的《钦定宪法大纲》属于"钦定"性质，自无人民的参与。而自民国以来的种种制宪，虽都标榜是民主宪法，且在宪法条文中还强调人民主权，但究其实质，广大人民始终是被排除在制宪活动之外的，任何国会或者其他议会性质的机构，都不足以代表广大人民的利益。"蒋记宪法"最终在大陆"名存实亡"，实际是旧民主主义革命彻底破产的最终证明。而新民主主义革命此时已然轰轰烈烈，1949 年，新民主主义的全国性政权建立，人民在制宪活动中登场，真正意义上的"民主宪法"至此方才诞生。

图 5 1946 "制宪国大" 开会时代表步入会场

（图片说明：参加国大的代表云集大会场外准备进入，他们知道大会重要的议题是制定宪法。图片来源：《羊城晚报》2012 年 3 月 12 日 B5 版）

四　南京国民政府时期的行政法制

南京国民政府时期，在继承了清代和此前民国临时政府、北洋政府时期的行政法律法规的基础上，又进一步深化，在行政组织法、行政行为法和行政救济法等领域均有所建树，内容同样涉及政治、经济、军事、文化等多方面，大量的立法活动，都是将此前已经存在的各行政法规及草案进行改造或完善，从而成为新时期的行政法制，比如《违警罚法》、《诉愿法》、《土地法》、《行政执行法》、《户籍法》等等。除传承之前行政法制成果之外，这一时期行政法制亦有其自身显著的特点：

第一，在行政组织和行政行为立法上，实行"政"、"事"分开。南京国民政府成立之后，出于巩固统治的需要，南京国民政府在政治生活中采用专家政治、精英治国之的策略，组织"专家内阁"，它与面向事务官的公务员制度构成一种人事行政的双轨运行模式。训政以后，南京国民政府建立起考试院、监察院、司法院惩戒委员会、行政院内政部以及各地方公务员惩戒委员会等机构体系，对政务官员的任用，以及事务官员的铨选、任用、考核、考绩、奖罚、升迁等，进行全面立法，冀以此整顿吏治、提高公务员素质，推行人事制度的现代化。[①] 大体上关于"政务官"的规定较为灵活，而关于"事务官"的规定则比较严格。

第二，行政立法带有强烈的"党治"色彩。南京国民政府奉行"党国"体制，所谓"训政"，就是国民党训练人民行使政权，所以其行政立法，也因此带有强烈的"党化"色彩，出台了诸如《各级政府之行政官吏、公务人员均须实以党义训练，并以各级党部为训练机关，借收以党训政之实效案》、《党员背誓条例》等行政法规，从制度上规定政务官必须是国民党党员，借以强化发挥"以党行政"的精神，且在公务员任用时，要求宣誓"恪遵总理遗嘱，服从党义"，而且宣誓后誓词还得经过本人签名盖章，呈送上级机关备案。此外，在许多行政组织法中，干脆直接规定精通党义为官员任职的必要条件，比如1932年的《行政法院组织

---

① 参见傅荣校：《南京国民政府前期（1928~1937年）行政机制与行政能力研究》，浙江大学2004年博士学位论文。

法》第六条"行政法院推事无左列资格不得充任"的规定中，第一款就是"对于党义有深切之研究者"。而1945年修正《行政法院组织法》时，这一款就变更"对于三民主义有深切研究者"，实质上说的是一个意思。行政立法之所以要促成公务人员的"党化"，乃在于将政权牢牢控制在国民党的手中。甚至司法，本来不应含有党派歧见，但南京国民政府依然要求司法人员也得党化，其缘故在于：

> 司法党化是国民党"以党治国"理论在司法领域的必然反映和具体化，其基本含义是通过国民党对司法权的控制，使国家的司法变成国民党落实自己意志，推行自己政策，实现自己对社会管理、控制的一种工具和手段。至于具体做法又大致可以分为两个方面：一是司法人员的党化，藉此把司法权牢牢控制在执政党手中；二是在司法审判环节中注意党义之运用，即利用审判活动落实国民党的党义和党纲。①

第三，大量的行政法规以战时特别法的形式体现。国民政府自建立之后，一直内战外战不断，尤其是期间经历的抗日战争，旷日持久，这一"战时状态"，是此前从未碰到的局面，这就意味着很难制定全国统一适用并且稳定的行政立法，只能不断地应战争时局之需，因时制宜。比如1941年，抗日战争进入最艰苦之际，国内许多日用重要物资，因为日本军队的掠夺和封锁，十分匮乏。国内不法奸商遂囤积居奇，严重影响了国内市场秩序和百姓生活以及军事补给，于是国民政府于该年2月3日公布施行《非常时期取缔日用重要物品屯积居奇办法》，规定对于米、谷、麦等粮食类物品，棉花、棉布等服用类物品，煤炭、木炭等燃料类物品，盐、纸、食用油等日用品类，以及其他物品，禁止囤积居奇。而在1947年，全面内战开始之后，为了封锁解放区，国民政府又制定了《盐政条例》、《惩治走私条例》等行政法规。此外尚有《戡乱时期邮政抽查条例》、《戡乱时期危害国家紧急治罪条例》、《监狱行刑法》、《戒严法》

---

① 侯欣一：《党治下的司法——南京国民政府训政时期执政党与国家司法关系之构建》，载《华东政法大学学报》，2009年第3期。

等等。这些法规都是应战时需要而创设，都是最能反映这段时期行政法特色的典型。

　　总之，南京国民政府时期的行政法规，在数量上要超越此前的时代，但是限于其所处的环境以及"党治"的要求，没能完全符合"正当法律程序"、"公开、公正、公平"、"尊重和保障人权"、"比例原则"等近代行政法理念，这也意味着近代以来，我国虽然在法律体系的构建上已经凸显了行政法制的内容，但是要真正完全实现"依法行政"，依然有很长的路要走。

第三章　近代刑法的变迁

第一节　近代刑法的编纂

一　《大清现行刑律》

（一）编纂原因

清季时期，第一部近代刑法《大清新刑律》乃为宪政而准备，依照最初的九年预备立宪计划，其准备在光绪三十六年（1910 年）年颁布，光绪三十九年（1913 年）实施。[①] 在新刑律颁布施行还有时日，相应配套制度未臻完备的情况下，修订法律大臣沈家本、俞廉三提议借鉴日本刑法近代化的策略，赓续晚清法律改革前期修订旧律未竟之事业，先编纂过渡性的《大清现行刑律》。

光绪三十四年正月二十九日《修订法律大臣沈家本等奏请编定现行刑律以立推行新律基础折》：

> 臣家本上年呈进刑律，专以折冲樽俎，模范列强为宗旨，惟是刑罚与教育互为盈朒，如教育未能普及，骤行轻典，似难收弼教之功。且审判之人才、警察之规程、监狱之制度，在与刑法相维系，

① 详见《九年预备立宪清单》，收入荆知仁：《中国立宪史》"附录"，台湾联经出版事业股份有限公司 1984 年版，第 481—483 页。

虽经渐次培养设立，究未悉臻完善。论遭递之理，新律固为后日所必行，而实施之期，殊非急迫可以从事。考日本未行新刑法以前，折衷我国刑律，颁行《新律纲领》，一洗幕府武健严酷之风，继复酌采欧制，颁行《改定律例》三百余条以补《纲领》所未备，维持于新旧之间，成效昭著，故臣等陈奏开馆办事章程折内，拟请设编案处，删订旧有律例及编纂各项章程，并额设总纂、纂修、协修等职，分司其事。等因。均仰蒙俞允，钦遵在案。伏查乾隆年间定章，修律年限五年小修一次，又五年大修一次，大致分修改、修并、续纂、删除四项，依次修订。自同治九年而后未能依限纂修，光绪二十九年，臣家本在刑部左侍郎任内，奏请删订，嗣于三十一年先将删除一项，综计三百四十五条，分期缮单进呈。其修改、修并、续纂三项，未及属稿，适值官制改革，从前提调总纂各员，有擢升外任者，有调赴他部者，暂行中止。现在新律之颁布，尚需时日，则旧律之删订，万难再缓，臣等公同商酌，拟请接踵续其事，以竟前功。[①]

（二）编纂办法

沈家本、俞廉三结合制度改革、时代潮流、社会变迁、律例关系等法外与法内因素，提出了删除总目、厘定刑名、节取新章、简易例文的四则办法，即删除原来律例中吏、户、礼、兵、刑、工的六部篇目，将原有律的笞、杖、徒、流、死和条例的外遣、充军之刑罚体系改为罚金、工作、安置、死刑，将通行章程所规制的毁坏电杆、私铸银圆等新型犯罪编入条例，删除不符合时代发展和法律体系内部存在冲突的条例。

　　一总目宜删除也。刑律承明之旧，以六曹分职，盖沿用元圣政典章及经世大典诸书，揆诸名义，本嫌未安，现今之官制或已改名，或经归并，自难仍绳旧式，兹拟将吏、户、礼、兵、刑、工诸目一律删除，以昭归一。

　　一刑名宜厘定也。律以笞、杖、徒、流、死为五等，而例则于

---

① 故宫博物院明清档案部编：《清末筹备立宪档案史料》（下册），中华书局1979年版，第852页。

流之外，复增外遣、充军二项。自光绪二十九年刑部奏请删除充军名目，改为安置，是年刑部又于议覆升任山西巡抚赵尔巽条奏，军、流、徒酌改工艺。三十一年臣家本与伍廷芳议覆前两江总督刘坤一等条奏，改笞、杖为罚金。三十二年奏请将秋审可矜人犯随案改流。三十三年臣等遵旨议定满汉同一刑制，是年法部覆奏将例缓人犯，免入秋审等因各在案。叠届变通，渐趋宽简，质言之，即死刑、安置、工作、罚金四项而已，而定案时因律例未改，仍复详加援引，偶一疏忽，舛迕因之，似非循名核实之义。兹拟将律例内各项罪名，概从新章厘定，以免纷歧。

一新章宜节取也。新章本为未纂定之例文，惟自同治九年以来垂四十年，通行章程，不下百有余条，阅时既久，未必尽合于今。兹拟分别去留，其为旧例所无，如毁坏电杆、私铸银圆之类，择出纂为定例，若系申明旧例，或无关议定罪名，或所定罪名复经加减者，无庸编辑。

一例文宜简易也。律文垂一定之制，例则因一时权宜量加增损，故列代文法之名，唐于律之外有令及格式，宋有编敕，自明以大诰会典问刑条例附入律后，律例始合而为一。历年增辑，寝而至今，几及二千条以下，科条既失之浩繁，研索自艰于日力，虽经节次删除，尚不逮十之二三。其中与现今情势未符者，或另定新章，例文已成虚设者，或系从前专例无关引用者，或彼此互见，小有出入者，不胜缕举。凡此之类，拟请酌加删并，务归简易。①

（三）编纂历程和法典特质

在沈家本、俞廉三上奏后，光绪三十四年五月二十八日（1908 年 6 月 26 日），宪政编查馆与法部奉旨议奏，表示赞同。宣统元年八月二十九日（1909 年 10 月 12 日），沈家本等奏《编订现行刑律告竣谨缮具黄册恭候钦定折》，其成果为条文加具案语的《大清现行刑律案语》，有

---

① 故宫博物院明清档案部编：《清末筹备立宪档案史料》（下册），中华书局 1979 年版，第 852—853 页。

律四百一十四条、条例与督捕则例一千零六十六条，并奏请编辑秋审条款。朝廷交由宪政编查馆核议。宣统元年十二月二十三日（1910 年 2 月 2 日），宪政编查馆上奏，肯定之余，提出应行斟酌的意见数端。沈家本等加以校雠、斟正，并根据新颁布的《法院编制法》和改革后的秋审制度进行更正。宣统二年四月七日（1910 年 5 月 15 日），修订法律馆、宪政编查馆会奏《呈进现行刑律黄册定本请旨颁行折》，朝廷上谕颁行《钦定大清现行刑律》，其有律三百八十九条、条例一千三百二十七条，附禁烟条例十二条、秋审条款一百六十五条。

《钦定大清现行刑律》采用传统律例合编的体例，分为名例、职制、公式、户役、田宅、婚姻、仓库、课程、钱债、市廛、祭祀、礼制、宫卫、军政、关津、厩牧、邮驿、贼盗、人命、斗殴、骂詈、诉讼、受赃、诈伪、犯奸、杂犯、捕亡、断狱、营造、河防三十门，与旧律相比，除了将"仪制"改为"礼制"，基本一致，保留了传统律例的服制、服制八图、"五刑"、"十恶"、"八议"等内容和条目。在具体条文的修订方面，其采用修改、修并、移改、移并、删除、续纂、仍旧、修复八种方式，汲取了如薛允升的《读例存疑》、王肯堂的《王仪部先生笺释》、沈之奇的《大清律辑注》等律学作品的意见，[①] 可谓旧律修订的集大成者，代表了传统律学的绝唱。杨鸿烈先生称之为"中国最后——而且是最进步的一部法典"。[②]

《钦定大清现行刑律》在立法理念和技术上呈现出古色古香之余，也受到近代法律思潮的影响，除了刑罚体系上进一步轻刑化（虽然保留有"五刑"条目，但实质内容已经改变），其名称上标榜为"刑"律，但已非传统史书中与"刑罚"志同义的"刑法"志之意，而是与近代法律部门"民法"相对应的"刑法"，在其编纂期间，也注意到所谓"分别民刑"的问题（详见后文）。

---

① 参见《大清现行刑律案语》"凡例"，宣统元年秋季修订法律馆印。
② 杨鸿烈：《中国法律发达史》（下册），台湾商务印书馆 1988 年版，第 891 页。

二 《大清刑律》(通称《大清新刑律》)

(一)变革要点和修订大旨

在光绪三十三年(1907年)《修订法律大臣沈家本等奏进呈刑律草案折》中,沈家本总结了旧律需要变通,即《大清新刑律》革新的五个方面:一是更定刑名,即以罚金、拘留、徒刑(有期、无期)、死刑取代古典的笞、杖、徒、流、死五刑;二是酌减死罪,例如将经由秋审而并不实际执行死刑的虚拟死罪罪名删除,但对如强盗、抢夺、发冢等因固有风俗难以骤减的犯罪,准备通过制定过渡性的暂行章程,以存其旧;三是死刑惟一,即死刑以绞刑方式在特定场所秘密执行,但对如谋反大逆、谋杀祖父母父母等罪,仍以制定专例的形式,采用斩刑;四是删除比附,即采取近代刑法的罪刑法定主义,删除固有法的比附援引;五是惩治教育,即未成年犯不羁押于监狱,而是拘置在专门的惩治场,予以教育感化。

> 一曰更定刑名。自隋开皇定律,以笞、杖、徒、流、死为五刑,历唐至今因之。即泰西各国初亦未能逾此范围,迄今交通日便,流刑渐失其效,仅俄、法二国行之,至笞、杖亦惟英、丹留为惩戒儿童之具。故各国刑法,死刑之次,自由刑及罚金者居其多数。自由刑之名称,大致为惩役、禁锢、拘留三种。中国三流外,有充军、外遣二项,近数十年以来,此等人犯逃亡者,十居七八,安置既毫无生计,隐匿复虑滋事端。历来议者,百计图维,迄无良策。事穷则变,亦情势之自然。光绪二十九年刑部奏请删除充军名目,奉旨允准。祇以新律未经修定,至今仍沿用旧例。是年刑部又议准升任山西巡抚赵尔巽条奏,军、遣、流、徒酌改工艺。三十一年复经臣与伍廷芳议覆前两江总督刘坤一等条奏,改笞、杖为罚金,均经通行在案。是已与各国办法无异。兹拟改刑名为死刑、徒刑、拘留、罚金四种,其中徒刑分为无期、有期。无期徒刑惩役终身,以当旧律遣军。有期徒刑三等以上者,以当旧律三流,四等及五等以当旧律五徒。拘留专科轻微之犯,以当旧律笞、杖。罚金性质之重轻,

介在有期徒刑与拘留之间，实亦仍用赎金旧制也。

一曰酌减死罪。死罪之增损代各不同，唐沿隋制，太宗时简绞刑之属五十，改加役流，史志称之。宋用刑统，而历朝编敕丽于大辟之属者，更仆难数，颇伤繁细。元之刑政驰废问拟死罪者，大率永系狱中。明律斩、绞始分立决、监候，死刑阶级，自兹益密。欧美刑法，备极简单，除意大利、荷兰、瑞士等国废止死刑外，其余若法、德、英、比等国，死刑仅限于大逆、内乱、外患、谋杀、放火等项。日本承用中国刑法最久，亦止二十余条。中国死刑条目较繁，然以实际论之，历年实决人犯以命盗为最多，况且秋审制度详核实缓，倍形慎重，每年实予勾决者，实不逮一，有死罪之名，无死罪之实，持较东西各国，亦累黍之差尔。兹拟准唐律及国初并各国通例，酌减死罪，其有因囿于中国之风俗，一时难予骤减者，如强盗、抢夺、发冢之类，别辑暂行章程，以存其旧。视人民程途进步，一体改从新律。顾或有谓罪重法轻，适足召乱者，不知刑罚与教育互为消长，格免之判，基于道齐，有虞画象，亦足致垂拱之治。秦法诛及偶语，何能禁胜、广之徒起于草泽。明洪武时所颁大诰，至为峻酷，乃弃市之尸未移，新法大辟者即至。征诸载籍，历历不爽。况举行警察为之防范，并设监狱为之教养，此弊可无顾虑也。

一曰死刑唯一。旧律死刑以斩、绞分轻重，斩则有断脰之惨故重，绞则身首相属故轻，然二者俱属绝人生命之极刑。谓有重轻者，乃据炯戒之意义言之尔。查各国刑法，德、法、瑞典用斩，奥大利、匈牙利、西班牙、英、俄、美用绞，俱系一种，惟德之斩刑通常用斧，亚鲁沙斯、庐连二州用机械，盖二州前属于法，而割畀德国者，犹存其旧也。惟军律所科死刑俱用铳杀，然其取义不同，亦非谓有轻重之别。兹拟死刑仅用绞刑一种，仍于特定之行刑场所密行之。如谋反大逆及谋杀祖父母、父母等条，俱属罪大恶极，仍用斩刑，则别辑专例通行。至开战之地颁布戒严之命令，亦可听临时处分，但此均属例外也。

一曰删除比附。考周礼大司寇有县刑象于象魏之法，又小司寇之宪刑禁，士师之掌五禁，俱徇以木铎。又布宪执旌节，以宣布刑禁，诚以法者与民共信之物，故不惮反覆申告，务使椎鲁互为警诫，实律无正条不处罚之明证。汉书刑法志，高帝诏疑狱者廷尉不能决，谨具奏附所当比律令以闻，此为比附之始。然仅限之于疑狱而已。至隋著为定例，即唐律出罪者举重以明轻，入罪者举轻以明重是也。明律改为引律比附加减定拟，现行律同。在唐神龙时，赵冬曦曾上书痛论其非，且曰死生罔由于法律，轻重必因乎爱憎，受罚者不知其然，举事者不知其法，诚为不刊之论。况定例之旨，与立宪尤为抵牾，立宪之国，立法、司法、行政三权鼎峙，若许司法者以类似之条文致人于罚，是司法而兼立法矣。其弊一。人之严酷慈祥，各随禀赋而异，因律无正条而任其比附，轻重偏畸，转使审判不能统一。其弊又一。兹拟删除此律，而各刑酌定上下之限，凭审判官临时审定，并设酌量减轻、宥恕减轻各例，以补其缺。虽无比附之条，而援引之时亦不致为定例所缚束。论者谓人情万变，断非科条数百所赅载者。不知法律之用，简可驭繁，例如谋杀应处死刑，不必问其因奸因盗，如一事一例，恐非立法家逆臆能尽之也。

一曰惩治教育。犯罪之有无责任，俱以年龄为衡，各国刑事丁年自十四以迄二十二不等，各随其习俗而定。中国幼年犯罪，向分七岁、十岁、十五为三等，则刑事丁年为十六岁以上可知。夫刑罚为最后之制裁，丁年以内乃教育之主体，非刑罚之主体。如因犯事而拘置于监狱，薰染囚人恶习，将来矫正匪易。如责付家族，恐生性桀骜，有非父兄所能教育，且有家本贫窭无力教育者，则惩治教育为不可缓也。按惩治教育始行之于德国，管理之法略同监狱，实参以公同学校之名义，一名强迫教育，各国仿之，而英尤励行不懈，颇著成绩。兹拟采用其法，通饬各直省设立惩治场，凡幼年犯罪改用惩治处分拘置场中，视情节之轻重，定年限之长短，以冀渐收感化之效，明刑弼教，盖不外是矣。①

在同年《修订法律大臣沈家本等奏进呈刑律分则草案折》中，沈家本总结了《大清新刑律》分则编的修订大旨："折衷各国大同之良规，兼采近世最新之学说，而仍不戾乎我国历代相沿之礼教民情。"② 这一表达寓意了《大清新刑律》统一、更新与守成的三重性质。

（二）编纂历程

1. 整体概况

《大清新刑律》历经从 1906 年的预备案到 1911 年的钦定第六案，凡七案。其法案之多，在近代法典中可谓无出其右。其原因一方面是因为期间发生了激烈的法典论争即比附援引与罪刑法定之争、纲常礼教条款之争，另一方面是因为修订法律方法的变化。前期，法典由修订法律馆负责编纂，经宪政编查馆分咨内外各衙门签注，再咨覆宪政编查馆，汇择核定，请旨颁行。后期，在资政院成立及其制度完善后，不再分送各部、省讨论，而是送资政院议决，再移送到宪政编查馆复加核定，请旨颁布。③《大清新刑律》在编纂过程中，恰逢资政院于宣统二年（1910 年）成立，所以其分别经历了内外各衙门签注与资政院议决新旧两种程序。

关于法案的整体情况，与之渊源颇深的日本刑法学家冈田朝太郎介绍道：

清朝的各种改正刑律草案中，最初的草案是由清朝的委员起草，光绪三十二年春脱稿，同年秋外国委员加入后，全部废除草案，暂名为预备案，不列入以下所用的第一案、第二案等序次内。应列入序次的草案之由来如下：

第一案 光绪三十三年（明治四十年）八月，法律馆起草之草案上奏并公布。

第二案 对中央与地方官厅的签注予以取舍，在第一案基础上增

① 《大清光绪新法令》第十九册，商务印书馆宣统元年二月初版，第 27a—28a 页。
② 《大清光绪新法令》第二十册，商务印书馆宣统元年二月初版，第 1b 页。
③ 参见《奏议覆修订法律办法折》，故宫博物院明清档案部编：《清末筹备立宪档案史料》（下），中华书局 1979 年版，第 850—851 页。

损而成，宣统元年（明治四十二年）十二月上奏。

第三案 以第二案为基础，宣统二年（明治四十三年）宪政编查馆修正而成。

第四案 宣统二年年末，第一次资政院会议时，资政院法典股股员对第三案修正而成。

第五案 资政院三读会通过总则，但分则没有议完，仍依第四案分则而成。

第六案 宣统二年十二月二十五日（明治四十四年一月二十五日）以上谕裁可军机大臣的修正案。①

2. 戛然而止的预备案

最早的预备案被搁置，关键性的原因有二：一是时代变迁因素，预备案模仿的对象主要是日本的旧刑法（1880 年），而当时日本已经颁布新刑法（1907 年），从 19 世纪末到 20 世纪，西方刑法学发生了新旧两派的论争，两部法典背后的思潮学说已有重大区别，在以日为师的时代，追随其法律修订的足迹，是正常的逻辑体现；二是心理因素，作为明治时代日本法学"巨擘"的冈田朝太郎，当时正雄心勃勃地准备在异国他乡一展抱负，自然也希望这部法典更能刻上其本人的烙印。

3. 修订法律馆的第一案

由冈田朝太郎负责起草的第一案分总则、分则二编，共五十三章，凡三百八十七条，后附《律目考》。第一案采用"法典文本 + 案语"的形式，即在每编、章、条文，以及有系统关联性的章和条文群之后，附有详细的解释和说明文字。这是清季修律常见的方式，目的是为了提供审核之用。

4. 修订法律馆和法部修订的第二案

第一案上奏后，经宪政编查馆分发给内外各衙门讨论，这些意见比较集中地汇集，可见宪政编查馆所编的《刑律草案签注》。围绕新刑律的

---

① ［日］冈田朝太郎：《清国改正刑律草案（总则）》，《法学协会杂志》第 29 卷第 3 号，第 371—372 页。

论争，由此全面展开。鉴于诸多签注的反对意见，清廷要求修订法律大臣会同法部再行详慎修改、删并，奏明办理，更在宣统元年正月二十七日（1909 年 2 月 17 日）谕旨中明确地指出："凡我旧律义关伦常诸条，不可率行变革，庶以维天理民彝于不敝，该大臣务本此意，以为修改宗旨，是为至要。"①

在此背景下修订法律馆和法部修订而成的《修正刑律草案》，乃第二案。第二案的编纂同样采取"条文＋案语"的方式，具体表现为《修正刑律案语》。案语部分对本条是否／如何修改加以说明，对签注的意见予以回应，并指明本条在第一案中的位置。第二案分总则、分则二编，共五十三章，正文凡四百零九条，并有《附则》五条。第二案的重要变化有两个方面，一是关于伦常各款加重一等（也有一些维持不变甚至减轻的），二是作为特别条款的《附则》五条之出台。

《附则》五条出自法部郎中兼任修订法律馆总办和大理院教习的吉同钧。编纂理由是："中外礼教不同，为收回治外法权起见，自应采取各国通行常例。其有施之外国，不能再为加严，致背修订本旨。然揆诸中国名教，必宜永远奉行勿替者，亦不宜因此致令纲纪荡然，均拟别辑单行法藉示保存，是以增入《附则》五条，庶几沟通新旧，彼此遵守，不致有扞格之虞也。"②可见其主要是维护传统礼教风俗。具体内容为：

第一条　本律因犯罪之情节轻重，故每条仿照各国兼举数刑以求适合之审判，但实行之前仍酌照旧律略分详细等差，另辑判决例以资援引而免歧误。

第二条　中国宗教尊孔，向以纲常礼教为重，况奉上谕再三告诫自应恪守为遵行，如大清律中十恶、亲属相隐、干名犯义、存留养亲以及亲属相奸、相盗、相殴并发冢各条，均有关于伦常礼教，未便蔑弃，如中国人有犯以上各罪，仍照旧律办法另辑单行法以照惩创。

---

① 《修改新刑律不可变革义关伦常各条谕》，收入故宫博物院明清档案部编：《清末筹备立宪档案史料》（下），中华书局 1979 年版，第 858 页。
② ［清］沈家本纂修：《钦定大清刑律》卷前奏疏，宣统三年六月刊刻，北京大学图书馆藏，第 18b—19a 页。

第三条　应处死刑，如系危害乘舆、内乱、外患及对于尊亲属有犯者仍照臣馆第一次原奏以斩刑俾照炯戒。

第四条　强盗之罪，于警察及监狱未普设以前，仍照臣馆第一次原奏，另辑单行法酌量从重办理。

第五条　中国人卑幼对于尊亲属不得援引正当防卫之例。

《附则》五条固然是在签注与上谕压力下的产物，是廷杰、吉同钧等旧派人物"抵制弥缝之计"，但其第二条、第四条提到的"单行法"与《修订法律大臣沈家本等奏进呈刑律草案折》中提到的"别辑暂行章程"、"别辑专例"，实为同一逻辑思维之产物，所以其亦不妨看成是第一案中提出的构思之实定化、具体化。从其实际效果看，可以技术性地化解、处理签注的意见，而不至于对草案大动干戈进行修改，不失为巧妙之对策。

5. 宪政编查馆审核的第三案

在《修正刑律草案》完成后，谕旨著宪政编查馆查核覆奏，经过宪政编查馆审核而成第三案。第三案分总则、分则二编，共五十三章，正文凡四百零五条，并有《暂行章程》五条。第三案的重要变化是将《附则》五条改为《暂行章程》五条，"藉以沟通新旧而利于推行，将来体察全国教育、警察、监狱周备之时，再行酌量变通，请旨办理"。[①]《暂行章程》五条同样是维护传统纲常礼教。其具体内容为：

第一条：凡犯第八十九条（笔者按：侵犯皇室罪）、第一〇一条（内乱罪）、第一一〇条（外患罪）、第一一一条（外患罪）、第三〇六条（杀害尊亲属罪）、第三〇八条（伤害尊亲属罪）处以死刑者仍用斩刑。

第二条：凡犯第二五二条第一项、第二五三条、第二五五条、第二五七条之罪（皆属于发掘坟墓罪）应处二等以上徒刑者得应其情节仍处死刑。

第三条：凡犯第三六四条应处一等有期徒刑以上及三六五条、

---

① ［清］沈家本纂修：《钦定大清刑律》卷前奏疏，宣统三年六月刊刻，北京大学图书馆藏，第28a页。

三六七条之刑（皆属于强盗罪）者，得应其情节仍处死刑。

第四条：凡犯罪第二八三条之罪（和奸罪）为无夫妇女者处五等有期徒刑、拘役或一百以下之罚金，其相奸者亦同。

前项犯罪须妇女尊亲属告诉乃论，但尊亲属事前纵容或事后得利而和解者其告诉为无效。

第五条：凡对有尊亲属有犯不得适用正当防卫之例。

比较第二案的《附则》与第三案的《暂行章程》，两者有着一定的相似性：从涉及的罪名和事项上看，后者的第一条与前者的第三条（侵犯皇室、内乱、外患、侵犯尊亲属）、两者的第五条（子孙对尊长的正当防卫权）基本相同；后者的第三条是对前者第四条（强盗罪）的明确化；后者虽摒弃了前者的第二条，但对发掘坟墓罪加重处罚的条款（第二条）仍可谓是对《附则》第二条所列举的发冢罪之回应。

两者的差异性：首先，《附则》更强调适用主体问题，其第二条、第五条都标明"中国人"，采用中外区别对待主义，而《暂行章程》则无此区分。当然，领事裁判权的普遍存在，使得对适用主体的强调究竟有多少实际意义，存在疑问；其次，《暂行章程》的无夫奸为罪（第四条），则是前者所无，这应该是与"无夫奸"问题成为后来论争中最受瞩目的焦点，立法者须做出回应有关；再次，从《附则》到《暂行章程》，称谓上微妙却意味深长的变化，似乎预示着后者的过渡色彩更加浓厚。

6.资政院法典股审查的第四案

在宪政编查馆审核后，第三案经奏请被纳入资政院第一年常年会议的议案之中，并交付资政院法典股员会审查，审查结果为第四案，其最大的变化是删除了《暂行章程》，原因是法典股中的新派人物汪荣宝等人认为《暂行章程》与新刑律的主旨与精神相悖。

7.资政院议场激辩的第五案

按照程序，资政院法典股员会的审查案即第四案付诸资政院会议再读。根据新的立宪计划，新刑律将于宣统二年（1911年）颁布，同时资政院第一次常年会议将于宣统二年十二月十一日（1911年1月11日）

闭会，在时间如此紧迫的情况下，从宣统二年十二月初六日到初九日，在资政院第三十七次会议到第四十次会议上，第四案经历了快速的、同时伴随激烈论争的再读程序。最终再读议至分则第二八九条，闭会时间已至，因此在初十日的第四十一次会议上，以省略三读的方式通过了总则，此为第五案。严格意义上讲，该案并没有全部议决。

期间最引人关注的是争议颇多的"子孙对尊亲属是否有正当防卫权"和"无夫奸是否有罪"的表决问题，围绕着第十五条（正当防卫）和第二八八条（和奸罪）的再读，付诸表决。前者旧派的劳乃宣倡导从《暂行章程》移入正文，但支持者寥寥，当天到会议员一百二十人，仅有二十人起立赞成。后者通过两次表决，才得以定夺。首先是"无夫奸是否有罪"，通过蓝白票记名投票的方式进行，蓝票表示无罪，白票表示有罪。结果蓝票四十二票（其中包括一张废票），白票七十七票，认为无夫奸有罪。其次是规定于《暂行章程》还是正文，经过起立表决，赞成定于《暂行章程》者是四十九人，赞成定于正文者是六十一人。赞成纳入正文者居多。

8. 钦定颁布的第六案

经历资政院议决之后，宪政编查馆与资政院合上《议决新刑律总则缮单会陈请旨》奏折，先以总则上奏，并提出对总则的修订意见，请旨裁决。宪政编查馆又单独上《新刑律分则并暂行章程未经资政院议决应否遵限颁布缮具清单请旨办理》奏折，请旨将未经议决的分则以及《暂行章程》颁布。宣统二年十二月二十五日（1911 年 1 月 25 日）清廷上谕裁可颁布，此即为最终的第六案《钦定大清刑律》。

《钦定大清刑律》分总则、分则二编，共五十三章，正文凡四百一十一条，并有服制图、服制和《暂行章程》五条。

总则十七章：1. 法例；2. 不为罪；3. 未遂罪；4. 累犯罪；5. 俱发罪；6. 共犯罪；7. 刑名；8. 宥减；9. 自首；10. 酌减；11. 加减例；12. 缓刑；13. 假释；14. 恩赦；15. 时效；16. 时例；17. 文例。

分则三十六章：1. 侵犯皇室罪；2. 内乱罪；3. 外患罪；4. 妨害国交

罪；5. 漏洩机务罪；6. 渎职罪；7. 妨害公务罪；8. 妨害选举罪；9. 骚扰罪；10. 逮捕监禁人脱逃罪；11. 藏匿罪人及湮灭证据罪；12. 伪证及诬告罪；13. 放火决水及妨害水利罪；14. 危险物罪；15. 妨害交通罪；16. 妨害秩序罪；17. 伪造货币罪；18. 伪造文书及印文罪；19. 伪造度量衡罪；20. 亵渎祀典及发掘坟墓罪；21. 鸦片烟罪；22. 赌博罪；23. 奸非及重婚罪；24. 妨害饮料水罪；25. 妨害卫生罪；26. 杀伤罪；27. 堕胎罪；28. 遗弃罪；29. 私滥逮捕监禁罪；30. 略诱及和诱罪；31. 妨害安全信用名誉及秘密罪；32. 窃盗及强盗罪；33. 诈欺取财罪；34. 侵占罪；35. 赃物罪；36. 毁弃损坏罪。

第六案的重大变化是加入了服制八图（丧服总图、本宗九族五服正服之图、妻为夫族服图、妾为家长族服之图、出嫁女为本宗降服之图、外亲服图、妻亲服图、三父八母服图）与服制，恢复了《暂行章程》五条。但第五案关于"无夫奸入罪"的决议仅放在《暂行章程》而不是按照表决的结果纳入正文之中。

（三）法典特质

前后历经七个法案，伴随着激烈的法典论争，《钦定大清新刑律》见证了中国法律近代化的坎坷曲折。以沈家本、汪荣宝、董康、杨度等为代表的新派，在政府的支持下，顶住张之洞、劳乃宣为代表的旧派之压力，大部分地实现其立法初衷。一言以蔽之，《钦定大清新刑律》的特质乃折衷于新旧之间。其既有近代刑法的编纂体例、罪刑法定的理念、刑罚人道主义的精神以及罪刑相适应的诉求，又先后出现了旧律色彩鲜明的特别条款《附则》和《暂行章程》，并最终保留了后者。同时，服制诸图，对皇权和尊亲属加以特别保护的条款，男权中心的意识、[1] 被害人被强暴、猥亵后自杀案件中"威逼人致死"式的弹性因果关系[2] 等等，也

---

① 典型可见两点：一、和奸罪中的妇女以有夫、无夫区分，而与之和奸的男子则不分是否成婚；二、夫的尊亲属也是妻的尊亲属，而妻的尊亲属则不是夫的尊亲属。

② 依据《钦定大清刑律》第二八七条，强奸、猥亵致被害人羞忿自杀或意图自杀而受伤者，罪犯照强奸、猥亵致人死伤者处断。对比《大清律例》"威逼人致死"条例"若强奸既成，本妇羞愤自尽，仍照因奸威逼致死律，拟斩监候"，两者的逻辑非常相似。

都彰显着旧律之影响。当然与传统的律典相比，色彩无疑要黯淡许多，例如尊亲属范围的限缩（仅有高曾祖父母、祖父母与父母三项），内乱罪区分首从、情节定罪量刑，不再处以唯一死刑，皆是重要的例证。

三 《暂行新刑律》①

民国元年（1912 年）三月十日，临时大总统袁世凯发布大总统令："民国法令未经议定颁布，所有从前施行之法律及新刑律，除与民国国体抵触各条应失效力外，余均暂缓援用。"北京政府根据前述大总统令，对《钦定大清刑律》中刑罚轻重未尽允当及与民国国体相抵触的部分进行删修，同年三月三十日完成，定名为《暂行新刑律》，四月三日刊登在《政府公报》。四月二十九日，临时参议院在北京开议，正式通过《暂行新刑律》之决议。四月三十日，《暂行新刑律》公布施行。

《暂行新刑律》分总则、分则二编，共五十二章，凡三百九十二条。

总则十七章：1. 法例；2. 不为罪；3. 未遂罪；4. 累犯罪；5. 俱发罪；6. 共犯罪；7. 刑名；8. 宥减；9. 自首；10. 酌减；11. 加减例；12. 缓刑；13. 假释；14. 恩赦；15. 时效；16. 时例；17. 文例。

分则三十五章：1. 侵犯皇室罪（删除）；2. 内乱罪；3. 外患罪；4. 妨害国交罪；5. 漏洩机务罪；6. 渎职罪；7. 妨害公务罪；8. 妨害选举罪；9. 骚扰罪；10. 逮捕监禁人脱逃罪；11. 藏匿罪人及湮灭证据罪；12. 伪证及诬告罪；13. 放火决水及妨害水利罪；14. 危险物罪；15. 妨害交通罪；16. 妨害秩序罪；17. 伪造货币罪；18. 伪造文书及印文罪；19. 伪造度量衡罪；20. 亵渎祀典及发掘坟墓罪；21. 鸦片烟罪；22. 赌博罪；23. 奸非及重婚罪；24. 妨害饮料水罪；25. 妨害卫生罪；26. 杀伤罪；27. 堕胎罪；28. 遗弃罪；29. 私擅逮捕监禁罪；30. 略诱及和诱罪；31. 妨害安全信用名誉及秘密罪；32. 窃盗及强盗罪；33. 诈欺取财罪；

---

① 本部分参考下列著述而成，黄源盛纂辑：《晚清民国刑法史料辑注》（上），台湾元照出版有限公司 2010 年版，第 361—362 页；黄源盛：《民初法律变迁与裁判》，台湾政治大学法学丛书（47），2000 年，第 192—222 页。谢振民编著，张知本校订：《中华民国立法史》，中国政法大学出版社 2000 年版，第 881—903 页。

34. 侵占罪；35. 赃物罪；36. 毁弃损坏罪。

《暂行新刑律》沿袭了《钦定大清刑律》刑罚人道主义、罪刑法定、对未成年犯实行感化教育等原则、政策。与《钦定大清刑律》相比，主要变化有：首先，删除了《钦定大清刑律》的服制图、服制和《暂行章程》五条。其次，删除了分则第一章侵犯皇室罪（第八十九至一〇〇条）、第八十一条（乘舆、车驾、御、跸、制之定义）、第二三八条（伪造制书及行使伪造制书）、第二四七条（伪造玉玺、国玺）、第三六九条（窃取御物）、第三七五条（强取御物）、第三八七条（关于御物之诈欺取财与图利）、第四〇二条（毁损制书、玉玺、国玺），这些条文所涉事项在其他条款中的对应内容亦予以删除。第三，将具体条文中的"帝国"改为"中华民国"，"臣民"改为"人民"，"覆奏"改为"覆准"，"恩赦"改为"赦免"。

比较可见，首先，《暂行新刑律》反映了从帝制政体向民主政体的转变，其不仅删除了"侵犯皇室罪"以及有关皇权相关条款内容，修订了条文中的相关措辞，而且没有像后来民国四年（1915 年）的《修正刑法草案》一样设置"侵犯大总统罪"，可见《暂行新刑律》将大总统与普通公民同视，体现了更为平等的立法精神。其次，《暂行新刑律》进一步减弱了纲常礼教色彩，其删除了服制图、服制和《暂行章程》五条（危害乘舆、内乱、外患、对尊亲属有犯、强盗、发冢等罪加重处刑，无夫奸入罪，卑幼对尊亲属不适用正当防卫），在当时的历史情境下，具有积极的时代意义，即使是孙中山在广州建立的护法军政府，仍宣布适用《暂行新刑律》。

但是需要注意，民国三年（1914 年）在醉心帝制的袁世凯倡导"隆礼"、"重典"的背景下，出台了《暂行新刑律补充条例》十五条，其代表着对旧律维护纲常礼教精神的再次回归。例如第一条规定对尊亲属不适用正当防卫、第六条规定无夫奸入罪，第八条规定尊亲属伤害卑幼仅致轻微伤害可以免刑，第十一条父母可以请求法院惩戒其子，与《钦定大清刑律》的《暂行章程》有异曲同工之用。该补充条例在北洋政府统治区始终施行，广州军政府则于民国十一年（1922年）二月十七日明令废止。

《暂行新刑律》虽然标榜"暂行"，但随后编纂的民国四年（1915年）《修正刑法草案》因为具有明显的袁世凯专制烙印，民国七年（1918年）《刑法第二次修正案》、民国八年（1919年）《改定刑法第二次修正案》因为西南各省仍适用《暂行新刑律》，恐造成适用不统一等政治因素，皆没有正式颁布，因此《暂行新刑律》是1912年到1928年期间唯一适用的刑法典。

四 《中华民国刑法》（旧刑法）①

鉴于《暂行新刑律》量刑等级过宽，法官自由裁量空间太大而造成刑罚畸轻畸重，加上存在与国际通例、本国实际不符的情况，民国十六年（1927年）十二月，南京政府司法总长王宠惠奉命改订刑律，王宠惠以《改定刑法第二次修正案》为蓝本，略予损益，编成《刑法草案》，由伍朝枢、徐元诰、谭延闿、于右任、魏道明、王世杰等审查修订，经中央第一二〇次常务委员会通过，名为《中华民国刑法》，今日称之为旧刑法，由南京国民政府在民国十七年（1928年）三月十日公布，于同年九月一日施行。

《中华民国刑法》（旧刑法）分总则、分则二编，共四十八章，凡三百八十七条。

总则十四章：1. 法例；2. 文例；3. 时例；4. 刑事责任及刑之减免；5. 未遂罪；6. 共犯；7. 刑名；8. 累犯；9. 并和论罪；10. 刑之酌科；11. 加减例；12. 缓刑；13. 假释；14. 时效。.

分则三十四章：1. 内乱罪；2. 外患罪；3. 妨害国交罪；4. 渎职罪；5. 妨害公务罪；6. 妨害选举罪；7. 妨害秩序罪；8. 脱逃罪；9. 藏匿犯人及湮灭证据罪；10. 伪证及诬告罪；11. 公共危险罪；12. 伪造货币罪；

---

① 本部分参考下列著述而成，黄源盛纂辑：《晚清民国刑法史料辑注》（下），台湾元照出版有限公司2010年版，第865页；谢振民编著，张知本校订：《中华民国立法史》，中国政法大学出版社2000年版，第903—919页。

13. 伪造度量衡罪；14. 伪造文书印文罪；15. 妨害风化罪；16. 妨害婚姻及家庭罪；17. 亵渎祀典及侵害坟墓尸体罪；18. 妨害农工商罪；19. 鸦片罪；20. 赌博罪；21. 杀人罪；22. 伤害罪；23. 堕胎罪；24. 遗弃罪；25. 妨害自由罪；26. 妨害名誉及信用罪；27. 妨害秘密罪；28. 盗窃罪；29. 抢夺强盗及海盗罪；30. 侵占罪；31. 诈伪及背信罪；32. 恐吓罪；33. 赃物罪；34. 毁弃损毁罪。

根据《刑法草案》的审查意见，《中华民国刑法》（旧刑法）与《暂行新刑律》比较，主要的特点和变化有：

1. 采用最新法例，有如原则从新法，若新法重于旧法，则以刑轻者为准。犯罪有因果关系，至犯人有无责任，则以能预见结果为准。累犯有普通特别之别，杀人有谋杀、故杀之分，内乱罪只以着手实行即为成立，伪造文书罪只足损害他人即为成立，过失之范围有确定解释，防卫及紧急行为之范围有明文限制是也。

2. 审酌国内民情，亲等之计算法与服制图大致适合，亦为旧日惯习所公认。至第二八三条、第二八九条杀旁系尊亲属处死刑、无期徒刑，同谋者处五年以上、十二年以下有期徒刑，第二八四条凡预谋杀人及有残忍之行为者，皆处死刑，既为大多数通行例，就吾国一般民众心理言之，尤有规定之必要。

3. 实行国民党纲领，暂行律第二二四条工人同谋罢工者，首谋处四等以下有期徒刑，与《国民党党纲》保护劳工之意不符，本案概行删去。又如妨害农工商业，其有妨害民生者，本案特定专章，以示注重民生之意。

4. 参照犯罪事实，社会进步，犯罪方法亦不同，例如抢夺罪与强盗不同，海洋行劫比强盗罪尤应加重，本案特设专章。恐吓罪内近以掳人勒赎者为最多，鸦片罪外有吗啡、高根、海洛因皆为毒品，本案则特设专条，以应时势之需要。

至于废过失加重之例，增专科罚金之条，改易科罚金之数，其应并科罚金者，不论其曾否得利，以及缓刑年限之缩短，责任年龄之改定，皆视犯人之个性资力以为区别，尤与刑事政策大有裨益。又其编次章次，较暂行律为优，例如骚扰罪与妨害秩序罪同一妨害秩序；妨害水利交通卫生者，同一妨害公安，暂行律各为一章，本案则合并之。杀人与伤害，犯罪之结果不同；窃盗与强盗，被害之法益不同，而暂行律合为一章，本案则分定之。其最为扼要者，则刑期长短，各按犯罪情形分别规定，而废去等级制度，使得司法官不得任意高下。至科刑之轻重与加减，则仿德、瑞最新法例，胪举司法官应行注意事项，以为科刑标准，即本案第七十六条所定是也。至暂行律第一一九条、第一二三条，由最高徒刑至罚金，设蹦等之规定，极欠妥协，本案分别补入。通观本案全体，按之学理，证之事实，均极尤当，洵为完善之刑法。

五 《中华民国刑法》(新刑法)①

《中华民国刑法》（旧刑法）虽然参酌折衷之前法典及草案而成，较为完备进步，但因为立法时间仓促，条文繁复，施行以后仍碰到系列问题。例如在法律适用上，各地法院纷纷函电请司法当局或最高法院解释；在刑事政策上，旧刑法没有采取短期自由刑易科罚金制度，导致监狱轻犯人满为患；在刑法体系上，特别刑法层出叠见，与刑法典之间亟需协调划一。因此在立法院成立后，于民国二十年（1931 年）十二月指定立法委员刘克俊、史尚宽、郗朝俊、蔡瑄、罗鼎组织刑法起草委员会，草拟《刑法修正案》。刑法起草委员会历经近三年时间，多番调研，广泛征询法院、律师、大学、外国顾问等各界意见，完成草案，提交立法院表决。民国二十三年（1934 年）十一月立法院三读通过新刑法，民国二十四年（1935 年）一月一日公布，同年七月一日施行。

《中华民国刑法》（新刑法）分总则、分则二编，共四十七章，凡三百五十七条。

总则十二章：1. 法例；2. 刑事责任；3. 未遂犯；4. 共犯；5. 刑；

---

① 黄源盛纂辑：《晚清民国刑法史料辑注》（下），台湾元照出版有限公司 2010 年版，第 1027、1089、1185 页；谢振民编著，张知本校订：《中华民国立法史》，中国政法大学出版社 2000 年版，第 919—944 页。

6. 累犯；7. 数罪并罚；8. 刑之酌科及加减；9. 缓刑；10. 假释；11. 时效；12. 保安处分。

分则三十四章：1. 内乱罪；2. 外患罪；3. 妨害国交罪；4. 渎职罪；5. 妨害公务罪；6. 妨害投票罪；7. 妨害秩序罪；8. 脱逃罪；9. 藏匿人犯及湮灭证据罪；10. 伪证及诬告罪；11. 公共危险罪；12. 伪造货币罪；13. 伪造有价证券罪；14. 伪造度量衡罪；15. 伪造文书印文罪；16. 妨害风化罪；17. 妨害婚姻及家庭罪；18. 亵渎祀典及侵害坟墓尸体罪；19. 妨害农工商罪；20. 鸦片罪；21. 赌博罪；22. 杀人罪；23. 伤害罪；24. 堕胎罪；25. 遗弃罪；26. 妨害自由罪；27. 妨害名誉及信用罪；28. 妨害秘密罪；29. 窃盗罪；29. 抢夺强盗及海盗罪；30. 侵占罪；31. 诈伪背信及重利罪；32. 恐吓及掳人勒赎罪；34. 赃物罪；35. 毁弃损毁罪。

与旧刑法相比，新刑法的主要变化有：在立法精神上，由客观事实主义，倾向主观人格主义，注意社会化的一般预防，尤着重于个别化之特别预防，特增加"保安处分"一章。在刑法体系上，处理刑法典和特别刑法的关系，将《危害民国紧急治罪法》、《军用枪炮取缔法》、《惩治盗匪暂行条例》、《禁烟法》等特别刑法的内容，归入内乱、外患、妨害秩序、公共危险、强盗、掳人勒赎、鸦片各罪章，使得刑法体系渐趋于划一。在刑罚制度上，对于轻罪人犯因身体、教育、职业或家庭之关系执行显有困难者，得以易科罚金。

六　刑事特别法

需要注意，除了几部刑法典外，民国时期还存在着大量的刑事特别法，例如《违令罚法》、《官吏犯治罪法》、《吗啡治罪法》、《惩治盗匪法》、《私盐治罪法》、《徒刑改遣条例》、《易答条例》、《科刑标准条例》，《贩运人口出国治罪条例》，南京国民政府的《禁烟法》、《党员背誓罪条例》、《党员犯罪加重处刑暂行法》、《暂行反革命治罪法》、《党员犯罪加重处刑暂行法》、《暂行反革命治罪法》、《危害民国紧急治罪法》、《处理逆产条例》、《惩治土豪劣绅条例》、《惩治盗匪暂行条例》、《惩治绑匪条例》、《共产党人自首法》、《暂行特种刑事诬告治罪法》、《毁坏中国国民党总理遗像及党旗治罪法》、《徒刑人犯移垦暂行条例》、《陆军刑事条例》、《海军刑事条例》、《陆海空军刑法》、《军机防护法》、《大赦令》、《政治犯大赦条例》、《大赦条例》等。[①]

这些刑事特别法和刑法典之间，形成相辅相成和矛盾冲突的两种关系。

前者对刑法典有具体细则化的作用，例如刑法典《暂行新刑律》第三一一条规定杀人者处死刑、无期徒刑或一等有期徒刑。刑事特别法《科刑标准条例》第二条规定：犯刑律第三一一条之罪而有下列情形之一者处死刑。一、出于预谋者；二、卑幼对旁系尊亲属而犯者；三、支解拆割或以其他残忍方法而犯者；四、累犯本条之罪或俱发者；五、意图便利犯其他罪而犯者；六、意图免犯罪之责任或防护犯罪所得之利益而犯者。《科刑标准条例》第二条即针对《暂行新刑律》三一一条杀人罪可判处死刑的六种情形予以具体说明。

或者对刑法典有填补遗漏的作用，例如刑事特别法《吗啡治罪条例》惩治违反制造或贩卖吗啡等行为，补充了《暂行新刑律》鸦片烟罪之疏漏。[②]

后者则起到加重处罚、破坏法治的作用。例如刑事特别法《惩治盗匪法》第二条规定强盗犯刑律第三七三条之罪者得处死刑，而《暂行新刑律》第三七三条的刑罚是无期徒刑或二等以上有期徒刑。《惩治盗匪法》第六条规定对于盗匪死刑得用枪毙，而《暂行新刑律》的死刑为绞刑。

更有甚者，例如刑事特别法《暂行反革命治罪法》第六条将"宣传与三民主义不相容之主义及不利于国民革命之主张者"定义为反革命，《危害民国紧急治罪法》第六条规定"宣传与三民主义不相容之主义者"处以"五年以上、十五年以下有期徒刑"，这些都成为国民党维护一党专

---

① 详见谢振民编著，张知本校订：《中华民国立法史》，中国政法大学出版社 2000 年版，第 944—979 页。

② 谢振民编著，张知本校订：《中华民国立法史》，中国政法大学出版社 2000 年版，第 946 页。

制，打击异己的工具。

一言以蔽之，刑事特别法的广泛存在弊大于利。针对其种种弊端，民国二十一年（1932 年）南京国民政府立法委员刘守中等十五人提议划一刑法案，立法委员戴传贤等十二人提议划一刑法补充办法案，要求废止特别刑法。经中央政治会议决定，《惩治绑匪条例》、《惩治土豪劣绅条例》、《暂行特种刑事诬告治罪法》、《贩运人口出国治罪条例》被废止。《禁烟法》交立法院修正，《危害民国紧急治罪法》、《惩治盗匪暂行条例》则仍继续实行，这些特别刑法后来被纳入民国二十四年（1935 年）《中华民国刑法》的相关章节之中。①

第二节　"分别民刑"考

一　"分别民刑"问题的提出

在《大清现行刑律》编纂过程中，受到近代法律观念的影响，产生了"分别民刑"问题。

宣统元年一月（1909 年 2 月），京师高等检察长徐谦首次提出"分别民刑"。其奏请《将现行刑律参照新刑律妥为釐订》，提出新法未实行、旧法未遽废之时，编定经过法（按：即过渡法）以调和之，大端有五：1. 分别民刑；2. 重罪减轻，轻罪加重；3. 停止赎刑；4. 妇女有罪，应与男犯同一处罚；5. 次第停止秋审。②

宣统元年十二月（1910 年 1 月），宪政编查馆奏请《饬修订法律大臣另编重订现行律片》，重申以修订旧律为主的渐进主义之同时，亦肯定徐谦所列举五端，请旨饬下修订法律大臣按照徐谦所奏，再行考核中外

---

① 参见谢振民编著，张知本校订：《中华民国立法史》，中国政法大学出版社 2000 年版，第 916—921 页。

② "司法行政部民法研究修正委员会"主编：《中华民国民法制定史料汇编》（上册），1976 年，第 201 页。

制度，参酌本国情形，详加讨论，悉心审订，另定体例，编《重订现行律》。在《重订现行律》未颁布以前，现行刑律户役内承继分产以及男女婚姻、典卖田宅、钱债违约各条，应属民事者，自应遵照奏定章程，毋庸再科罪刑。①这里的"奏定章程"，即《各级审判厅试办章程》，其第一条规定："凡因诉讼而审定罪之有无者属于刑事案件"、"凡因诉讼而审定理之曲直者属民事案件"。②更明确的表述，乃《上海地方审判厅收理民刑诉讼案件办法通告》"凡关于户婚、田土、钱债、契约、买卖纠葛，但分理之曲直者，为民事。凡关于命盗、杂案及一切违犯法律行为，定罪之轻重者，为刑事"。③

宣统二年四月（1910 年 5 月），修订法律馆、宪政编查馆会奏《呈进现行刑律黄册定本请旨颁行折》。该奏折中宪政编查馆大臣奕劻强调："现行律户役内承继分产、婚姻、田宅、钱债各条，应属民事者，毋再科刑，仰蒙俞允，通行在案。此本为折衷新旧，系指纯粹之属于民事者言之，若婚姻内之抢夺、奸占及背于礼教违律嫁娶，田宅内之盗卖、强占，钱债内之费用受寄，虽隶于户役，揆诸新律俱属刑事范围之内，凡此之类均照现行刑律科罪，不得诿为民事案件，致涉轻纵。"④

所谓"毋再科刑"，即将传统律典认为是犯罪的行为予以去罪化，但奕劻的话语颇耐玩味，"纯粹之属于民事者"标准何在，并未明晰。另亦有不甚严谨之处（如果并非刊刻中出现的字误）：《大清现行刑律》因官制改革，删除《大清律例》的"吏、户、礼、兵、刑、工"总目，将原有作为律典二级目录的三十门变更为一级目录，所谓"抢夺、奸占及背于礼教违律嫁娶"属于婚姻门，"盗卖、强占（田宅）"属于田宅门，"费用受寄"属于钱债门，这些皆与户役门平级，同为三十门之一，所以奕

---

① "司法行政部民法研究修正委员会"主编：《中华民国民法制定史料汇编》（下册），1976 年，第 205—206 页。

② 《法部奏酌拟各级审判厅试办章程折并章程》，收于《大清法规大全·法律部》卷七"审判"，政学社印行，台湾宏业出版社 1972 年版，第 1857 页。

③ 收于《各级审判厅判牍》，法学编译社 1912 年版。

④ 《钦定大清现行刑律》，收于《清代各部院则例》，香港蝠池书院出版公司 2004 年版，第 15 页。

勖所谓"隶于户役",更准确而言,应为"隶于原有户律"。

逻辑的"事实"与事实本身并非完全一致,如果欲对"分别民刑"观念影响下法律的变迁做出更深入的探讨,必须对从《大清律例》到《大清现行刑律》的变化进行实证的研究。首先,是从《大清律例》到《大清现行刑律案语》的变化,其次,是从《大清现行刑律案语》到《钦定大清现行刑律》的变化。作为具体考察的对象,乃宪政编查馆和奕勖提及的,原隶属于户律下的户役、田宅、婚姻与钱债四门的法条。

二 从《大清律例》到《大清现行刑律案语》的变化

《大清现行刑律案语》与《大清律例》之比较 ①

所属	法条	修订
户役	脱漏户口	原律修改,原例一条修改。
	人户以籍为定	原律修改,原例十七条,修改四条,仍旧二条,删除十一条。
	私创庵院及私度僧道	原律修改,原例六条,修改五条,删除一条。
	立嫡子违法	原律修改,原例六条均仍旧。
	收留迷失子女	原律修改。
	赋役不均	原律修改,原例三条,仍旧二条,删除一条。
	丁夫差遣不平	原律删除。
	隐蔽差役	原律删除。
	禁革主保里长	原律修改,原例一条删除。
	逃避差役	原律删除,原例一条删除。
	点差狱卒	原律修改。
	私役部民夫匠	原律删除。
	别籍异财	原律修改,原例一条修改。
	卑幼私擅用财	原律修改,原例二条,修改一条,仍旧一条。
	收养孤老	原律修改,原例五条,修改一条,仍旧一条,删除三条。

① 《大清现行刑律案语》目录。但目录中有少数错误,经核对后以"笔者按"形式指明。

田宅	欺隐田粮	原律修改，原例四条，修改二条，仍旧二条。
	检踏灾伤田粮	原律修改，原例十四条，修改四条，修并一条（原系二条），仍旧八条，删除一条。（笔者按：条例应为十五条）
	功臣田土	原律修改。
	盗卖田宅	原律修改，原例八条，修改五条，仍旧二条，删除一条。
	任所置买田宅	原律修改，原例一条仍旧。
	典买田宅	原律修改，原例七条，修改二条，仍旧二条，删除三条。
	盗耕种官民田	原律修改。
	荒芜田地	原律修改。
	毁弃器物稼穑等	原律修改。
	擅食田园瓜果	原律修改。
	私借官车船	原律修改。
婚姻	男女婚姻	原律修改，原例四条，修改一条，仍旧三条。
	典雇妻女	原律修改，原例一条修改。
	妻妾失序	原律修改。
	逐婿嫁女	原律修改。
	居丧嫁娶	原律修改，原例一条（内移入强占良家妻女例一条，改并为二）。
	父母囚禁嫁娶	原律修改。
	同姓为婚	原律修改。
	尊卑为婚	原律修改，原例二条，修改一条，仍旧一条。
	娶亲属妻妾	原律修改，原例二条，修改一条，删除一条。
	娶部民妇女为妻妾	原律修改。
	娶逃走妇女	原律仍旧。
	强占良家妻女	原律仍旧，原例八条（内移出一条），修改六条，仍旧一条。（笔者按：原例应为七条，修改应为五条）
	娶乐人为妻妾	原律修改。
	僧道娶妻	原律修改。

续表

婚姻	良贱为婚姻	原律修改。
	出妻	原律修改，原例二条仍旧。
	嫁娶违律主婚媒人罪	原律仍旧，原例四条，修改二条，仍旧一条，删除一条。（笔者按：原律实为修改）
钱债	违禁取利	原律修改，原例七条，修改二条，仍旧二条，删除三条。
	费用受寄财产	原律修改，原例三条，仍旧二条，删除一条。
	得遗失物	原律修改。

从《大清律例》到《大清现行刑律案语》，条文修订方式有七：修改、修并、移改、移并、删除、续纂、仍旧。[①] 从表格看来，此四门法条变化以修改、删除之处居多，细细检阅案语，主要有如下理由：

（一）刑罚变革

1.厘正刑名

《大清现行刑律》的拟订办法之一，即"刑名宜厘正"，也就是原有的刑罚"笞刑、杖刑、徒刑、流刑、死刑"变更为"罚刑／金（案语为罚刑，钦定本改为罚金）、[②] 工作、安置、当差、死刑"。厘正刑名是法条修订最常见的原因。

2.量刑变化（减轻／加重）

如"盗卖田宅"条例三：[③]

军民人等将争竞不明并卖过及民间起科，僧道将寺观各田地，若子孙将公共祖坟山地朦胧投献王府及内外官豪势要之家，私捏文

---

① 参见《大清现行刑律案语》"凡例"；又可见《修订法律大臣沈家本等奏请编定现行刑律以推行新律基础折》，收入《大清现行刑律案语》。有必要指出，奏折中仅提到"修改、修并、续纂、删除"四类，但"凡例"中提出"修改、修并、移改、移并、删除、续纂"六类，加上"仍旧"，因此有七类。

② 宪政编查馆核议案语，提出斟酌之处数端，其中之一即是建议将"罚刑"改为"罚金"，理由是：五刑名目照新章更定，本综核名实之道，乃罚金之名改为罚刑，似尚未协。查罚金始于汉律，沿于六朝，其源最古自笞杖，改制以来，久已中外通行。今并省其词，转滋疑义，且罚之于刑文义相类，各刑初莫非惩罚之用，自应仍用罚金标目为宜，《钦定大清现行刑律》，收于《清代各部院则例》，香港蝠池书院出版公司 2004 年版，第 12 页。

③ 清代条例并无编号，此乃笔者根据《大清现行刑律案语》的条例次序所加，下同。

契典卖者，投献之人问发边远充军，田地给还应得之人。其受投献家长，并管庄人参究治罪。直隶各省空闲地土，俱听民尽力开种，照年限起科，若有占夺投献者，悉照前例问发。

　　臣等谨按：此条系前明问刑条例，雍正三年修改，乾隆五年改定。惟朦胧投献田产，律问满徒，罪名已属不轻，例复加拟充军，殊嫌过重，拟仍改为依律治罪。至于投献田地，给还应得之，自不待言，此句可以节删。谨将修改例文开列于后。

修改

　　军民人等将争竞不明并卖过及民间起科，僧道将寺观各田地，若子孙将公共祖坟山地朦胧投献王府及内外官豪势要之家，私捏文契典卖者，投献之人依律问拟。其受投献家长，并管庄人参究治罪。直隶各省空闲地土，俱听民尽力开种，照年限起科，若有占夺投献者，悉照前例问发。

同样情况还有"盗卖田宅"条例四、五、七、"欺隐田粮"条例三等。另外，亦有改轻为重，如"强占良家妻女"条例三（笔者按：此例也有改重为轻部分）等。

（二）法律与社会不相适应

如"人户以籍为定"条例七：

　　应试童生如诡捏数名或顶名入场希图侥进者照诈冒律杖八十，保结之廪生知情者同罪。

　　臣等谨按：此条系乾隆八年定例，惟现今科岁试既停，各学堂考试另有奏定章程可守，且并无保结之廪生，此例无关引用，拟请删除。

清季废除科举，改为新式学堂，社会变迁，该条例已成具文，故予以删除。

又如"隐蔽差役"律文：

　　凡豪民（有力之家不资工食），令子孙弟侄跟随官员隐蔽差役者，家长杖一百，官员容隐者与同罪，受财者计赃以枉法从重论，跟随之人免（杖）罪，（附近）充军，其功臣容隐者照律拟罪奏请定夺。

臣等谨按：此仍明律，雍正三年修改。前代徭役烦重，豪民多有令子孙、弟侄依附官员或功臣之家，巧避差役，而官员、功臣亦或有私相容隐者，故定律科罪慕严，乾隆以来，丁银摊入地亩，民无力役之征。此律系属虚设，拟即删除。

清承明制，清律沿袭明律之处甚多，虽然清代赋役制度变革，法条所规制的对象不复存在，但正如学者所谓，律由于构成该朝代"符号"之重要部分，为了维持律典的尊严与其"符号作用"，不嫌强调之以为立国之常经，以依附传统的中心符号，因此事实上尽管无妨使之为具文，而不能随便修改，[①] 此律即因意蒂牢结，先前仍予保留，此次修订，乃予以删除。

（三）协调立法

1.律文律注抵牾

如"违禁取利"律文：

凡私放钱债及典当财物，每月取利并不得过三分，年月虽多，不过一本一利，违者笞四十。以余利计赃重（于笞四十者）坐赃论，罪止杖一百。若监临官吏于所部内举放钱债典当财物者，（不必多取余利，有犯即）杖八十。违禁取利以余利计赃重（于杖八十）者依不枉法论，（各主者通算折半科罪，有禄人三十两，无禄人四十两并杖九十，每十两加一等罪止杖一百、流三千里），并追余利给主（兼庶民、官吏言）……

臣等谨按：此乃明律。惟监临官吏于所部内违禁取利，与刑律受赃门内监临官吏将自己物货散与部民多取价利者情事相等。而彼条计赃，准不枉法论，此条计赃，依不枉法论。明律《纂注》、《笺

---

① 黄静嘉：《薛著〈读例存疑〉重刊本序》，收于 [清] 薛允升著述，黄静嘉编校：《读例存疑重刊本》，台湾成文出版社1970年版，第4册，第4页。明清两代修律都可证之。洪武三十年定《大明律》后，明太祖令其子孙必须严守此律，"群臣有稍议更改，即坐以变乱祖制之罪"。参见叶孝信主编：《中国法制史》，北京大学出版社2000年版，第270—271页。清律自乾隆五年修定以后，亦不再增删。

释》诸家，谓"依"即"以"之义，与真犯同，则是情事等，而罪名显分轻重，殊未平允，故顺治初年增入小注，罪止满流，仍是用"准"之义。雍正三年虽曾删去小注，乾隆五年复行增入，盖为此也。今拟改"依"为"准"字，以昭画一。律文既经改定，小注即为赘设，应从节删。笞杖照章罚金，应数分等处罚，徒罪附杖，亦应节删。谨将修改律文、律注开列于后。

修改

凡私放钱债及典当财物，每月取利并不得过三分，年月虽多，不过一本一利，违者处四等罚。以余利计赃重（于四等罚）者坐赃论，罪止十等罚。若监临官吏于所部内举放钱债典当财物者，（不必多取余利，有犯即）处八等罚。违禁取利以余利计赃重（于八等罚）者准不枉法论，并追余利给主（兼庶民、官吏言）……

传统律学有独特的一套术语，其中"以、准、皆、各、其、及、即、若"八字，被律学者称之为律母。[①] 本条的修改即涉及"以、准"二字，按律典的注释：

以者，与实犯同。谓如监守贸易官物，无异实盗，故以枉法论，以盗论，并除名，刺字，罪至斩、绞，并全科。准者，与实犯有间矣。谓如准枉法、准盗论，但准其罪，不在除名、刺字之例，罪止杖一百，流三千里。[②]

可见一字之差，量刑上或有天壤之别。本条原用"依"，实取与实犯/真犯相同的"以"字之义，这与律典其他"情事相等"而"准"不枉法之杂犯论之的法条比较，量刑不均衡，所以后世通过律注的形式加以弥补，但正文律注之间，不免抵牾。此次修订，乃改订律文，补遗此失，并删除该律注，使量刑划一，亦令法条简洁。

---

① ［清］王明德：《读律佩觽》，何勤华、程维荣、张伯元、洪丕谟点校，法律出版社1999年版，第2页。

② 《大清律例》，郑秦、田涛点校，法律出版社1999年版，第41页。

2. 律例扞格

如"尊卑为婚"律文：

凡外姻有服（或）尊属（或）卑幼共为婚姻及娶同母异父姊妹，若妻前夫之女者，各以亲属相奸论。其父母之姑舅两姨姊妹及姨，若堂姨，母之姑、堂姑，己之堂姨及再从姨，（己之）堂外甥女，若女婿（之姊妹）及子孙妇之姊妹，（虽无服）并不得为婚姻，违者，（男女）各杖一百；若娶己之姑舅两姨姊妹（虽无卑幼之分尚有缌麻之服），杖八十，并离异（妇女归宗，财礼入官）。

臣等谨按：此乃明律，顺治三年添入小注，乾隆五年删定，惟第二节"若女婿及子孙妇之姊妹"一句，"姊妹"二字，本承上二项而言，则"女婿"下之"姊妹"二字小注，似可节去。至"姑舅两姨姊妹为婚"，前明洪武三十年，从翰林侍诏朱善言，已弛其禁，特未篡为专条。雍正八年，又定有听从民便之例，此层即同虚设，亦应节删。杖一百罪名，照章罚金，应改为十等罚。谨将修改律文、律注开列于后。

修改

凡外姻有服（或）尊属（或）卑幼共为婚姻及娶同母异父姊妹，若妻前夫之女者，各以亲属相奸论。其父母之姑舅两姨姊妹及姨，若堂姨，母之姑、堂姑，己之堂姨及再从姨，（己之）堂外甥女，若女婿及子孙妇之姊妹，（虽无服）并不得为婚姻，违者，（男女）各处十等罚，并离异（妇女归宗，财礼入官）。

传统中国以礼教立国，明刑弼教，尊卑为婚有悖伦常，为法律所禁。追溯该条渊源，唐律将其置于"同姓为婚"下，而明律则专列"尊卑为婚"，比较两代律典，律学家指出：

明律与唐律俱同，而娶己之姑舅两姨姊妹，唐律无文。《疏议》云：外姻虽有服，非尊卑者为婚，不禁。盖专指此项亲属言之矣。不然，姑舅两姨姊妹何以不载入律内也。明律奸内外缌麻以上亲，与同母异父姊妹均应满徒，娶同母异父姊妹，以亲属相奸论，亦应满徒。而娶姑舅两姨姊妹者，止杖八十。姑舅两姨姊妹律内载明服属缌麻，同母异父姊妹并未载有服制，乃轻重大相悬殊，则不善读唐律之故也。唐律妻前夫之女下注谓妻所生者，明律无。同母异父姊妹，即《左传》所谓外妹是也。《笺释》：己之姑舅两姨姊妹，虽不系尊卑，而亲属未疏，故亦不得为婚姻。然奸缌麻以上亲者，徒三年。而娶姑舅两姨姊妹，亦是缌麻亲，乃止杖八十者，盖上文乃是亲属与卑幼为婚，名分不当，故以奸论。若姑舅两姨姊妹，本同辈分，不犯名分，故止杖八十耳。《琐言》……与《笺释》所论相同，均系以尊卑同辈为区别，不为无见。而于唐律不载之故，并未发明。《疏议》明言外姻虽有服，非尊卑者为婚不禁。外姻同辈男女之服，除姑舅两姨姊妹外，再无别项，非专指此项亲属为何？明律不直言不禁为婚，而又添入杖八十离异之文，彼此两无依据，盖犹是依违调停之意欤。①

可见，其中"娶己之姑舅两姨姊妹"，唐律本无，明代虽置，但因朱善所言而驰禁，《大清现行刑律案语》所谓"特未纂为专条"，应该指该处规定仍处于"尊卑为婚"下之意。薛允升比较唐明律，实醉翁之意不在酒，乃借古鉴今，批判清律。明清律比较，后者多律间注，此处正如律注指出"虽然服制上乃缌麻，但无卑幼之分"，故从立法上讲，该处规定于"尊卑为婚"下，虽事出有因，但不无商榷之处。清代后以条例使律文此处规范成为具文，其规定："男女亲属尊卑相犯重情或干有律应离异之人，俱照亲属已定名分各从本律科断，不得妄生异议，致罪有出入。其间情犯稍有可疑，揆于法制似为太重，或于名分不甚有碍者，听各该原问衙门临时斟酌拟奏，其姑舅两姨姊妹为婚者，听从民便。"虽然以例破律，可解决适用的分歧，②但于律典内部，则不无扞格，本次修改，乃

---

① [清]薛允升：《唐明律合编》，怀效锋、李鸣点校，法律出版社1999年版，第342页。

② 薛允升讲到"娶己之姑舅两姨姊妹"虽驰禁未纂为专条，但"仍不免言人人殊。今定有听从民便之例，议论始归画一矣"。《唐明律合编》，怀效锋、李鸣点校，法律出版社1999年版，第342—343页。

使律例规范一致，故删除律文此处规定。另外，对于律注赘语，亦予以删除。

（五）规则繁复

如"违禁取利"条例五：

> 凡负欠私债在京不赴五城及步军统领衙门而赴部院，在外不赴军卫有司而越赴巡抚司道官处告理及辄具本状奏诉者，俱问罪，（依越诉论），立案不行，私债不追。

> 臣等谨按：此条系前明旧例，意在越诉立案不行。惟越诉各条，已详见诉讼门，此条殊嫌重复，拟请删除。

明清条例多为一事一例，律例之间，例例之间，难免规范相类。加之清代"五年一小修，十年一大修"的修例制度到同治九年（1870），因内外交困不得不终止了，[①]出现法条重复设置，当不为奇。此次修订，乃删除繁复之条。同样可见"检踏灾伤田粮"条例十五、"盗卖田宅"条例八、"卑幼私擅用财"条例一、"嫁娶违律主婚媒人罪"条例二等之删除。

（六）政策/法律变化

如"典买田宅"条例五：

> 凡民间活契典当田房一概免其纳税，其一切卖契无论是否杜绝，俱令纳税。其有先典后卖者，既不纳税，按照卖契银两实数纳税，如有隐瞒者，照律治罪。

> 臣等谨按：此条系乾隆二十四年定例，民间活契、典当田房，一概免其纳税，与度支部现行事例不符，此层已难援引。至隐瞒不纳税，既系照律治罪，自有本律可引，亦毋庸复叙，此例拟请删除。

法律转型时期，新理念影响之下所确定之政策、颁布之法律，自然会与基于传统理念之旧律冲突，删除/修改旧律，势成必然。同样情况，

---

① 参见苏亦工：《明清律典和条例》，中国政法大学出版社2000年版，第200—202页。

可见"典买田宅"条例六、七①之删除；"人户以籍为定"律文②之修改；"违禁取利"条例六、七③删除；"强占良家妻女"条例三④之修改。

（七）非刑律范围

如"收养孤老"条例四：

> 凡被灾最重地方饥民外出求食，各督抚善为安辑，俟本地灾祲平复，然后送回。

> 臣等谨按：此条系乾隆十三年定例，诚属救荒善策，惟刑律无关引用，拟请删除。

同样可见"收养孤老"条例三（《大清现行刑律案语》："刑律无关引用，拟请删除"），"私创庵院及私度僧道"条例六（"僧道道纪，系由礼部颁给剳付，其因事察议，亦事隶吏部，均与刑律无涉，拟请删除"）。

（八）其他原因

如"人户以籍为定"条例一：

> 旗下奴仆若果系数辈出力之人，伊主念其勤劳，情愿听其赎身为民，本旗户部有档案可稽，州县地方有册籍可据为民者，仍归民籍，旧主子孙不得藉端控告。其有投充之本身私自为民，别经发觉，将伊家同族之良民诬指为同祖先，希图陷害者或本主因家奴之同族少有产业，诬告投充之本身者，审明将诬扳诬告之人照诬认良人为奴婢律治罪。

---

① 此两例涉及八旗人员于外省置买产业及民人典买旗地、旗房事宜，原为刑部条例所禁止，但清季推行化除满汉畛域政策，故修订法律馆奏请变通旗民交产旧制，允许买卖。其历史语境，可参见 [清] 沈家本：《变通旗民交产旧制折》，《寄簃文存》卷一，收于沈家本：《历代刑法考》（附《寄簃文存》），邓经元、骈宇骞点校，中华书局1985年版，第4册，第2033—2037页。

② 原律的"军民驿灶医卜工乐诸色人户"，与当时正在编隶的户籍之法不相符合，所以修改为"人户"。

③ 这两条条例乃以往闭关锁港政策的体现，禁止内地人与土司、内地人与沿海地区的交往，清季该政策被打破，条例亦被删除。

④ 此处删除"家奴有犯罪及伊主并将领催总甲一并治罪"，原因是新的刑事政策已经废除缘坐。其历史语境，可参见 [清] 沈家本：《删除律例内重法折》，《寄簃文存》卷一，收于沈家本：《历代刑法考》（附《寄簃文存》），邓经元、骈宇骞点校，中华书局1985年版，第4册，第2023—2028页。

　　臣等谨按：此例应仍其旧，惟户部现经改名，例内"本旗户部有档案可稽"、"州县地方有册籍可据"二语，应改为"在内有档案可稽"、"在外有册籍可据"，谨将修改例文，开列于后。

　　（笔者按：修改条例略）

　　清季官制改革，仿行西制，传统六部变为"吏、民政、度支、礼、学、陆军、法、农工商、邮传、理藩"十一部，其中原有户部功能由民政、度支两部分担，[①] 此即本条修改之历史语境。惟修改何以用"在内"、"在外"之词汇，而不明确指明，笔者推测乃机构变革之间，职能尚未清晰之故。因机构变革原因涉及法条之修改，还可见"收养孤老"条例二。

　　另外，细节之修改还有如"检踏灾伤田粮"条例十，其将"具题"改为"具奏"，条例十一"题请"改为"奏请"，条例十二修改其由谕旨变为条例之体裁语气，条例十三"题报"改为"奏报"；"娶亲属妻妾"条例二"旧律"改为"各本律例"；"盗卖田宅"条例五去"盛京"二字，将条文由适用特定区域改为通例等。

三　从《大清现行刑律案语》到《钦定大清现行刑律》的变化

《钦定大清现行刑律》与《大清现行刑律案语》之比较

所属	法条	变化	备注
户役	脱漏户口	无	
	人户以籍为定	有	钦定本删除一条条例，将两条条例修并为一。
	私创庵院及私度僧道	有	钦定本律文将"以违制论"改为"处十等罚"。钦定本删除一条条例。
	立嫡子违法	无	
	收留迷失子女	有	钦定本律文删去"若得迷失奴婢而卖者各减良人罪一等"、"若得在逃奴婢而卖者各减良人罪一等"、"冒认他人奴婢者处十等罚"字样。
	赋役不均	无	

---

　　① 　关于官制改革之历史背景，可见荆知仁：《中国立宪史》，台湾联经出版事业股份有限公司1984年版，第107—120页。

续表

户役	禁革主保里长	无	
	点差狱卒	无	
	私役部民夫匠	有	案语删除此条，钦定本修复。
	别籍异财	无	
	卑幼私擅用财	有	钦定本条例一删去"婢"字样。
	收养孤老	有	钦定本删除一条条例。
田宅	欺隐田粮	无	
	检踏灾伤田粮	有	钦定本删除九条条例。
	功臣田土	无	
	盗卖田宅	有	钦定本条例五将"家奴"改为"雇工"。
	任所置买田宅	有	钦定本删除此条。
	典买田宅	无	
	盗耕种官民田	无	
	荒芜田地	无	
	毁弃器物稼穑等	无	
	擅食田园瓜果	无	
	私借官车船	无	
婚姻	男女婚姻	无	
	典雇妻女	无	
	妻妾失序	无	
	逐婿嫁女	无	
	居丧嫁娶	有	钦定本条例二将"照不应重律治罪"改为"处八等罚"。
	父母囚禁嫁娶	无	
	同姓为婚	有	钦定本删除此条。
	尊卑为婚	有	钦定本删除一条条例。
	娶亲属妻妾	有	钦定本律文修改。 钦定本删除一条条例。
	娶部民妇女为妻妾	无	
	娶逃走妇女	无	

续表

婚姻	强占良家妻女	无	
	娶乐人为妻妾	有	钦定本将律目改为"娶娼妓为妻",律文修改。
	僧道娶妻	无	
	良贱为婚姻	有	钦定本删除此条。
	出妻	有	钦定本律文修改。
	嫁娶违律主婚媒人罪	有	钦定本律文修改。
钱债	违禁取利	无	
	费用受寄财产	无	
	得遗失物	无	

从案语到钦定本,修订方式除原来七类外,外增加"修复"。① 根据上表,主要变化原因如下：

（一）政策／法律变化：

传统中国社会以阶级为特征,乃有贵贱（官吏与平民）之分、良贱（良民与贱民）之别。法律乃社会之反映,故对所谓良民（士、农、工、商）与贱民（官私奴婢、倡优皂隶,以及某一时代某一地域的某种特殊人口）,乃施以差别性之规范。② 清季受西方人格平等理念之影响,兼之中国固有的如"仁"、"仁政"等传统理论,乃有禁革买卖人口、删除奴婢律例之议,③ 因良贱差别已消,故涉及之法条,或删或修,如"人户以籍为定"、"收留迷失子女"、"卑幼私擅用财"、"盗卖田宅"、"娶乐人为妻妾"、"良贱为婚姻"、"出妻"④ 等。

---

① 《钦定大清现行刑律》,收于《清代各部院则例》,香港蝠池书院出版公司 2004 年版,第 17 页,上表（"《钦定大清现行刑律》与《大清现行刑律案语》之比较"）中"私役部民夫匠"即是例证。

② 参见瞿同祖：《中国法律与中国社会》,收于《瞿同祖法学论著集》,中国政法大学出版社 1998 年版,尤其是第三、四章。

③ 其历史语境,可参见 [清] 沈家本：《禁革买卖人口变通旧例议》、《删除奴婢律例议》,皆收入《寄簃文存》卷一,收于沈家本：《历代刑法考》（附《寄簃文存》）,邓经元、骈宇骞点校,中华书局 1985 年版,第 4 册,第 2037—2047 页。

④ 该条之修改,除将"婢"改为"使女",还有删除"背夫在逃之妻从夫嫁卖",这与当时禁革人口买卖的法令有关。另外,量刑上也有所变动。

（二）非刑律范围

如《大清现行刑律案语》"检踏灾伤田粮"条例十三：

> 凡夏灾不出六月底，秋灾不出九月底，先以被灾情形奏报，其被灾分数按限勘明续报，逾限者交部议处。至州县详报被灾情形，查勘分数遵照例定四十日限期办理。其距省遥远地方准照交代之例扣算程途日期，如逾限照例参处。

钦定本删除该条。虽然钦定本没有如案语那样给出修订理由，但从宪政编查馆核议案语，提出的斟酌意见之一中，似可以找到原因：

> 旧律以六曹分类，多据摭各部则例，取盈篇幅，已与体例不符。且庶政日新，今昔迥异，而存此文于例内，转致引断失宜。现既删除总目，改称现行刑律，则所附之条当以有刑名者为断，原本于无关引用诸条，虽经删除，尚有未尽，自应再行酌核芟薙。惟此项附存之例未知各部则例有无正文，现在是否尚资援引，俟命下后由臣馆缮具清单咨行各衙门量加甄择，辑入则例，庶免遗漏。①

在灾情发生后，不及时通报的官员会被追究行政上的相应责任，但其并非刑律所规制的范围。相似的情形，可见"检踏灾伤田粮"其他条例和"收养孤老"条例二、"任所置买田宅"律文之删除。

（三）规则繁复

如《大清现行刑律案语》"私创庵院及私度僧道"条例一：

> 民间有愿创造寺观神祠者呈明该督具奏奉旨方许营建，若不俟奏请，擅行兴造者依违制律论。

"私创庵院及私度僧道"律文已有规定"凡寺观庵院除现在处所（先年额设）外不许私自创建、增置，违者以违制论……"，法条重复设置，故删除该条例。相似之情况，可见"娶亲属妻妾"条例二之删除。

（四）法律与社会不相适应

如《大清现行刑律案语》"尊卑为婚"条例一：

---

① 《钦定大清现行刑律》，收于《清代各部院则例》，香港蝠池书院出版公司 2004 年版，第 13 页。

前夫子女与后夫子女苟合成婚者，以娶同母异父姊妹律科断。

循其渊源，该条沿袭《大清律例》，薛允升对该条的意见是：

律禁止同母异父姊妹为婚，故此例前夫子女与后夫子女亦不准成婚，然此等子女亦有非同母亲者，同母可照律禁止，若非同母似亦可援照上条例文，听从民便。①

前夫子女与后夫子女之关系，可分为同母与非同母两种情况，前者有血缘关系，为律所禁，后者无血缘关系，薛氏认为可照"娶姑舅两姨姊妹为婚者，听从民便"，可见民间对此无血缘关系者为婚，并非禁止。本条之删，应是循薛氏《读例存疑》办法之故，至于"同母异父"之情况，自有律文规范，故无庸赘设。

又，《大清现行刑律案语》"同姓为婚"律文：

凡同姓为婚者（或坐主婚，或坐男女），处六等罚，离异，（妇女归宗，财产入官）。

古代中国，同姓往往意味同宗，同姓为婚，往往意味同宗之通婚，乃传统婚姻之禁忌，为礼所禁，以礼入法，故有"同姓为婚"之条。但社会变迁，因功臣的赐姓、义子的袭姓、为了避仇的改姓、胡人改姓汉姓以及存在不同源流的人偶然称作同姓的机会，乃出现同姓不同宗的情况。② 本条之适用，恰如律学家所谓"已在存而不论之列"。③ 法成具文，故予以删除。

（六）其他情况

"私创庵院及私度僧道"律文将"以违制论"改为"处十等罚"；"居丧嫁娶"例文将"照不应重律治罪"改为为"处八等罚"。法条行文略作变化的，还可见"娶亲属妻妾"律文、"嫁娶违律主婚媒人罪"律文之修改等。

---

① ［清］薛允升著述，黄静嘉编校：《读例存疑重刊本》，台湾成文出版社 1970 年版，第 2 册，第 299 页。

② 参见［日］滋贺秀三：《中国家族法原理》，张建国、李力译，法律出版社 2003 年版，第 24 页。

③ ［清］沈家本：《删除同姓为婚律议》，《寄簃文存》卷一，收于沈家本：《历代刑法考》（附《寄簃文存》），邓经元、骈宇骞点校，中华书局 1985 年版，第 4 册，第 2051 页。

四 "分别民刑"问题的实质

分析变化之理由，最有可能与"分别民刑"对应的是"法律与社会不相适应"、"政策／法律变化"与"非刑律范围"三类。但需要审慎的是，"非刑律范围"一方面是受法律部门分类这种近代法学智识之影响，另一方面仍然是传统刑事、行政处分二元责任的体现，并非是"分别民刑"之必然结果。

分别民刑问题，从《大清律例》到《大清现行刑律案语》，比较契合的是"政策／法律变化"项下"典买田宅"条例六、七之删除。① 从《大清现行刑律案语》到《钦定大清现行刑律》，比较契合的是"法律与社会不相适应"项下"尊卑为婚"条例一与"同姓为婚"律文之删除。

符合奕劻所谓"民事者"的"户役内承继分产"——最可能所指的法条——"立嫡子违法"与"别籍异财"，前者从《大清律例》到《大清现行刑律案语》，律文的修改只是厘正刑名，六条条例则是仍旧，从案语到钦定本则无变化；后者从《大清律例》到《大清现行刑律案语》，律文与条例的修改亦只是厘正刑名，从案语到钦定本则无变化。此外，"立嫡子违法"原本有就不科刑之处，② 那么当时所谓"毋再科刑"之"毋"字，却不知从何说起了？

从《大清律例》到《大清现行刑律案语》，再到《钦定大清现行刑律》，尽管从法律智识上已经有意识将《大清现行刑律》比附为刑法典，并在编纂中有所体现。但笔者的感觉是，其间"分别民刑"虽有所强调，却远非立法实践中考虑的重点，就考察的四门法条中，仅有四则条文的删除与此相关，涉及的也只是婚姻与田宅两门，而非立法者所提到的四门。

① "违禁取利"条例六、七之删除似也可算入，惟其删除，除了改变以往闭关锁港政策的体现，允许内地人与土司、内地人与沿海地区的交往外，其另一理由是"况土司、土苗皆属赤子，有犯均可照律办理，似不必另立专条"，乃涉及规则繁复之问题。因此笔者不将其列入"分别民刑"。

② 户役门"立嫡子违法"条例：无子者，许令同宗昭穆相当之侄承继，先尽同父周亲，次及大功、小功、缌麻。如俱无，方许择立远房及同姓为嗣。若立嗣之后，却生子，其家产与原立子均分。《大清律例》，郑秦、田涛点校，法律出版社1999年版，第179页。

实际上，从法律效果入手，仅仅是民刑法差异之一，正如边沁所言："民法典并非每项本身完整无缺、并且剔净所有刑法内容的民法汇集而成。刑法典亦非由每项不仅本身完整无缺，而且剔净所有民法内容的惩治性法律汇集而成。"①

民国肇建，民法的法源中有"现行律民事有效部分"，所谓"现行律"，即"大清现行刑律"。其中可以看到如"强占良家妻女"——不仅《大清现行刑律》编纂中指明乃"刑律范围"，即使就今天而言亦可足可触犯刑法的行为——被认为是"民事有效部分"，那么其旨趣如何呢？该条的释义是：

> 强夺良家妻女，不问其系自己占为妻妾，抑系配与子孙弟侄家人，均属无效，故在强制离异之列。按掠夺婚，征诸古代历史，及近代野蛮人中，本有此习俗。第此可以力掠得者，彼亦可以力劫回，彼此扰攘，有害社会之和平。故文明各国，均悬为厉禁。我国现时所行者，为聘娶婚，所以本律特设掠夺婚禁止的规定。但本节之所谓强夺，系指男女两家并无婚约者而言，若两家本有婚约，基于别种原因而抢亲者，不在本节规定范围之内。②

正如学人指出："依民法法理，法律行为违反了强行规定，可能形成无效或得撤销的法律效果，使得这些原本看似属于刑事规范的条文，便有可能转化成民事的规定而加以适用。"③从"民事有效部分"的条文看来，多有刑罚之法律效果，惟此时条文的法律效果是否乃刑罚，已经不是区分民刑之关键，或许可以说民初的司法者更多考虑的，应该是"如何在审判中发现民法"。在清末民初法律转型时期，分别民刑的关键，不是体现于立法，而是实现于司法。对其全面地把握，需要到如《各级审判厅

---

① ［英］边沁：《道德与立法原理导论》，时殷弘译，商务印书馆 2000 年版，第 375 页。

② 郑爱諏编：《现行律民事有效部分集解》，世界书局 1928 年版，第 53 页。

③ 黄圣棻：《大理院民事判决法源之研究》，台湾政治大学法律学系 2003 年硕士论文，第 58 页。《中华人民共和国民法通则》第五十八条规定民事行为无效的原因之一，即是违反法律。《中华人民共和国合同法》第五十二条规定合同无效的情形之一，即是违反法律、行政法规的强制性规定。

判牍》、《大理院民事判决例全文汇编》等案例资料中去寻绎。

第三节 比附援引与罪刑法定之争

一 论争的焦点问题

《大清新刑律》第一案第十条确立"凡律例无正条者，不论何种行为不得为罪"即近代刑法的罪刑法定原则，删除了传统法的比附援引，引发了罪刑法定与比附援引之论争。

所谓"比附援引"，出自旧律的"断罪无正条"，《大清律例》该条为（按：括号内为律间小注）：

> 凡律令该载不尽事理，若断罪而无正条者，（援）引（他）律比附。应加、应减，定拟罪名，（申该上司）议定奏闻。若辄断决，致罪有出入者，以故失论。①

沈家本在《断罪无正条》这篇长文中，梳理了比附在中国法律史上的发展演变，系统地回应了反对意见，抨击比附援引之弊，力主罪刑法定。②

反对意见可归纳为三类：第一，虽说比附援引容易造成轻重失衡，但它毕竟是有所依据，而现在由审判官临时判断，一来没有限制，二来审判官的自身水平有限，同样会轻重失衡，造成出入人罪。第二，法条有限，情伪无穷，删除比附，无法更好地规范犯罪。第三，针对立宪国所要求的立法、司法分离，认为比附仍然属于司法，而新律给予审判官酌量轻重的权力，却是立法、司法合而为一。

---

① 《大清律例》，卷五，郑秦、田涛点校，法律出版社 1999 年版，第 127 页。
② 详见 [清] 沈家本：《论断罪无正条》，收于《法学会杂志》第一年第一期，宣统三年（1911）五月十五日，第 23—47 页；又，《明律目笺一·断罪无正条》，收于沈家本：《历代刑法考》（附《寄簃文存》），邓经元、骈宇骞点校，中华书局 1985 年版，第 4 册，第 1807—1825 页。本部分引文如无注明出处，皆出自《明律目笺一·断罪无正条》。

对于第一类意见，沈家本以文字狱为例，痛斥比附援引是"舞文弄法，何所不可，尚何限制之有"，而新刑律草案规定量刑的幅度，审判官不能超越这个范围，所谓"无所限制"并不成立。他虽同意当时审判人才缺乏，但认为如果以此为借口来阻挠新法的实施，却"犹七年之病求三年之艾"。权衡之下，需要先治本。

对于第二类意见，沈家本从自身刑曹经验出发，认为数千年来风俗变迁，案情却并未超越律例，历代立法虽有损益，但并无大的变动，可证古典立法源于经验，足以规制社会，而对那些善钻法律空子的"奸民之尤"，也并非比附就可以置于死地的。沈家本没有详细解释何以制约那些"奸民之尤"，但他意识到了仅仅依靠比附援引，无法真正地规范犯罪，比附的存在，实际上是弊多利少。他的主张，正如其在《修订法律大臣沈家本等奏进呈刑律草案折》中所讲"法律之用，简可驭繁"。

对于第三类意见，沈家本乃"以彼之道，还施彼身"，反驳道："既云无此法而定此例，方为立法，乃无此法而即用此例，是司法者自创为之矣，不且与立法相混乎？"他认为比附才是司法与立法混而为一。

就第一、二类分歧而言，传统法以"客观具体主义立法"和"绝对确定法定刑"为特征，体现的是一种"法律决定论"的观点。其承载着以法为教、明刑弼教等价值功能。比附在某种程度上，恰是修正刑罚的手段，在晚清社会转型时期，它更是一种使旧律可以适应急剧变化社会的方法。而新刑律的"相对确定的法定刑"，以及"法律之用，简可驭繁"，都代表着司法裁量权的赋予和正当化，无须如原来通过比附"暗渡陈仓"来修正刑罚。

就第三类分歧而言，比附援引是立法抑或司法，涉及到在立宪背景下，权力分立如何具体运作的问题。反对者认为审判官有酌量轻重的权力是立法、司法合而为一，以现代的观点来看，不免幼稚，但就中国传统司法而言，由于绝对确定法定刑的存在，司法者在某种程度上确实没有酌量刑罚轻重的权力，因此在当时的历史条件下，却也可以理解。无独有偶，晚清官制改革，法部与大理院不也为行政与司法的权限界定问题，辩驳得不可开交，而有所谓"部院之争"吗？就近代中国而言，难的并非接受一个西方的概念，而是如何真正去理解、实践它的问题。

二　沈家本对比附援引的批判

1. 学理之弊端

沈家本认为，传统中国实有如西方的罪刑法定主义，只是从汉代起，有比附律令之法，由隋朝起，更见"断罪无正条，用比附加减"之律，其定型于明代律典，成为常制，并沿袭于清朝，破坏了固有的法定主义，实践中多滋流弊。

他比较唐、明、清三朝律典的"断罪无正条"，[①]认为唐律的"举重而明轻，举轻而明重"乃：

> 用律之例，而非为比附加减之用也。观《疏议》所言，其重其轻皆于本门中举之，而非取他律以相比附，故或轻或重仍不越夫本律之范围。其应出者，重者且然，轻者更无论矣。其应入者，轻者且然，重者更无论矣。

一言以蔽之，该条的宗旨"本极恕平"。对于明清律的"比附援引"与唐律的"轻重相举"，冈田朝太郎认为乃"类似解释"与"自然（当然）解释"的区别：

> 希腊格言，无律无罪，故刑法不许类似解释，类似解释，即比附援引。中国法司办案，无律则引例，无例则援案，皆类似解释

---

① 《唐律疏议》（刘俊文点校，法律出版社 1999 年版，第 145 页）：诸断罪而无正条，其应出罪者，则举重以明轻；[疏]议曰：断罪无正条者，一部律内，犯无罪名。"其应出罪者"，依贼盗律："夜无故入人家，主人登时杀者，勿论。"假有折伤，灼然不坐。又条："盗缌麻以上财物，节级减犯盗之罪。"若犯诈欺及坐赃之类，在律虽无减文，盗罪尚得减科，余犯明从减法。此并"举重明轻"之类。其应入罪者，则举轻以明重。[疏]议曰：案盗贼律："谋杀期亲尊长，皆斩。"无已杀、已伤之文，如有杀、伤者举始谋是轻，尚得死罪，杀及谋而已伤是重，明从皆斩之坐。又例云："殴告大功尊长、小功尊属，不得以荫论。"若有殴告期亲尊长，举大功是轻，期亲是重，亦不得用荫。是"举轻明重"之类。

《大明律》（洪武三十年）（怀效锋点校，法律出版社 1999 年版，第 23 页）：凡律令该载不尽事理，若断罪而无正条者，引律比附。应加应减，定拟罪名，转达刑部，议定奏闻。若辄断决，致罪有出入者，以故失论。

也……然不可误解，谓刑法禁止类似解释，亦竟不得为何等之解释也。有类似解释而实非者，当然解释是也。当然解释为拉丁成语，例如为保护道路起见，禁止车马往来，驼象之妨害道路，甚于车马，虽无明文，亦必在禁止之列。又如池塘禁止钓鱼，以网取者甚于钓，虽无明文，亦必在禁止之列是也。或疑刑法以无律无罪为原则，同一律无正条，乃不许类似解释，而许当然解释，何也？不知律无正条，就事实言之，有两种原因，一因其事实为刑法所放任，刑法既认为无罪，故不复列正条，若任意类推，将刑法所认为无罪者，裁判官得认为有罪也，可乎？一因其事实为事理之当然，无庸有明文之规定，故亦无正条，如上举道路、池塘二例，害之轻者，且有罪矣，害之重者，自不待言也。按：唐律名例"诸断罪而无正条，其应出罪者，则举重以明轻，其应入罪者，则举轻以明重"，与当然解释之意，恰相符合。就法理言之，亦有二种区别。法律有形式，有精神。文字者，法律之形式也，文字之原理，则法律之精神也。类似解释，不过条文偶相类似，而精神未尝贯注于其中。当然解释，虽文字上未能赅备，而精神上实已包括无遗。故二者不可同日而语也。①

很可能是受到冈田的影响，沈家本在诠释《大清新刑律》的罪刑法定主义时便指出：

本律虽不许比附援引，究许自然解释。自然解释者，即所犯之罪与法律正条同类，或加甚时，则依正条解释而用之也。同类者，例如正筑马路，正条之禁马车经过，则象与骆驼自然在禁止之列。加甚者，例如正条禁止钓鱼，其文未示及禁止投网，则投网较垂钓加甚，自可援钓鱼之例定罪也。②

但我们需要审慎地注意，尽管唐律的"断罪无正条"以"轻重相举"

---

① ［日］冈田朝太郎讲述，熊元翰编辑：《京师法律学堂笔记》之《刑法总则》，安徽法学社印行，清宣统三年（1911年）初版，民国三年（1914年）第4版，第18—20页。

② ［清］沈家本：《新刑律草案补笺》，转据黄源盛：《传统中国"罪刑法定"的历史发展》，载《东海法学研究》第11期，1996年12月，第18页。

的方式出现，但并不能否认唐律中比附的存在。正如学者指出，"《唐律》于'断罪无正条'律内，虽未明言采'比附'之制，但整部《律疏》，明显是以事类相似者比附科断"。[①]

与唐律相比，明律的"引律比附，应加应减定拟"虽由唐律修改而来，但其宗旨"遂不同矣"，需要制度上的"议定奏闻"及追究擅断者的责任来预防比附的弊端。不过，明律毕竟是"事同者方许比附"，主要还是在"本门律内上下比附"，而清律却以律注的形式加入一个"他"字，在沈氏看来，一字之加减，却有天壤之别：

> 盖既为他律，其事未必相类，其义即不相通，牵就依违，狱多周内，重轻任意，冤滥难伸。此一字之误，其流弊正有不可胜言者矣。

从唐律的"轻重相举"，到明律的"引律比附"，再到清律"（援）引（他）律比附"，我们可以发现，沈氏一再强调"门"这一概念，如唐律"其重其轻皆于本门中举之"、明律"本门律内上下比附"，那么，沈家本语境中的"门"指的是什么？清律加入"他"字的弊端是否有沈家本说的那么严重？

古代传世法典关于"门"，主要有两种含义。一种是法典篇章与法条之间的单位，一种是律的单位。

前者可见《宋刑统》，其在继承唐律《名例律》、《卫禁律》、《职制律》、《户婚律》、《厩库律》、《擅兴律》、《贼盗律》、《斗讼律》、《诈伪律》、《杂律》、《捕亡律》、《断狱律》十二篇体例的同时，篇之下又再分为二百一十三门，其作用乃将各篇中的条文进一步归纳分类，例如《宋刑统》"违令及不应得为而为"一门，就包含了《唐律疏议》中的"违令"和"不应得为"两条。

后世的《大明律》分《名例律》、《吏律》、《户律》、《礼律》、《兵律》、《刑律》、《工律》七篇，其下又有三十个次一级的目录，除了《名

例律》，《吏律》分为《职制》、《公式》；《户律》分为《户役》、《田宅》、《婚姻》、《仓库》、《课程》、《钱债》、《市廛》；《礼律》分为《祭祀》、《仪制》；《兵律》分为《宫卫》、《军政》、《关津》、《厩牧》、《邮驿》；《刑律》分为《贼盗》、《人命》、《斗殴》、《骂詈》、《诉讼》、《受赃》、《诈伪》、《犯奸》、《杂犯》、《捕亡》、《断狱》；《工律》分为《营造》、《河防》，这种做法没有像《宋刑统》在立法上用"门"之名，但律学上可以见到用"门"来指称的证据。例如薛允升比较《唐律疏议》卷十一《职制》中的律文在《大明律》中的位置时，就谈到"以上十七条，明律俱不在此门，奉使部送雇给人一条，在邮驿门。长吏辄立碑一条，在礼律仪制门，有所请求一条，在杂犯门。有事以财行求十二条，在受赃门"，① 所谓"邮驿"、"仪制"、"杂犯"、"受赃"，皆是明律次一级目录的名称。从立法技术讲，明律的这种次级目录要比宋刑统的门在分类上更加清晰、检索上更加方便，可以说更为科学。

后者可见《大清律例》，《御制大清律序》（乾隆五年）明确地提到在立法上"取律文及递年奏定成例……折衷损益为四百三十六门，千有余条，凡四十七卷"，② 《大清律例》由律和条例构成，以律统例，律文之后附有同一主题的相关条例，此处"四百三十六门"指律的数量，"千有余条"指条例的数量（也可能指律和条例的总体数量），说明《大清律例》中的"门"可以指代律，律学作品中，也可发现如"诬告门"指"诬告律"、"告状不受理门"指"告状不受理律"之例证。③

可见唐律中并没有"门"这一说法，如果从其"断罪无正条"所举的例子"若犯诈欺及坐赃之类，在律虽无减文，盗罪尚得减科，余犯明从减法"来看，"窃盗"、"诈欺"与"坐赃"这三种犯罪类型分别出现在

---

① ［清］薛允升：《唐明律合编》，卷十一，怀效锋、李鸣点校，法律出版社1999年版，第238页。

② 《御制序文》，收入《大清律例》，郑秦、田涛点校，法律出版社1999年版，第4页。

③ 例如可见"此并非专指越诉而言，似应移入诬告门内"，或者"此例与越诉无干，似应移于告状不受理门内"这类关于某条例应该归属于哪条律的讨论。［清］薛允升著述，黄静嘉编校：《读例存疑重刊本》，卷三十九，台湾成文出版社1970年版，第4册，第980—981页。

《贼盗律》、《诈伪律》、《杂律》三篇之中，其相似性问题，很可能是因为《名例律》提出"六赃"概念，即强盗、窃盗、枉法、不枉法、受所监临、坐赃，[①] 皆可以计赃量刑这个角度来考虑的（按：依据唐律，诈欺准盗论）。

有必要指出，实际上明代的律学作品如姚思仁的《大明律附例注解》、张楷的《律条疏议》关于"断罪无正条"已经有"他"字出现，考虑到律学的实用性，可以说在明代就有如此的认识与实践，易言之，清代立法只是沿袭而已，所以明、清两代法典的"引律比附"与"（援）引（他）律比附"，或许只是五十步笑一百步，实无本质之别。

所以笔者推测沈家本关于"门"只是泛指，主要是认为比附应该有合理的限度，并无具体含义。尽管他的看法因为时代的特殊因素不免有"六经注我"之嫌，但他敏锐地注意到了比附存在着合理与不合理的两种情况，值得肯定。

2. 实践的弊端

沈氏念念不忘的，仍是：

> 自国初以来，比附之不得其平者，莫如文字之狱。

他用了很长的篇幅，专门讨论文字狱的问题，在其看来：

> 若以律无正条之犯，竟与真正大逆同科，情罪既不相当，诬捏亦所难免，将至儒林虆额，乡里寒心，赴市者惨及贤才，遣戌者祸连妇孺，揆诸尧、舜钦恤之宗旨，恐未尽符也。

传统中国自明清以来，由于君主专制的加强，以只言片语追究思想犯罪的文字狱，比前朝明显增多，而清代尤甚，其论罪更动辄比附"谋反"、"谋大逆"等"十恶"罪名。这种比附，在沈氏看来，不仅无法"情罪相当"，更有悖儒家伦理。

以此为由，力倡废除比附，无可厚非，但深究之下，亦不无商榷之处。以比较法律史角度视之，德国于纳粹时期，曾于 1871 年刑法典第二条上增修无限制允许"刑法法条适用之法创造"，即允许类推。但学者统

----

① 《唐律疏议》，卷四，刘俊文点校，法律出版社 1999 年版，第 97 页。

计后发现，德国帝国法院关于刑法上类推适用之判决并不多见，而且从当时类推判决的案件来看，亦未及于重大犯罪。究其原因有五：（一）大多数未经司法程序即被剥夺自由或生命；（二）特别刑法扩张刑罚规定；（三）不明确构成要件大量使用；（四）溯及既往规定层出不穷；（五）特别法院取得绝大部分刑事案件管辖权。① 由此可见，不管刑法典是否允许类推，是否废除罪刑法定，纳粹仍得以符合法律之形式，实现其非法之目的。就传统中国而言，文字狱中，比附或许有助纣为虐之嫌，但究其本源，传统法律作为君主之命令，即使不借助比附，仍得以其他形式（比如谕旨断罪），追究思想犯，换言之，比附不过是使其入罪更加"合法化"罢了。

从学理与实践两个方面抨击比附之弊，沈氏的论证，尽管用现代的眼光来看，皆有商榷之处，但就当时而言，仍足够雄辩，反对声音随后销声匿迹，《断罪无正条》一文之功，不容抹煞。不过，在笔者看来，上述两点，可以说是沈家本反对"比附"的必要条件，却不一定能称得上是充分条件。

3. 制度之弊端

笔者觉得，其充分条件，在于主张司法独立进而对比附所依附的审转制度的批评。

光绪三十三年（1907 年），晚清法律改革已经进入宪政的准备时期，西法的某些精神和理念，已经润物细无声地占据了他的心灵。这一阶段的沈家本，有一个重大的观念上的变化：主张司法独立。

权力分立作为宪政的基本要求，在光绪三十二年（1906 年）清廷宣布"预备立宪"之后，已经成为当时的"政治正确"。据笔者掌握的资料来看，沈家本公开呼吁司法独立，应该是在光绪三十二年四月（1906 年 5 月），董康等人赴日本调查裁判监狱事宜之后（同年十二月回国）。该

---

① 郑逸哲：《纳粹第三帝国刑法上类推适用之研究》，台湾大学法律学研究所 1990 年硕士论文，第 131—162 页。

调查结果,乃辑成《调查日本裁判监狱报告书》,①其中"调查裁判清单",列为第一的赫然就是"司法权",其介绍曰:

> 司法独立之制,创自泰西各国,日本仿之,因以收回治外法权著有明效。所谓独立者,非惟行政官不能预闻,即上官亦不能干涉也。按日本宪法第五十八条,司法权以天皇之名于裁判所行之,得宪法之保障,斯独立之基础,确不可拔。考维新以前,裁判制度同于中国,俱以行政官兼任。明治初曾特别设行司法之机关,仍属于行政官厅,成绩未彰,明治四年,建东京裁判所,此为裁判所与行政官厅分析之始。五年于横滨、神户、长崎诸商港建独立裁判,裁判之范围渐广。其后更于中央置司法裁判所,于各府县置府县裁判所,于乡镇置区裁判所,其制大备。然裁判事宜,犹须禀承上官之命令。八年置大审院,统一法律之解释,下级裁判所渐有独立之端绪。二十三年颁布构成法,裁判所之机体,至此始完全无缺。行政与司法必应分析者,盖行政权因地方之便利,可假权宜行之,犹之道路车马,得以自由行动。司法权非以法律为准绳,不能维持裁判之信用,犹之汽车必须循守轨途,斯无倾轶之虞。况行政官之性质,以服从上官之命令为主,阿谀希旨,即缘之而起,若司法官同此性质,意有瞻顾,断难保裁判之公平。近日泰西各国,司法权无不独立者,亦有鉴于此,故对于裁判事务,无论巨细,司法大臣不得干涉。司法省虽有监督权,不过监督行政之一部,如训令、谕告及惩戒之类是也。②

这番介绍,显然给沈家本留下了深刻的印象,在奏折中,他特别讲到:

> 司法独立与立宪关系至为密切,日本开港之初,各国领事俱有裁判之权,逮维新以来,政府日孜孜于裁判统一,不数十年,卒使

---

① 北京农工商部印刷科铅印,光绪丁未(1907)五月排印。

② 《调查日本裁判监狱报告书》,北京农工商部印刷科铅印,光绪丁未(1907)五月排印,第1—2页。

侨民服从其法律之下，论者谓国力之骤张，基于立宪，其实司法独立，隐收其效力。①

于是，西方基于权力分立思想，维护审判公正的司法独立，在时人看来，却是积贫积弱的国家寻求富强的有效途径。有学者认为，沈氏思想的出发点，乃"法律救国"，② 是相当中肯的。司法独立与国家富强发生联系，或许可以说牵强，却颇耐玩味，这种对西方（包括日本）带有很强烈主观愿望的阅读（或者可以说某种程度上的歪曲），是近代中国出现的特殊现象。

沈氏义无反顾地踏上了寻求司法独立之路，首当其冲，即是将传统中国的"行政"与"司法"区分开来，所以他要先批驳行政官兼任司法的弊端，其中之一即为：

> 勘转之制，本为慎重刑狱，而上官遇事驳诘，则稽延株累等弊，在所不免，地方官惮于解审，便宜处分者有之，讳匿不报者有之……③

又谓：

> 西国司法独立，无论何人皆不能干涉裁判之事，虽以君主之命，总统之权，但有赦免，而无改正。中国则由州县而道府，而司，而督抚，而部，层层辖制，不能自由。从前刑部权力颇有独立之势，而大理稽察，言官纠劾，每为所牵制，而不免掣肘。④

他的矛头，已经指向传统的审转制度（沈氏用的是"勘转"），因为这种逐级的覆审制度显然不符合"司法独立"的要求。作为审转制度的

---

① [清]沈家本：《调查日本裁判监狱情形折》，收于《调查日本裁判监狱报告书》，北京农工商部印刷科铅印，光绪丁未（1907）五月排印。

② 李贵连：《沈家本研究三题》，收于氏著：《近代中国法制与法学》，北京大学出版社2002年版，第300—303页。具体例证可见李贵连：《沈家本传》，法律出版社2000年版，第364—365页。

③ [清]沈家本：《调查日本裁判监狱情形折》，收于《调查日本裁判监狱报告书》。其他三害为：官员不谙律例、胥吏幕友把持司法、有碍领事裁判权的撤销。

④ [清]沈家本：《裁判访问录序》，《寄簃文存》卷六，收于沈家本：《历代刑法考》（附《寄簃文存》），邓经元、骈宇骞点校，中华书局1985年版，第4册，第2235页。

具体要求,比附援引"申该上司议定奏闻"存在的问题,也遭到他的批评。

他引明代律学家雷梦麟的《读律琐言》:

> 今问刑者于死罪比附皆奏闻,流徒以下比附鲜有奏者,安得罪无出入哉?虽无出入,尤当以事应奏不奏论罪,其不思也乎!

明律以"刑部议定奏闻"对"引律比附"做出限制,对不经过刑部,任意断决,造成罪有出入者,以故意或者过失出入人罪追究,但以《读律琐言》观之,除了死刑的案件,其他类型的比附案件少有上报刑部,难怪雷梦麟要感叹"安得罪无出入哉",并提出即使那些判决正确的案件,乃以"应奏不奏论罪"。清承明制,基本上沿袭该条,后更添附条例,使之臻乎严密,结果却是"因比附而罪有出入,治罪之事久以无闻,律文后半同虚设矣",既然律成具文,自然无法有效地制约。

或许,仍可追问:既然存在这类"重实体轻程序"的问题,那就加强这方面的改进,比如像雷梦麟提出的以"应奏不奏论罪"。毕竟,取消问题(废除比附),并不是解决问题(制度失效)的办法!其关键原因应该在于,比附所依附的审转制度,已经不符合沈家本心中"司法独立"的要求。

三 论争的解读与评价

这场比附援引与罪刑法定论争的深刻解读,可涉及到制度的变迁、刑法理念的转变和法律方法论的转型。首先,是从传统皇权高度一统、要求逐级"议罪"的覆审制度到近代立宪,立法、行政和司法三权分立,要求审判独立的转变。其次,是从明刑弼教、威慑控制社会功能的古典刑法观到以保障人权为核心要素之一的近代刑法理念的转变。再次,是以情理为相似性判断之基础,以类比为推理模式的古典法律方法向近代法解释学之转变。

确立罪刑法定的重大意义毋庸置疑,但需要指出,比附固然有类推的特质,但有着比类推更丰富的内涵,其确实有导致量刑畸重之弊,却不应该被简单地贴上"罪刑擅断"的标签。毋宁为其是为了追求"情罪相符"的实质正义目标，在选择适当的规则／量刑上进行的斟酌和论证，其虽然有入罪化之一面，亦有我们所忽视的去罪化之一端。[①] 民国初年，渊源于《大清新刑律》的《暂行新刑律》由于赋予司法者的裁量权过于宽泛，[②] 在司法者的养成尚需时日、判例制度未臻完善的民初法制中，不免造成刑罚适用的畸轻畸重，不得不在民国九年（1920 年）颁布《科刑标准条例》予以弥补，传统的比附援引于维持量刑均衡上所起的作用，足以使人省思。

沈家本的文章兼有学术与政治的双重意义，其在史实判断有可商榷之处，论证中不甚严谨之处，[③] 托古改制之方法，也不无争议，[④] 但这位已过花甲之年的老翁，在他即将走向人生终点的最后几年时光中，试图将罪刑法定的种子，种植于司法独立的土壤里，值得充分肯定。

在制度变迁的背景下，比附的合法性不复存在，笔者推测，很可能最晚到了《大清新刑律》的第三案，罪刑法定原则就不再是刑法典论争的焦点。[⑤] 与古典刑律相比，新刑律在"罪"与"非罪"之间已经有了明确的界限，具体条文的论辩就更加剑拔弩张了，也即是说，刑法典论争从"是否应该确立罪刑法定"进入到了具体行为"入罪与否"和"罪重罪轻"之集中论辩阶段。

---

① 比附去罪化的例证可见《大清律例》的比引律条"僧道徒弟与师共犯罪，徒弟比依家人共犯律，免科"。

② 比如像杀人罪，《钦定大清刑律》第三一一条规定："杀人者，处死刑，无期徒刑或一等有期徒刑。"该条被《暂行新刑律》沿袭。这实际上赋予司法者相当大的裁量权。

③ 比如他以文字狱为例，认为比附援引是"舞文弄法，何所不可，尚何限制之有"。但对于那些善钻法律空子的"奸民之尤"，他又认为"岂区区比附即能制其死命哉"。两者比较不免抵牾。

④ 当然，托古改制也非"信而好古"的国人专利，近代罗马法复兴，亦不乏这一色彩。

⑤ 首先，1908 年颁布的《大清违警律》第二条已经规定："凡本律所未载者，不得比附援引。"（参见李秀清：《〈大清违警律〉移植外国法评析》，载《犯罪研究》2003 年第 3 期）；其次，第三案后的论争内容，并无该条的讨论；第三，后来该条在资政院议场的议决中，未受深究，顺利多数通过（参见拙著：《从比附援引到罪刑法定——以规则的分析与案例的论证为中心》，北京大学出版社 2007 年版，第 91 页）。

第四节 纲常礼教条款之争

一 旧新两派与论争问题

围绕着《大清新刑律》的纲常礼教条款论争在旧新两派展开。前者以军机大臣张之洞和资政院钦定议员劳乃宣为代表，支持者有法部郎中吉同钧、礼学馆总纂大臣陈宝琛、京师大学堂总监督刘廷琛、德国人赫善心等人，多为旧式功名出身。后者以晚清修律大臣沈家本为代表，支持者有日本客卿、刑法学者冈田朝太郎和董康、杨度、江庸、汪荣宝、章宗祥、陆宗舆、曹汝霖等一干新锐。这群青壮团体，多有留学（主要是留日）背景，在清季重要法政机构如宪政编查馆、资政院、修订法律馆中位居要职，活跃异常。

需要指出，以往研究多用"法理"与"礼教"来概括论争的双方，此说法可能出自陈宝琛"新刑律草案于无夫奸罪之宜规定与否，或主礼教，或张法理"①之说。但应该指出，被冠以"法理"之名的新派并非绝对反对礼教，这从第一案中对固有礼教民情的维护就可以看出，例如分则第一章设置"关于帝室之罪"，对皇帝、皇室成员及其处所、车驾等，加以特别的保护。第八十二条第二款以服制关系来确认亲属范围，第三〇〇条关于杀害尊亲属，第三〇二条、第三〇五条关于伤害尊亲属，适用高于普通杀人、伤害罪之量刑，第三六一条关于本支亲属或配偶者及同居亲属之间犯窃盗罪者免除刑罚，其余亲属须亲告乃论，这种以血缘尊卑关系结合特定犯罪类型设立专条、区别对待的立法特点，颇见古典刑律"准五服以制罪"之身影。因此，以"礼教"标榜自身，其实是旧派在论战中获得正当性，进而置新派于舆论不利地位的一种策略。新旧两派之间，并非绝对泾渭分明。

---

① ［清］劳乃宣：《新刑律修正案汇录》，收入《桐乡劳先生（乃宣）遗稿》，台北文海出版社 1969 年影印本，第 953 页。

首先，在制定新法上，双方存在着一定的共识。正如劳乃宣所谓，他不同意新刑律条文者不过百分之三、四，同意者百分之九十余。①

其次，新派早在第一案之时，便有制定特别条款的计划。这一构思随着《附则》与《暂行章程》的制定而付诸现实。

第三，两派的内部，也非铁板一块。劳乃宣曾邀集议员一百零五人发起《新刑律修正案》，但论争焦点"无夫奸是否有罪"的蓝白票表决，这一百零五人中却赫然出现文穌、刘曜垣和顾视高三位支持去罪化的蓝票者。而新派中，也存在稳健者如沈家本、汪荣宝，激进者如杨度、章宗祥不同的两支。

论争的问题主要涉及四个方面：一是特定行为是否需要专门立法，例如亲属相奸、亲属相殴、故杀子孙、杀有服卑幼、妻殴夫夫殴妻是否需立有专条；二是特定行为的刑罚力度，例如内乱罪首犯、伤害尊亲属致死或笃疾是否需处以惟一死刑；三是特定行为是否入罪化，例如无夫奸是否有罪；四是特定主体是否享有法律特权或负有法律义务，例如子孙违犯教令时家长是否有权要求官府惩戒、子孙对家长是否有正当防卫权。② 除了第四方面的子孙对家长是否有正当防卫权问题，新派持肯定态度，旧派持否定态度外，其他问题都是旧派持肯定态度，新派持否定态度。

论争的背后有着近代法学转型的背景，这在第一点上体现尤为明显。近代的刑法，以抽象概括的立法和相对确定的法定刑为特征，新刑律中的和奸罪、杀人罪、伤害罪等条款基本可以规制上述这些行为。沈家本等试图通过建立判例制度（即判决录或判决例）来确定此类罪名涉及名分关系时在量刑上的轻重标准。而在古代立法中，名分关系极为重要，

---

① ［清］劳乃宣：《新刑律修正案汇录》，收入《桐乡劳先生（乃宣）遗稿》，台北文海出版社 1969 年影印本，第 1057 页。

② 详见张之洞的学部奏折（收入宪政编查馆编：《刑律草案签注》，四册，宣统二年油印本，国家图书馆藏）、劳乃宣：《修正刑律草案说帖》、《声明管见说帖》，［清］劳乃宣：《新刑律修正案汇录》，收入《桐乡劳先生（乃宣）遗稿》，台北文海出版社 1969 年影印本）和［清］沈家本：《书劳提学新刑律草案说帖后》，《寄簃文存》卷八，收于沈家本：《历代刑法考》（附《寄簃文存》），邓经元、骈宇骞点校，中华书局 1985 年版，第 4 册。

更因为刑罚制度上采用一行为对应一刑罚的绝对确定法定刑，所以需要制定具体、明确的名分专条来确保罪刑之相符。此差异性，难免引起生活于古典律例时代的张之洞、劳乃宣们疑惑和不解，频频质问为何无此专条。对于判例，劳氏也将其与清代的条例联系起来，误以为是一种制定法的法律形式。甚至在新刑律提交资政院议决时，他仍有"宪政编查馆的原奏有请旨交法律大臣辑判决例，这个判决例是法律还是命令"①之质问。

在近代西方法律思潮的影响下，政权特质上集权专制政体与宪政民主政体、立法本位上家族主义与个人主义之间产生对立。立法目的上以法律开启民智的启蒙功能与维持传统秩序的现实功能之不同取向，兼之传统固有的礼教亦非一成不变的概念，其本身具有原则性与妥协性的经权观。上述多方面之结合，使得新旧双方在维护纲常礼教之范围、刑罚力度与方法途径上，存在着一定的分歧，围绕着何为"可变"、何为"不变"，在特定行为的罪与非罪、罪刑均衡等问题上发生了冲突。双方在论争中，又不免带有意气的成分，加剧了其激烈程度。

对于持续于论争始末、最敏感的"无夫奸是否有罪"之争议，尽管双方将其上升至领事裁判权之撤废、法律与道德之关系、法律的可操作性等高度、视角展开辩难，②但在某种程度上该问题实为价值判断。这些论证，是立场先行后所做出的反应，很难做出孰是孰非的评价。以一种本质主义的立场来看这个问题的论争结果，蓝白票表决差距悬殊的关键所在，可以借用劳乃宣的一句话，那就是"中国社会普通的心理，都以为应当有罪"。③

---

① 《资政院会议速记录》第一次常年会议第二十三号议场速记录，台湾政治大学基础法学中心藏书。
② 旧派及其支持者如劳乃宣、陈宝琛、赫善心、林芝屏、江易园的文章详见 [清] 劳乃宣：《新刑律修正案汇录》，收入《桐乡劳先生（乃宣）遗稿》，台北文海出版社 1969 年影印本；新派人物及其支持者如沈家本、董康、杨度、冈田朝太郎、吴廷燮、崔云松的观点可见李贵连：《沈家本传》，法律出版社 2000 年版，第 317 页以下。
③ 《资政院会议速记录》第一次常年会议第三十九号议场速记录，台湾政治大学基础法学中心藏书。

二　新派阻挠新刑律的议决

依据汪荣宝的日记，我们可以发现新派人士阻挠新刑律议决的记录。首先，宣统二年八月二十四日（1910 年 9 月 27 日）所记：

> 五时顷杨晢子（指杨度）、胡伯平同来，宪政馆同人对于刑律草案分新旧两派，各持一说，争议不已。主张新说者均欲赶紧定稿出奏，不交资政院议决。余虽赞成新案，而以资政院有议决之权，若不交议，即为违法。今当第一次开院即开政府规避院议之端，殊与立宪精神不合，持论颇与仲和（指章宗祥）诸君异同。晢子、伯平述仲和意以资政院议员中有法律知识者尚鲜，交议恐致破坏，劝余深思熟虑。余坚持初议，与二君反复辩论，二君亦无以难，允再设法运动交议之事。①

可见早在第三案之际，宪政编查馆中一些激进的新派人物即准备绕开资政院，奏交草案，经汪荣宝力劝，才避免此举。

其次，宣统二年十二月初八日（1911 年 1 月 8 日），"无夫奸"问题在资政院付诸表决，旧派大获全胜。根据表决之结果，无夫奸不仅是有罪，还要写入法典的正文而不是留存于过渡性的《暂行章程》。② 对此，新派商定在第二天罢会，汪荣宝在宣统二年十二月初九日（1911 年 1 月 9 日）的日记记载：陆宗舆书告其毋往资政院。③ 新派众人不到场，首先造成资政院人数不足，当天会议被迫延至下午四时，才凑足一百零六人，达到开会所需的三分之二人数，可以开议，但作为法典股副股员长的汪荣宝不来，没有解释新刑律疑义的合适人选，只能先议他项议程，等候汪氏，惟汪荣宝始终不至，④ 其日记谈到"屡有电话来（宪政编查）馆，述议长命促往，诡词却之"，⑤ 一语道出真相！资政院勉强议完新刑律的

---

①　汪荣宝：《汪荣宝日记》，天津古籍出版社 1991 年影印本，第 638 页。
②　《资政院会议速记录》第一次常年会议第三十九号议场速记录。
③　汪荣宝：《汪荣宝日记》，天津古籍出版社 1991 年影印本，第 742 页。
④　《资政院会议速记录》第一次常年会议第四十号议场速记录。
⑤　汪荣宝：《汪荣宝日记》，天津古籍出版社 1991 年影印本，第 742 页。

一则条文（第二八九条），人数又已不足，无奈只能草草散场。①

第三，宣统二年十二月初十日（1911 年 1 月 10 日），汪荣宝在日记中谈到，经他和陆宗舆、章宗元（章宗祥之兄）等人发起，蓝票者于当天九点至十二点在财政学堂开会协商，定下两项计划：一是变更议事日表，破坏刑律分则之再读；二是将刑律总则付三读。②

第四，宣统二年十二月十一日（1911 年 1 月 11 日）所记：

> 六时顷以金伯屏招饮石槁别业，往赴遇仲和，云馆议将以刑律原案颁布，不复与资政院会奏，余闻之愕然，殊为宪政前途危惧。③

此时资政院刚刚落下帷幕，新刑律的议场论争暂告一段落，宪政编查馆中激进的新派人士便试图再次发难。次日，汪荣宝先与资政院的蓝票者通告此事，认为如果政府如果颁布原案，则资政院协赞立法之权，将生非常之危险。讨论之下，订出如下办法：（一）要求会奏总则，如不成，则（二）请旨变通颁布年限，如又不成，则（三）请开临时会议，再不成，则辞职。④ 在汪荣宝斡旋下，最终达成如下办法：（一）会奏总则，将其中不同意之点声明，请旨裁夺；（二）由宪政编查馆单奏分则，请与总则同时颁布，但声明明年交资政院追认。⑤

如果说新派在资政院中合纵连横，利用规则，巧为拖延，达成目的，是议会政治的常态，但其激进者最初试图绕开作为议院基础的资政院，不付诸议决，后来在表决失利又试图颁布原案，即便维护新刑律的赤子之心值得肯定，但无视立法程序的态度，则应予以强烈抨击。虽然新派的稳健者汪荣宝阻止了上述过激之举，但新刑律最终的颁布仍然存在程序瑕疵和宪法争议。

首先，依据资政院的议事细则，闭会时尚未议决者均即止议，但得

---

① 《资政院会议速记录》第一次常年会议第四十号议场速记录。
② 参见汪荣宝：《汪荣宝日记》，天津古籍出版社 1991 年影印本，第 743 页。
③ 汪荣宝：《汪荣宝日记》，天津古籍出版社 1991 年影印本，第 744 页。
④ 汪荣宝：《汪荣宝日记》，天津古籍出版社 1991 年影印本，第 745 页。
⑤ 汪荣宝：《汪荣宝日记》，天津古籍出版社 1991 年影印本，第 746 页。

于次会期再行提出。① 在资政院已经闭会，新刑律的刑法分则尚没有议决完毕的情况下，为了符合立宪期限的要求，最终钦定颁布的《大清新刑律》是由资政院和宪政编查馆会奏总则，宪政编查馆单独上奏分则和《暂行章程》，皇权裁可的结果。

其次，依据资政院院章，军机大臣对资政院议决事件如不以为然，得声叙原委事由咨送资政院覆议。当双方无法取得一致意见时，则分别具奏，由皇帝裁决。② 根据资政院的表决，无夫奸不仅有罪而且应该放入法典正文，但钦定本最终仅仅保留在《暂行章程》中，作为议院基础的资政院对军机大臣的覆议权被跳过，清季的宪法秩序受到破坏。

三　新派在民国时期的思想倒退

吊诡的是，在民国四年（1915 年），章宗祥、董康、汪有龄等人制定的《修订刑法草案》，却将清末其明确反对的"无夫奸入罪"放入了法典正文之中。在草案告竣呈文中，仅仅轻描淡地写道："奸通无夫之妇原案根据外国法典不列正条，自前清资政院以来，久滋争议，今各依类编入，庶足以厌舆论。"③ 这时候，章宗祥是民国的司法总长和法典编查会会长，董康是大理院院长和法典编查会副会长，汪有龄是参政院参政和法典编查会副会长，这批清季法律改革的新派人物，皆成为民国位高权重的法政股肱，惟其思想，却发生了集体性的倒退。

这批新派人物中，以董康最为坦诚，其晚年曾开诚布公地谈到："觉曩日之主张，无非自抉藩篱，自溃堤防，颇忏悔之无地也。"④ 他回顾从清末到民国的心路历程：

自欧风东渐，关于刑法之编纂，谓法律与礼教论不宜混合。鄙

---

① 参见《资政院议事细则》第一四七条，载《国风报》第一年第廿四号。
② 参见《改订续订资政院院章》第十七、十八条，收入志伊斋：《庚戌资政院议案章》，上海征文社印行，台北文海出版社影印。
③ 修订法律馆编辑：《法律草案汇编》（刑法），台湾成文出版社 1973 年版，第 2 页。
④ 董康：《前清司法制度》，《法学杂志》8 卷 4 期，东吴大学法律学院，1935 年，第465 页。

人在前清从事修订，亦坚执此旨。革易后服务法曹十年，退居海上，服务社会又若干年，觉得有一种行为，旧时所谓纵欲败度者，今于法律不受制裁，因之青年之放任，奸宄之鸱张，几有狂澜莫挽之势，始信吾东方以礼教立国，决不容无端废弃，致令削足就履。[①]

他对自己思想的转折又有这样的解释：

> 至纂修事业，须经历二之时期：一、知新时期。凡成就必由于破败，即法律何莫不然。为表示改革之决心，荟萃各法案，甄择所长，无论何国皆然，不能执以为起草者之咎。二、温故时期。民族随生聚而成惯习，故成王之诰康叔，于文轨大同之日犹许用殷罚殷彝，此出于经验后之认定，不得嗤之为墨守旧章。[②]

综上可见清末时期，董康等新派对西法充满信心，认为法律与礼教/道德不妨分离（但并非排斥）。近代中国法律改革者追求的目标，乃撤销领事裁判权，进而实现"法律救国"，这正是法律移植的合法性基础之一。而民国建立后，政局跌宕，军阀混战，法治建设举履维艰，离清季法律改革的目标，还有不少差距，新思潮、新法律、新制度并未实现所期待之理想，甚至适得其反，念兹在兹的领事裁判权之撤销，似乎更遥不可及。于是，"法"失而求诸于"礼"，他试图上通过礼教重塑法之权威，以维持国家社会秩序之安定，下借助习惯获得认同，保障法律执行之顺利。于是，兼有意识形态性质与习惯功能的礼，又得以在他身上还魂。

从新派思想倒退的现象重新回顾当年的纲常礼教条款之争，或许恰如董康自己评价"为无谓也"，[③] 在这种情况下，更值得反思的乃新派为保证《大清新刑律》通过所采取的方式问题。当在法律近代化过程中，

---

① 董康：《刑法宜注重礼教之刍议》，收入氏著：《中国法制史讲演录》，文粹阁影印（无出版日期），第 117 页。

② 董康：《从吾国社会实际需要略论刑法》，《社会科学季刊》6 卷 1 期，国立北京大学，1936 年 3 月，第 247 页。

③ 董康：《民国十三年司法之回顾》，《法学季刊》2 卷 3 期，东吴大学法律学院，1925 年，第 110 页。

通过某种反法治的手段建构近代法制体系，不免使其"法教"之启蒙意义大打折扣，当法律与社会之间不可避免的扞格日趋突出时，存在先天缺憾的启蒙无法拯救亟待解决的现实，其结果就是不得不在理想与现实之间进行折返跑。

第四章　近代私法的变迁

"私法"主要指规范私权关系、保护私人利益的法律规范。近代意义上的私法，秉承"私权神圣"和"私法自治"的理念。所谓私权神圣，即任何私权，均受法律之平等保护，神圣而不可侵犯，不得为公权力所任意剥夺。私权，又以人格权和财产权为中心，自资本主义启蒙运动以来，"人格平等"和"私人财产神圣不可侵犯"成为最基础的私法理念。而所谓私法自治，则是指在这一法律领域中，每个人得依其自我意愿处分有关私法之事务，且此意愿为真实之意思表示。因此，私法之成立，必须以人格平等、财产独立、意思自由为前提。在这一意义上，私法是近代化的产物。[①]通常意义上的私法，一般即指民商法及其附属法规，而商法又号称为民事特别法，在近代法典化过程中，经常民商合一。且最能体现私法精神的，仍属民法。本章讨论私法，主要从民法典入手，对于商法，则只作一般性介绍。但因近代私法是从清末修订商律起步，故清末的商法，尤需特别介绍。

---

① 中国古代亦有"私法"一词，如私法之成立，如《晋书·祖纳传》："纳尝问梅陶曰：'君乡里立月旦评，何如？'陶曰：'善褒恶贬，则佳法也。'纳曰：'未益。'时王隐在坐，因曰：'《尚书》称三载考绩，三考黜陟幽明，何得一月便行褒贬！'陶曰：'此官法也。月旦，私法也。'"此处的"私法"针对"官法"而言，也就是说三载考绩、黜陟是考评官员的法定方法，而私下对官员进行口头评价，则是区别于官方的私底下的办法，没有法律效力。但我们现在习用的"私法"，则是有法律效力的。所以中国古典语境中的"私法"，与近代意义上的私法有本质区别。

第一节 近代私法概论

如果不从私权神圣、私法自治等理念上来考虑，而单纯从规则形态上来看，则中国自古产生了众多的民商事法律规范，且随着时代的发展，而逐渐发达。尤其是民法，对于各民事主体的人身关系和财产关系的规范，则更是严密周详。为区别于近现代民法，我国古代的民法一般称之为"固有民法"。1911 年 10 月，修订法律大臣俞廉三等在《奏呈编辑民律前三编草案告成折》一折中提到：

> 吾国民法，虽古无专书，然其概要，备详《周礼·地官》"司市"以"质剂"，结信而止讼。郑注"质剂"，谓两书一札而别之，言保物要还。又质人掌稽市之书契，同其度量，壹其纯制，巡而考之，是为担保物权之始。又"媒氏"掌万民之判，凡娶判妻入子者皆书之，是为婚姻契约之始。又《秋官》"司约"之治民、治地、治功、治挈诸约，郑注谓治者，理其相抵冒上下之差。大率不外租契、经界、功事、往来等项，实即登记之权舆。其他散隶六典者，尚难缕举，特不尽属法司，为不同耳。汉兴去古未远，九章旧第户居其一，厥后渐更增益，令甲以下流派滋繁，风习相沿，因革可溯。徒以尸素之俦，鄙夷文法，茅茨之士，周知诵言，遂令古府旧藏，随代散佚。贞观准开皇之旧，凡户婚钱债田土等事，掫取入律，宋以后因之，至今未替，此为中国固有民法之明证。[①]

这个折子是修订法律大臣在《大清民律草案》前三编完成后，向朝廷进呈时奏上的。尽管有些盲目比附的成分在内，有"托古改制"的意味，借以平息最守旧之人的反对，但是它提出的"固有民法"之存在，迥为历史之实。只是该"固有民法"（包括民事规则和商事规则在内）比起近现代自欧陆引入中国的民法而言，主要有三大不同：

---

① 故宫博物院明清档案部编：《清末筹备立宪档案史料》，中华书局 1979 年版，第911—912 页。

第一，中国古代缺乏专门的民法典（即"古无专书"），民事法源多样。古代的民事规则，散见于各种法律渊源当中。其中最主要的即历代正统法典，如《唐律疏议》、《宋刑统》、《大清律例》当中，自秦改法为律后，历代正律均含有"户律"一篇，而"户律"主要就是规范民事（包括商事）法律关系的。比如《大清律例》的"户律"篇，就含有"户役"、"田宅"、"婚姻"、"仓库"、"课程"、"钱债"、"市廛"共七目八十二条，除了税收之外，主要就是关于不动产、婚姻、市场交易等民商事方面的法律规定。除了正律之外，历代其他法律汇编（如《唐六典》、明清会典）及部门则例（如清代各则例）中亦广含民商事规则，其中最为详备的当属清代的《户部则例》，该则例将《大清律例》的"户律"篇进一步细化，尽管整体上该则例属于行政规章的性质，详订户部管理权限，但是处处可见民商事规则。除此之外，大量的礼书、乡规民约、家法族规，都构成了私法的渊源。综合种种渊源，可以得知固有民法规则十分详尽和完备。①

第二，相比较而言，固有民法重身份而轻财产。固有民法以规范"身份关系"的规则为中心，而在"财产关系"上，则给予一定的"私法自治"。首先人们的身份存在着法律上的不平等，有良贱之别，所以在处理民商事关系时（其他关系同样适用），首先得界定清楚民事主体的身份。如对于婚姻，法律直接规定良贱不通婚。且中国古代以农为本，社会缺乏流动性，"市民社会"总体而言未得到充分发展。尽管历史上曾出现不少商业中心，也有非常丰富的交易规则，但是整体上看，传统国人缺乏集体生活而倚重家庭生活。生活围绕着家庭而展开，由家庭而朝廷。故社会生活还是以"伦理"来组织的。在这样的情形下，即便均属良民，也得注重人身关系，人身关系确定完之后，财产关系自能明了。比如确定了两者身份为父子或主佃，那么就无须再对其财产关系作具体界定。

---

① 清朝中前期的民商事法制，可为"固有民法"之典型，关于其所确定的身份法制、物权、债权、婚姻、家庭、继承诸方面的规则，参见张晋藩著：《清代民法综论》，中国政法大学出版社 1998 年版。

而现代财产法，则是以个人为本位来处理平等民事主体之间的财产关系的。所以如梁漱溟所论："中国人却从中间就家庭关系推广发挥，以伦理组织社会，而消融了团体与个人这两端。"[1] 因此固有民法，对涉及到家庭关系的"户口"、"田宅"、"婚姻"、"继承"等方面规定既繁且严，而对于普通的物权与债权，如"所有权"、"地役权"、"契约"、"无因管理"等，规定得相对较少。至于"契约"，更是主张"自治"，政府总体上不作强制性规定，正所谓"民有私约如律令"，所以至清代，尽管有红契（经过官方盖章公证的）、白契（不经过官方而纯粹由民间私自约定的）之分，但其效力官府都一体承认。所以，历代国家颁布的正式法律法规中，关于身份关系的规则要远远多于财产规则。

第三，固有的民法，常常以"刑事化"的条款出现。古代民商事规则在立法编纂方面，未专门区别于刑法。且也常常以义务性规则或禁止性规则的形式出现，而不以权利性规则的形态出现。这和传统法律"义务本位"的理念是一致的。这也导致在普遍接受"权利本位"民法观的现代人眼里，"中国古代只有刑法而无民法"或"民刑不分"的观念。而实质上，此观念只适用于国家正式立法这一层面，且主要是正律的这一层面上，而在则例中，许多民商事规则中，就已经没有"制裁"这一要素了。且如果考虑到其他法源，如民间法、习惯法，则更是突破了"刑"的范畴。

因此，整体而言，固有民法虽有种种不合现代民法之处，但是就规则的完备性和严密性，依然达到了一个非常高的高度，尤其在确定民事主体身份，规范婚姻、家庭和继承等方面的规则上更是如此。

不过，这一套固有民法，自中国进入近代之后，渐渐不敷适用，尤其是在市场交易规则和企事业组织的设立方面，更是缺乏。于是要求制定新式民商法的呼声也随着时代和社会危机的发展而逐渐增强，到清末修律，新的民商法律制度始从呼吁变成为现实。故近代私法的变迁，还是从设立商法的呼吁声中起步的。

---

[1]　梁漱溟：《中国文化的命运》，中信出版社 2014 年版，第 144—145 页。

　　19世纪40年代之后，中国的社会经济结构发生巨大的变化。原来自给自足的自然经济遭到了来自国外的资本主义经济的剧烈冲击。陆续完成工业革命的西方列强需要将中国变成其倾销商品的市场，在遭到了中国顽强的抵制之后，列强不惜发动侵略战争，逼迫中国与之签订不平等条约，并且陆续在中国设立通商口岸，进行商品倾销。地主阶级中的有识之士敏锐地观察到列强给中国造成的民族经济危机，如郑观应即认为，"洋人之到中华，不远数万里，统计十余国，不外通商……通商则渐夺华人之利权"[1]他认为要想摆脱列强的侵略，不能仅凭军事斗争，根本上必须与之在经济上进行竞争，所以他提出"习兵战不如习商战"的论调。[2]

图 1　郑观应及其名作《盛世危言》

（图片说明：郑观应出身于今广东中山三乡镇，为清末杰出的思想家和实业家，在其名著《盛世危言》中，郑提出了一个响亮的口号"商战"，在当时产生了巨大的影响。后人为纪念这位杰出的人物，在其家乡三乡镇文化广场为其竖立铜像。图片来源：http://news.163.com/11/1105/09/7I3987AI00014AEE.html，2015 年 9 月 14 日）

---

　　① 郑观应：《盛世危言》，华夏出版社 2002 年版，第 86 页。
　　② 郑观应：《盛世危言》，华夏出版社 2002 年版，第 111 页。

这一"商战"的口号，不惟郑观应提倡，其余如王韬、薛福成、马建忠、陈炽这些启蒙思想家以及李鸿章、张之洞这些洋务派官僚，都有类似主张。同时他们也观察到，列强之所以商务运行通畅，且在中西商务交往中，能每每凌驾于中国之上，不惟武力强盛，还在于他们对于商事组织和商业活动上有较为完备的立法，能充分保障商业的开展。所以，他们纷纷请求设立专门的商部，制定专门的商法，来促进商业的发展。如陈炽就认为"商务盛衰之枢，即邦国兴亡之券"，主张"仿泰西各国，增设商部"，制定"商律"。而要制定商律，则应当"以泰西商律译出华文，情形不同者量为删改"。①制定专门商律的目的，在于保障商人权益，防止官府任意干扰，振兴民族商务。

这一主张后来亦为维新派所接受，并且列入在其变法文件当中。康有为在《上清帝第五书》时，提出一个宏大的计划，最主要的是开制度局，下面又设包括法律局在内的十二局，总揽变法事宜。而在这十二局构想中，康对法律局言之甚详：

> 外来人者，自治其民，不与我平等之权利，实为非常之国耻。彼以我刑律太重而法规不同故也。今宜采罗马及英、美、德、法、日本之律，重定施行；不能骤行内地，亦当先行于通商各口，其民法、民律、商法、市则、舶则、讼律、军律、国际公法，西人皆极详明，既不能闭关绝市，则通商交际之势不能不概予通行。然既无律法，吏民无所率从，必致更滋百弊。且各种新法，皆我夙无，而事势所宜，可补我所未备，故宜有专司，采定各律，以定率从。②

可见，康有为变革法律的主张，已经不限于对旧律的修修补补，而是要从根本上制定一个适合于时代的新式的部门法体系，包括民法和商法在内。这个主张虽然因戊戌变法的夭折而遭搁置，但是却给后来的法

---

① 见陈炽《庸书》"公司"、"商部"诸篇，光绪丁酉年（1897 年）上海慎记书石印版。

② 康有为：《上清帝第六书》，载汤志钧编：《康有为政论集》（上），中华书局 1998 年版，第 214—215 页。

律私法创制产生了启发。

庚子事变之后，随着社会危机的进一步加重，清朝政府不得不宣布"新政"，实施变革。同时，列强和中国进行新一轮的通商条约的谈判与签署，其中帝国主义允诺待中国建立起近现代法律体系之后，其即放弃领事裁判权，这虽然带有敷衍色彩，却给主张修订新律者一个堂而皇之的理由。且因为帝国主义的直接压力，近代意义上的第一部私法，仍是关于商事方面的。1902 年 5 月朝廷下谕：

> 现在通商交涉，事益繁多，著派沈家本，伍廷芳将一切现行律例，按照交涉情形，参酌各国法律，悉心考订，妥为拟议，务期中外通行，有俾治理，侯修订呈览，侯旨颁行。①

这可以看作是清末修律的最主要的方针，开篇即提"通商交涉"，即意味着法律修订，首先要解决通商交涉的问题，到 1904 年 1 月，伍廷芳等就奏上了《商人通例》和《公司律》，完成了第一批商律的制定。此后清廷又陆续制定出了《破产律》、《银行注册章程》、《保险规则草案》、《商标注册章程》等商事法律。

近代大规模的私法制定，是自 1906 年清政府"预备立宪"之后。"预备"的内容包括改革官制、筹备议事机构、清理财政、整顿教育、改革法制等等，为了督促这些预备工作按期完成，倾听还专门制定了"九年预备清单"（后来迫于压力改为五年），其中法制改革中，私法的制定赫然在列，按照清单的要求，其时间表为：

> 光绪三十四年：编订民律、商律、刑事民事诉讼律等法典
>
> 光绪三十七年：核订民律、商律、刑事诉讼律等法典
>
> 光绪三十九年：颁布新定民律、商律、刑事民事诉讼律等法典
>
> 光绪四十一年：实行民律、商律、刑事民事诉讼律等法典 ②

于是按照要求，自 1906 年开始，修订法律馆就按照清单，编订民律

---

① 《光绪朝东华录》（五），中华书局 1958 年版，第 4684 页。

② 《大清法规大全·宪政部·筹备立宪一》，台湾考证出版社 1972 年影印版，第 226—231 页。

和商律。但是在 1906 年到 1907 年间，因为官制改革引起了法部和大理院的部院权限之争，波及到设在原刑部的修订法律馆的存废问题，修律工作受到了很大的影响，几乎陷于停顿。直到 1907 年下半年，修订法律馆离部独立，才真正开始了大规模的修律事业。而此时的重点，集中在新刑律的制定上。新刑律草案出来之后，又下发各督抚签注，期间，法律馆又忙于修订作为过渡刑法的《大清现行刑律》，所以私法的制定被一再耽误。

且因为私法的制定，更多需要考虑人民的民商事活动习惯。故而制定之初，修订法律馆也模仿日本民商事习惯调查的做法，奏请朝廷派员赴各地调查。但是效果显然并不如人意。且民、商律草案的主要起草人主要是日本法学家松冈义正和志田钾太郎，他们并不熟悉中国的国情，在调查结果未充分汇报上来之时，他们只能按照日本式的民商律起草，因此与中国的国情实际多有龃龉，而时时遭受清政府有关部门的掣肘。最终，一直到大清覆灭，民法典和商法典都未能真正完成。

辛亥革命之后成立的南京临时政府，为时至短，没有顾及到民商律的制定。北洋政府成立之后，将前清的修订法律馆改称为"法典编纂会"，隶属于国务院法制局下，专门从事法典的编订工作。1914 年又改称为法律编查会，继续编订法典和起草新的法律法规，1918 年又复称为修订法律馆，仍旧主要从事法典的编订。因为《大清民律草案》实际上尚未完成，所以至民国后，对于民事法律，一开始是援用《大清现行刑律》中的民事有效部分，同时着手继续在《大清民律草案》的基础上制定民法典。1915 年，法律编查会起草《民律亲属法》草案，这是参照《大清民律草案》前三编的精神续修的。但是到 1921 年，北洋政府经过多次论证，最终放弃了对《大清民律草案》的续修，而是重新按照最新的法理起草新式民法，1925 年至 1926 年，修订法律馆拟定了新的《民律草案》，这一草案又称为"第二次民律草案"，但最终也没有颁布施行。

虽然北洋政府最终没有实现民法法典化，但是通过大理院在实践过程中对民法的解释以及发布了大量的判决例和解释例，北洋政府的民事立法依然在继续，而且因为这些判决例和解释例部分被吸收进第二次民律草案，里面贯彻了最新的法理，所以南京国民政府成立之后，重新编定民法典时，充分吸收了第二次民律草案的成果，所以北洋政府时期的民事立法依然具有重要的价值。

与此同时，北洋政府也在进行商法的修订，其试图效仿清代的立法体例，按照民商分立的原则，制定出商法典。但是一直到北洋政府覆灭，商法典终究没有出台。尽管如此，仍有一批商事法律法规被制定了出来。如《公司条例》、《商人通例》、《公司注册规则》、《商标法》、《著作权法》、《证券交易所法》、《物品交易所法》、《会计师暂行章程》等，都在清末的基础上有所完善；而新的《票据法》、《公司法》、《破产法》等也起草完毕，只是未及颁行。

1927 年南京国民政府成立之后，继续进行私法的修订。以当时六法中惟有民法典草案尚未成稿，且民法条文众多，于人民群众关系最密，于是国民政府专门成立民法起草委员会，会同立法院、国民党中央政治会议，重点制定民法典。该法典秉持三民主义精神，借鉴了德国民法典五编制的框架，又采纳了法国民法典简洁明快的纂写方式，并且还借鉴了日本、瑞士民法典的某些长处，基本上可以说是"取精用宏"。因为有之前草案的基础，又汇集了当时最为优秀的民法人才，所以这部民法典的制定速度很快。从 1929 年 5 月开始，南京国民政府就陆续公布、施行民法典总则编、债编、物权编、亲属编、继承编，至 1931 年 5 月，民法典的五编全部公布施行，中国历史上第一部正式民法典即此告成，至今经过修改，还在我国台湾地区得以行用。

至于商法，南京国民政府放弃了清末和北洋政府民商分立的立法例，而采民商合一观念。所以不用统一法典的形式规范商法，对"商人通例"和"商行为"等也未作专门规定，而是用单行法的方式来制定。南京国民政府时期，相继新修并陆续制定了《公司法》、《票据法》、《交易所法》、《海商法》、《保险法》等单行的商法，建构了完整的近现代商法体系。至此，它们与南京国民政府时期的《民法典》和其他法律一道，完成了"六法"体系的构造。

因此，整个近代私法的变迁过程遵循着这一脉络：清末启其端，在有关财产关系的私法内容上照搬西方法律，而在有关人身关系的内容上则带有强烈保守色彩；民国北洋政府为过渡，一方面消化清末立法成果，另一方面又通过判决例和解释例来构建适合中国自己的私法规则；民国南京政府总其成，继承前代成果，于当世列国私法兼收并蓄，最终完成了近代私法体系的构建。

第二节　清末私法

一　商部（农工商部）的设立与清末商法的制定

清末私法的创制，首先是从商法开始的。而清末商法的起草和制定，经历了两个阶段。第一个阶段就是应"通商交涉"之需，而订立商法，因为需求孔亟，故自商部成立之后，很快就制定出了《商人通例》和《公司律》，并合并在一起，作为《钦定大清商律》通行。第二个阶段则是应"预备立宪"之需，制定专门的商法典。前一个阶段是由商部作为主导，而后一个阶段则主要是修订法律馆在起草，但是修订法律馆起草的商法典未及颁行清祚已覆。在清末生效者，惟独商部（后来合并成农工商部）起草的诸种商事法律。所以欲谈商法，先言商部（农工商部）。

（一）商部（农工商部）的设立

晚清面对西方列强对中国的商品倾销和经济掠夺，清廷有识之士主张效仿西方，同西方"商战"，如郑观应等人，并开办本国实业，以求"富强"，诸洋务大臣即是此一主张的倡导者。但一系列实业兴办开来后，经时间证明，官督商办的企业并不具有竞争力，实效不彰，很大一部分原因是管理不善。而要求得妥善管理，势必要有专门的法律和专门的机构。

于是在 1900 年八国联军侵华之前，已屡有官僚上书奏请设立专门管理实业和商务的政府部门，1899 年，著名的洋务派官僚盛宣怀就上奏朝廷，请求在中央设立专门的商务衙门，专管商业，奏中提到：

> 国家筹饷之多寡，皆视一国商务之盛衰为断。考之各国，皆有商务衙门，与户部相为表里。而与外部分清界限，故于有约之国向本国议涉商务，外部莫不委诸商务衙门……凡中外商人，皆可随时函察，亦可便服接见，下情莫不上达。①

因为此前盛宣怀就已经兴办了多种实业，且成绩斐然，故其上书自然有较大的说服力。但旋即义和团运动和八国联军侵华，使得此议遭到搁置。

庚子事变后，帝国主义列强强迫中国签订一系列不平等条约，其中一项重要的内容就是要和中国签订或者修改通商条约。1902 年，盛宣怀就任会办商约大臣，在上海与英、美、日等国进行商约谈判。基于切身经历，以及列强的态度，他再次奏请中央设专部指导工商事务。

与此同时，其他实力派官僚中央如庆亲王奕劻，皇族载振（此后成为第一任商部尚书），地方如刘坤一、张之洞、袁世凯等，也纷纷主张"修农政"、"劝工艺"，"定矿律、路律、商律、交涉、刑律"，②设立商部，以为"振兴商务之地"。③

在朝野人士、实力派官僚的不断呼吁下，更在朝廷自身感受到的强大经济压力以及列强的逼迫下，1903 年 4 月 22 日朝廷终于发布上谕以设立商部：

> 前据政务处议复，载振奏请设商部，业经降旨允准，兹著派袁世凯、伍廷芳先订商律，作为则例。侯商律编成奏定后，即行特简大员，开办商部。其应如何提倡工艺，鼓舞商情，一切事宜，均著载振等悉心妥议，请旨施行，总期扫除官习，联络一气，不得有丝毫隔阂，致启弊端，保护维持，尤应不遗余力。庶几商务振兴，蒸

---

① 盛宣怀：《愚斋存稿》卷 3，沈云龙主编：《近代中国史料丛刊续编》第 13 辑，台北文海出版社 1975 年版，第 61 页。

② 李细珠：《张之洞与江楚会奏变法三折》，载《历史研究》，2002 年第 2 期。

③ 《清实录》第五十八册，卷五〇六，中华书局 1986 年版，第 5 页。

蒸日上，阜民财而培邦本，有厚望焉。①

但我们需要注意，这封谕旨中的"商律"，不是指商部后来所制定的具有近现代意义上商法的法律，虽然其中不乏商事法规，但更多则是类似于《户部则例》那样的商部组织法和行政管理法，正所谓"先订商律，作为则例"。但是因有"商律"之名，所以后来商部名正言顺地开始起草"商律"，结果所订的商律与传统的则例大相径庭，不啻偷换了概念，却也直接促使了近代中国私法的诞生。

该年 9 月，清廷又降下谕旨，对商部进行人事任命："现在振兴商务，应行设立商部衙门，商部尚书著载振补授，伍廷芳著补授商部左侍郎，陈璧著补授商部右侍郎，所有应办一切事宜，著该部尚书等妥议具奏。"② 至此，清末新政中第一个新设的部门（虽然外务部的成立在它之前，但它是由原先的总理各国事务衙门转换而来，并非新设）——商部就此成立。

商部成立之后，致力于劝奖实业、调查商情、制定商规、促进商会组织的成立等工商业管理，同时注重改良农业、兴办路矿等等，为中国经济近代化做出了很大贡献。大量的私法规范就是在商部的主持或倡导下完成的。1906 年 9 月，"预备立宪"官制改革时，商部改为农工商部，归并一部分工部事务，延续了此前商部的职能，同样起草了许多工商及其他经济类的法规。但因存在着与各部的立法权（实际上是立法起草权）的争夺，尤其是和度支部、邮传部以及离部独立的修订法律馆的起草权之争，以及其他人事方面的原因，致使后期的农工商部的立法成就不如此前的商部。

（二）伍廷芳与大清商律的制定

商部和商法的创设，首先是时代发展的必然，当然也和其第一任左侍郎伍廷芳有着直接的关联，商部所奏定的商律，很大程度带有强烈的伍氏印记。1902 年 5 月，朝廷下旨令沈家本和伍廷芳修律，以应通商交

---

① 《大清法规大全·实业部·谕旨》，台湾考证出版社 1972 年版，第 2949 页。
② 《光绪朝东华录》(五)，中华书局 1958 年版，第 5063 页。

涉之需。

此时，朝廷尚未成立修订法律馆 (1904 年才成立，附设在刑部)，朝廷选派沈、伍二人，看中的是沈精熟旧律，而伍留学英国多年，并获得大律师资格，可谓深谙西法，尤其是英美法制，朝廷希望由这两人主持改造旧律，使得修订后的法律，既能符合近现代化的要求，又能照顾到中国实际。主持制定新律，伍无疑为首选之人。

于是在 1902 年 7 月，伍廷芳就咨复外务部，称：

> 查自海外通商以来，中外交涉日繁，各处办理情形不一，必须参酌中西律例定为画一章程，庶中外商民有所遵守。通商各口岸办理交涉各案，难免畸轻畸重，况铁路、矿务权利所在，尤关紧要，更当参稽各国办法，以免利源外溢，商务庶可振兴。现钦奉上谕，将一切现行律例参酌各国法律妥为拟议，洵属务本要图，自当勉竭愚忱，悉心考订。①

由此可见伍廷芳修律的初步设想，即本着参稽各国的办法，将现行律例拟定，而首要在制定事关交涉和通商方面的法律。其实早在 1898 年，伍廷芳即有改变成法、制定通商律例的建议，该年 2 月，伍向朝廷上了一道奏折，内有：

> 若夫法律，原以齐民。轻典重典，时为损益，伊古以来，帝王不相沿袭也。臣愚以为中西法律，固不能强同。然改重从轻，亦圣明钦恤之故……应请饬下部臣，采各国通行之律，折衷定议，勒为通商律例一书，明降谕旨，布告各国。②

可见，在具有"国际性视野"的伍廷芳看来，当时修律的重心，乃在制定"通商律例"。而就在伍接到任命的当年 9 月，商约大臣吕海寰、盛宣怀等与英国商约大臣马凯议定了庚子之乱之后的第一个通商条约，其中在文本第十五节第十二款内，议定"中国深欲整顿本国律例，以期

---

① 伍廷芳：《咨呈外务部文》，光绪二十八年六月初一日，载丁贤俊、喻作凤编：《伍廷芳集》(上册)，中华书局 1993 年版，第 90 页。

② 伍廷芳：《奏请变通成法折》，光绪二十八年正月二十日，载丁贤俊、喻作凤编：《伍廷芳集》(上册)，中华书局 1993 年版，第 47—48 页。

与各国律例改同一律，英国允愿尽力协助以成此举，一俟查悉中国律例情形及其审断办法及一切相关事宜皆臻妥善，英国即允弃其治外法权"。①这个律例首先就是关于通商方面的商律，于是等待伍廷芳的，也首先是制定商律的问题。那么应由哪个机关来具体负责商律的制定呢？

于是翌年即有那份设立"商部"的谕旨："著派载振、袁世凯、伍廷芳，先定商律，作为则例，俟商律编成奏定后即行特简大员，开办商部。"②但伍廷芳当时尚在上海议定商约，未在京，于是载振屡屡给伍去函，商量先"将各国商律择要译录，以备参考之资"，③伍廷芳就在上海组织人员将各国商法翻译，然后择要摘取，作为制定大清商法的根据，这一做法后来在伍后来主持的修订法律馆（伍廷芳与沈家本同为首任修订法律大臣）中被广泛采用。

虽然伍很快就因为外务工作需人孔亟，而在 1903 年 12 月，也就是他被任命为商部左侍郎的四个月后就改任外务部右侍郎，但是在这期间以及之后，伍始终是起草制定大清商律最主要的负责人。

在 1903 年 9 月，伍廷芳参与的与美国、日本签订的商约之内，分别在第十五款和第十一款内做出与英国同样的承诺，即俟中国律例完善后，两国即放弃治外法权。④12 月朝廷又颁旨催促商部赶紧定商律章程，于是在朝廷的不断严饬下，刚刚成立的商部很快完成了商律《商人通例》和《公司律》的起草工作，1904 年 1 月，商部尚书贝子载振领衔上了一道奏折——《奏拟订商律先将公司一门缮册呈览恭候钦定折》，内载：

> ……旋于七月十六日奉旨设立商部，伍廷芳复承简命补授臣部侍郎，于八月间来京，臣等与之公同筹议，当以编辑商律门类繁多，实非克期所能告成，而目前要图，莫如筹办各类公司，力怯曩日涣散之弊，庶商务日有起色，不致坐失权利，公司条例亟应先为商订，俾商人有所遵循，是以赶速先拟商律之公司一门，并于卷首冠以商

---

① 《光绪朝东华录》（第五册），中华书局 1958 年版，第 4919 页。
② 《光绪朝东华录》（第五册），中华书局 1958 年版，第 5015 页。
③ 《大清法规大全·实业部》，台湾考证出版社 1972 年版，第 3021 页。
④ 《光绪朝东华录》，中华书局 1958 年版，第 5083 页、5087 页。

人通例，于脱稿后函寄直隶督臣袁世凯会商在案……兹将商律卷首之商人通例九条暨公司律一百三十一条缮具清册，恭呈御览，如蒙俞允，即作为钦定之本应由臣部刊刻颁行，此外各门商律仍由臣等次第拟订奏明办理，现在伍廷芳奉旨调补外务部侍郎，臣等深悉该侍郎久历外洋，于律学最为娴熟……嗣后筹议商律一切事宜，仍随时与该侍郎会商以期周妥。①

从这份奏折中，即可看出伍廷芳对制定商律所起的重要作用。《商人通例》和《公司律》经过朝廷认可，于该年底作为《钦定大清商律》颁布施行，这是中国近代历史上颁布的第一部商法。

（三）《钦定大清商律》（1904）的主要内容和特征

《钦定大清商律》，虽以"商律"名之，但其实并不完整，未能涵盖海商法、票据法、保险法等基本的商事法律，仅包括"商人通例"和"公司律"两部分，但因"公司律"最能反映商法的本质，所以在本节以及北洋政府、南京国政府时期的商事法律中，我们主要介绍公司法，并以此来探讨各个时期商法的特征。

《钦定大清商律》第一部分为"商人通例"，共有九条。第一条确定商人的概念，就是"凡经营商务贸易买卖，贩运货物者均为商人"，第二条至第四条确定商行为主体资格，原则上只有十六岁成丁后的男子才可以为商，但如有特殊原因女子或商人配偶亦得为商，不过须受限制。第五至第九条为商行为的一般规定，如关于营业登记字号、会计帐册等方面的规定。整个"通例"极为简短，但是却涵盖了"商法总则"的基本要素，诸如"商人"、"商主体"、"商行为"等，可谓麻雀虽小，五脏俱全。

第二部分则是商律的主体——公司律，共分十一节一百三十一条。

第一节"公司分类及创办呈报法"，将公司分为合资公司、合资有限公司、股份公司、股份有限公司四种，并规定每一种公司的创办和呈报方法。

---

① 《大清法规大全·实业部》，台湾考证出版社 1972 年版，第 3021 页。

第二节"股份"，规定了附股人的认定、附股的方式以及相关的权利和义务。

第三节"股东权利各事宜"，规定了股东大会由全体股东构成，是公司最高权力机关，股东大会分寻常会议与特别会议，重点规定了包括表决权在内的股东各项权利。

第四节"董事"，规定公司权力机关的执行机关为董事会，其最初董事由股东大会公举产生，之后可由股东推荐，亦自荐产生。同时，规定了董事的任期及董事的权利等各事项。

第五节"查帐人"，规定了查帐人的选举、任期及职责。不同于当代公司法上的"监事"，《钦定大清商律》中查账人的权力仅仅局限在对账目的监督方面。且规范寥寥，总共才六条。

第六节"董事会议"，规定董事会议的召开、会期以及相关的程序问题。

第七节"众股东会议"，规定股东大会的召集和决议事项，以及相关程序问题。

第八节"账目"，规定账目的结算、造册、清查等相关内容。

第九节"更改公司章程"，规定公司章程更改需要的条件及更改的程序等。

第十节"停闭"，规定了公司解散的条件及程序。

最后一节"罚则"，规定了公司中各色人等，如果违反相关规定需要承担的法律责任。

作为中国近代史上第一部商律，它有着商法的一般特色，又有着自身独特的时代印记，所以特征非常鲜明：

第一，体现了权利本位和私法自治的近代私法精神。

从《钦定大清商律》尤其是其中《公司律》相关内容来看，该商律体现了权利本位色彩，立法者传达了商事主体权利平等的思想，比如股东所享有的权利大小，不在乎其官职和社会地位的高低，而只是看其持有多少股权，持股越多权利越大。同时，它含有"私法自治"的意味，比如《公司律》第一百十三条规定："公司有权可以订立详细规条章程，以补律之不足，惟不得与明定之条例有所违背。"这一点根本区别于洋务运动"官督商办"的体制，在"官督商办"中，"官督"才是核心，公司的管理和运行，都得秉承官员意志办理，所以商务往来无异于行政事务。而《钦定大清商律》则明确表明了公司运行由公司本身做主，而无须"官督"，这是"私法自治"思想最好的体现。

第二，秉持"民商分立"的立法理念，但存在诸多理论缺陷。

《钦定大清商律》尽管只有两大组成部分，是未完成的商律，但从其体例上看，以"商律"作为法典名，且之前有"商人通例"，很明显其秉承的是民商分立的立法理念。所谓民商分立，其基本含义是指民法典与商法典自成体系，分别立法，各自调整社会经济关系中的民事关系与商事关系。这是受到了德国，尤其是日本商事立法的影响，德日当时皆为民商分立。但是《钦定大清商律》在法理上还是存在着诸多缺陷的。首先作为独立商法典存在的前提——"商主体—商行为"体系，尽管《钦定大清商律》也有相关规定，但商主体与商行为之间的关系却没有很好地体现在法典中，且《商人通例》一共也只有寥寥十二条，不足以叙述清楚商法基本原则。其次，《公司律》尽管也提到有限责任，但是没有明确公司的法人地位，所以就各类公司具体的责任分配，显然缺乏法理基础。再次，这部商律借鉴了西方立法，但却存在着杂糅大陆法和英美法的问题。比如公司法：

> ……分公司为四种，大略似取英国法。而就第一种合资公司及第四种股份有限公司各条观之，似又与大陆法为近。主义不一贯，为立法之缺点……①

第三，条文规定简略，基本属于"急就章"性质。

这部法律虽然对商人通例和公司律的主要方面都有涉及，但是基本上属于"点到为止"，很多事项语焉不详。这和立法时间短暂，没有深厚

---

① 《公司律调查案理由书》，载张家镇等编：《中国商事习惯与商事立法理由书》，中国政法大学 2003 年版，第 336 页。

的立法基础，照搬照抄西方法条大有关系，更主要的是，它是在朝廷的急切促使下，用了不到半年的工夫就制定而成的法律，自然难以期望它有多完善。正因为这个法律是个急就章，所以一出台就遭受纷纷物议。在《公司律》中一百三十一个条文中，"约五分之三内容仿自师法德国制度的日本，五分之二内容则仿自英国，使晚清公司律同时混合了英美法

图 2　清末汉冶萍公司头等优先股票

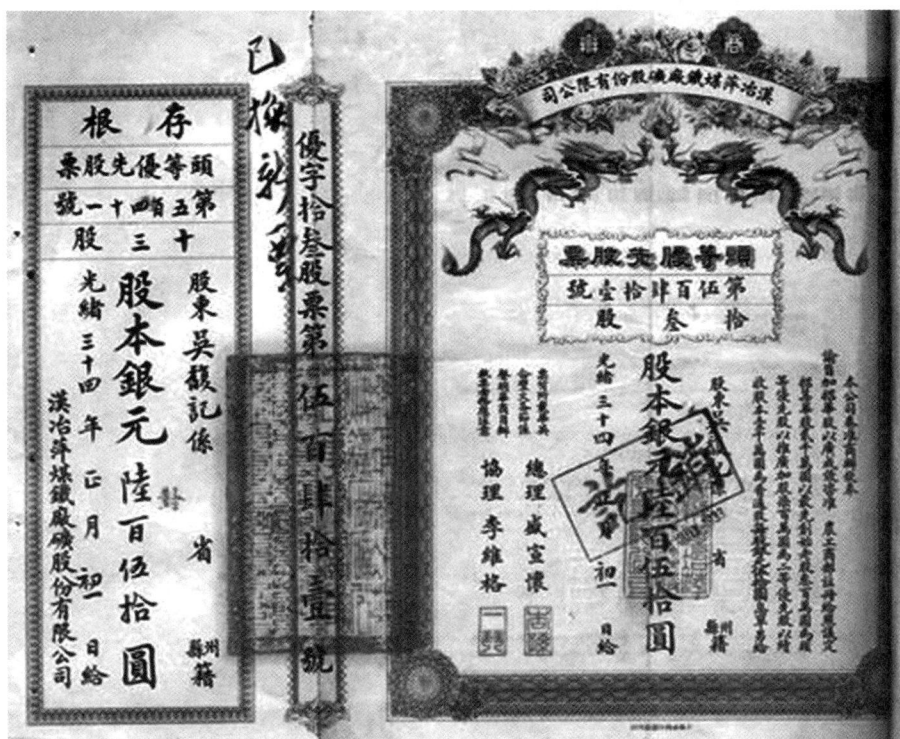

（图片说明：1908 年，盛宣怀奏请清廷批准，合并此前兴办的汉阳铁厂、大冶铁矿和萍乡煤矿，正式成立"汉冶萍煤铁厂矿股份有限公司"，成为当时亚洲最大的钢铁联合企业。同时由此前的"官督商办"改成完全商办，按照近现代公司治理模式运行。图为该公司于1908 年发行的头等优先股票。图片来源：湖北档案网：http://www.hbda.gov.cn/manage/upload/html/20100422111415_60.shtml?newsId=60&netyId=40，2015 年 9 月 12 日。）

和大陆法的立法精神。因为主要是翻译搬抄外国的法令，公司律中也存在许多规定模糊的地方；同时，公司律中较少对中国传统商业行为进行规范和保护，本国商人从而难以有效配合，清政府初次进行的经济立法工作因为'移植性'太强而难以顺利植入中国社会。"① 这种情形后来屡屡出现在清末新修的一系列法律草案中。但作为中国正式出台的第一部私法，其筚路蓝缕的开创之功仍不可没。

二 清末民法典的起草

虽然制定近现代意义上的新式民法的呼声在"新政"前后即已甚嚣尘上，但真正提上立法日程的，却还要到"预备立宪"谕旨下达之后。因为民法典的编订是"预备"的重要一环，且在九年预备清单中，有明确的"民律制定时间表"，所以尽管制定民法典呼声由来已久，但是直接促成立法由呼声变为行动的，却是"预备立宪"。

（一）清末民事立法的启动

"预备立宪"谕宣布之后，对于应该"预备"哪些事项，朝廷一开始并没有明确的计划，只有一个大体的思路，其后陆续又派人出洋考察宪政，至 1908 年 9 月才作出了一个详细的预备计划，即九年预备清单。但是在这期间，朝野却已经出现了编订民律的主张以及如何起草民律的意见和建议了。

1907 年，清末较有影响的《东方杂志》第四年第六期上刊登了一篇文章《论中国急宜编制民法》，文章呼吁："今之所谓法治国者，大都合君臣上下而一出于法……究其大者，在上则为行政法，在下则为民法……我中国自预备立宪以来，朝庭之上，亟亟注重于行政一方面，于民间私法之一部分，迄今未议及，迨未知民法之关系于人民者，重且大……若民法者，定私法上权利义务之所在，其范围固有百利而无一害者也。"该文批评政府只关注公法，忽视私权，认为恰恰是私法关系宪政甚巨，呼

---

① 邱澎生：《禁止把持与保护专利——试析清末商事立法中的苏州金箔业讼案》，载《中外法学》，2000 年第 3 期。

吁迅速制定民法。

同月，在 1906 年官制改革中由原巡警部改设的民政部行文同样在官制改革中离部独立的修订法律馆，提出了"编纂民法之理由"：

> 凡私法上之法律关系，须用法律明示，供民人知之，与使人民由之也，不然则易生无益之争议，而害及于国家之秩序也。夫规定私法上法律关系之结合，古来中国虽亦存在，然多散见于各处，于实际上既为不便，又多系不成文之法，终无法确知。加之（法）国家统一之政策上计，亦以编成一法典为最良之方法，此所由斟酌中国古来之习惯与近世之学理而编纂本草案也。

> 本草案虽规定私法上之关系，然关于商事者，则让诸商法，不规定于本草案中，原来民商二大法典之并存多数之立法例，虽亦如是，其学理上果正当与否，现尚为未决之问题。惟在中国民商二法典使之并存，于实际上颇为便利也。又本草案虽规定私法上之关系，然于公法上之关系并非完全不规定，公法上之法律关系有以规定于本草案为宜者，则收入本草案中，盖法典虽须尊重学理，然于实际上之便宜亦不得轻视也。此外私法上之法律关系，亦非网罗于本草案中，因立法上及实际上之便宜委诸特别法，条约及惯习等不少。

> 编纂民法典之次序，其三法例：一法国民法，首冠以法例，其第一编人事，第二编财产及所有权之变更，第三编所有权取得之方法，意大利民法略与法国同，日本民法第一编总则，第二编物权，第三编债权，第四编亲族，第五编继承，德国民法第一编总则，第二编债权，第三编物权，第四编亲族，第五编承继，瑞士首冠以法例，第一编人事法，第二编亲族法，第三编承继法，第四编物权法（虽无债权法，将来置诸第五编可想而知）。本草案斟酌中国之习惯与诸国之民法第一编总则，第二编亲属，第三编继承，第四编债权，第五编物权，总则为各编共同之法例，列于首编，至于亲属及继承，是人事中之重大事件，其须重视之者，是中国古来之习惯，故以之为第二编，第三编，于民情亦相协，又债权法系为种种之法律关系

之准则，其应用之范围颇广，故以为第四编，以物权为第五编。①

这份材料主张中国应该采用法典化的方式编纂民法，同时力主民商分立体例，这样做不完全是学理要求使然，而更多是照顾到"实际的便利"，且当时中国已经有《钦定大清商律》，事实上"民商分立"已经是一个现实。

而民政部的行文中，还提到了编纂民法典次序：一是总则，二是亲属，三是继承，四是物权，五是物权。这是按照中国固有习惯，人法在物法之前，所以体例上是仿照德、日五编制，但是精神气质上却更近于法、意。

后来的修订法律馆很大程度上接受了民政部这个意见，但在具体编排上则另有考虑。

而离部独立后的修订法律馆于 1907 年 12 月拟定了该机构的"办事章程"，规定设第一科和第二科负责新法律的起草，其中第一科"掌民律商律之调查起草"，使得民法典起草有了专门的机构。待第二年预备清单颁布后，民法的制定遂正式启动。

（二）清末民法典起草的步骤与方法

宣统三年九月初五（1911 年 10 月 25 日），时任修订法律大臣的俞廉三等，在"奏编辑民律前三编草案告成缮册呈揽折"中，就提到了清末民法典起草的步骤与方法：

> 窃惟民律之设，乃权利义务区判之准绳……撰述之法，实较刑事等律更难。况我国幅员辽阔…… 臣馆曾经延聘法律学堂教习、日本大审院判事、法学士松冈义正协同调查，并遴派馆员分赴各省采访民俗习惯，前后奏明在案。臣等督饬馆员，依据调查之资料，参照各国之成例，并斟酌各省报告之表册，详慎从事……②

由此可知，民法典起草步骤分为三步，分别为翻译、调查和比较后起草，这也是修订法律馆起草其他新律时的通用方法。

---

① 中国第一历史档案馆：修订法律馆全宗，全宗号 10，第 7 包。
② 故宫博物院明清档案部编：《清末筹备立宪档案史料》，中华书局 1979 年版，第 911 页。

1. 翻译各国法律文献

清末修律，其中一条宗旨就是"模仿列强，中外通行"，1902 年变法的上谕就要求沈家本、伍廷芳"按照交涉情形，参酌各国法律，悉心考订，妥为拟议"，既然要"参酌各国法律"，就必须要翻译各国法律文献；另外，起草民法典在中国也是一项前无古人的事业，在本国找不到既有经验的情形下，考察别国的做法亦属自然。于是修订法律馆专设"译书处"，掌编译各国法律书籍。

在 1909 年底，修订法律馆统计了一次成果，其中就译书部分，有以下数端：就译有德国、奥地利、瑞士、法国等国的民法总则、亲属法、商法总则条文等。[①] 因为此时修订法律馆正着手编纂民法典，所以这时期的译书，也主要是以民法文献为主。这也是起草思路的主要来源，诚如修订法律大臣所说："臣等自开馆以来，督同提调各员昕夕考求，悉心体察，凡关于东西各国法制，先以翻译最新书籍为取证之资。"[②] 翻译固然带来"他山之石"之效，却也给清末修订法律事业带来"照葫芦画瓢"之嫌。

2. 习惯调查

1907 年 12 月，修订法律大臣在奏《馆事繁重恳照原请经费数目拨给》一折中，提到"而臣馆所办事宜，如调查起草翻译编纂"，[③] 是将调查看作是修律中不可或缺的一项业务或环节。而在其此前奏准的《修订法律大概办法》一折中，第一条办法也是"参考各国成法，必先调查也"。[④] 但是此处调查是广泛的，主要指调查外国修律的办法。而随着新刑律草案的出台，修订法律馆将工作重心逐渐转向修订民商律来。如何制定民商律，修订法律大臣在恳请度支部拨款时，便提到，"中国现定民

---

① ［清］沈家本等：《修订法律馆奏筹办事宜折并单》（宣统元年十一月二十日），《政治官报》宣统元年十二月四日，第七九八号。

② 《大清法规大全·吏政部·内官制二》，台湾考证出版社 1972 年版，第 756 页。

③ 《修订法律大臣奏馆事繁重恳照原请经费数目拨给折》，载《政治官报》，光绪三十三年十一月二十一日，第六十号。

④ 《修订法律大臣奏拟修订法律大概办法折》，载《政治官报》，光绪三十三年十月八日，第十九号。

商各律，应以调查为修律之根柢，此事极有关系"，① 此处的调查，便是指国内民商事习惯调查了。

这个习惯调查和宪政编查馆提出的为预备立宪需要加强国内调查统计的主张不谋而合，很快，修订法律馆就制定了相关的章程，从人员配备、问题设计、时间安排上都作了比较详细的部署。最初从商事习惯开始，其后重心转向民事，专门制定《调查民事习惯问题》的小册子，供调查员访谈。

1910 年 2 月，修订法律馆奏上《编订民商各律照章派员分省调查折》，称：

> 窃维民商各律意在区别，凡任之权利义务而尽纳于轨物之中，条理至繁关系至要，中国幅员广远，各省地大物博，习尚不同，使非人情风俗洞彻无遗，恐创定法规必多窒碍……而民事习惯视商事尤为繁杂，立法事巨，何敢稍涉粗疏？臣等公同商酌，拟选派馆员分往各省，将关系民律事宜详查具报，并分咨各省督抚，饬司暨新设之调查局协助办理，其商事尚需查之省分，并会考察报告，俟该员回京后即责成各省调查局造具表册，随时报告，庶资考证。②

之后，修订法律馆在全国进行了大规模的调查活动，主要以民情风俗民商习惯为主，这些调查成果，对日后起草新律发挥了重要作用，但限于时间仓促，清末的民商律起草与调查成果结合得并不紧密，这一矛盾最终延续到民国，在清末调查的基础上再次进行大规模全国调查之后，重新起草民商各律时，才部分得以解决。

3. 经调查、比较之后起草新律

法律文献的翻译提供了起草新法的素材，但落实到具体的修律活动中，还要进行法典比较，这就是伍廷芳、沈家本在拟订修订法律主要办法时所提及的，"复令该员等比校异同，分门列表，展卷了然。各国之法

---

① 《修订法律大臣奏馆事繁重恳照原请经费数目拨给折》，载《政治官报》，光绪三十三年十一月二十一日，第六十号。

② 《修订法律大臣奏编订民商各律照章派员分省调查折》，载《政治官报》，宣统二年正月二十八日，第八四五号。

律，已可得其大略"，①修订法律馆离部独立之后，首先令馆员根据已经翻译出的材料做出《中外刑律比较表》，即如吉同钧所说的："职等现在分纂《中外刑律比较表》，东西俱有成书，列表均不为难。"②一方面为应修改旧律"改重为轻"的需要，另一方面也为起草新律准备一个可靠的论据。

民法典起草本来也准备按照这个思路进行，只不过区别于刑律，因为中国本来就存在刑法典，中外刑法的比较不成问题，但中国没有民法典，无法直接比较。所以必须先调查民商事习惯，这是"生活中的民商法"，然后将之与已经翻译出来的民法典进行比较。但是中国地方广博，各地民众生活习惯差异巨大，调查活动又存在着滞后的情形，所以在清末起草者无法从容地经过调查、比较之后起草新律。即便是已经完成的法典前三编，也多半是基于"拿来主义"的态度，按照日本法学家松冈义正提供的起草思路起草完成。模仿的是日本民法，自然与中国国情存在着龃龉。故当修订法律大臣俞廉三呈上民律草案前三编时，武昌起义已经爆发，资政院未等到闭会之日即匆匆散场，所以民法典最终未能出台。

（三）《大清民律草案》的主要内容

《大清民律草案》，参考的是1900年德国民法典，并结合中国传统法律的部分内容，包括总则、债权、物权、亲属、继承，共五编三十七章一千五百六十九条。其中前三编由松冈义正起草，后两编由修订法律馆会同礼学馆起草。该草案的前三编由俞廉三、刘若曾（此时沈家本已经去位）于宣统三年九月初五日上奏时，提及修订的四项原则：注重世界最普通之法则，原本后出最精之法理，求最适宜中国民情之法则，期于改进最有利益之法则。③

---

① 《光绪朝东华录》，中华书局1958年版，第5324页。
② 吉同钧：《上修律大臣酌除重法说帖》，载吉同钧：《审判要略》（宣统庚戌仲冬）后附说帖。
③ 故宫博物院明清档案部编：《清末筹备立宪档案史料》（下），中华书局1972年版，第911—913页。

虽然如此，但是限于种种原因，这部民法典草案更多具有"坐而论道"的性质。即使后两编是法律馆和礼学馆合纂的，其中也的确纂入不少关乎国情民彝的条文，①但其条文名目也多具有近代西方亲属继承法的色彩。该草案主要内容为：

第一编总则共八章，分别是法例、人、法人、物、法律行为、期间及期日、时效、权利之行使和担保。它采取了西方资产阶级的一些民法原则，如私有财产所有权不可侵犯、契约自由、过失致人损害应予赔偿等；对根本概念和法律关系作了规定，如自然人的权利能力、行为能力、责任能力、住所、人格保护；法人的意义、成立要件、民事权利；意思表示、契约行为、代理、时效等。

第二编债权共八章，分别是通则、契约、广告、发行指示券、发行无记名证券、管理事务、不当得利和侵权行为。它规定了当事人的权利义务、债权的标的、效力、让与、承认、消灭、债的形式等。

第三编物权共七章，分别是通则、所有权、地上权、永佃权、地役权、担保物权和占有。它规定了各种财产权特别是私有财产权的法律保护，如规定：承租土地的佃农，"虽因不可抗力"，致"使用土地受妨碍"，或者"受益受损失"，也不得请求免除或减少租额。

第四编亲属共七章，分别是通则、家制、婚姻、亲子、监护、亲属会和扶养之义务。它规定了亲属关系的分类、家庭制度、婚姻制度、未成年人和成年人的监护、亲属间的扶养等内容，主要是维护封建婚姻家庭制度。

第五编继承共六章，分别是通则、继承、遗嘱、特留财产、无人承认之继承、债权人或受遗人之权利。它主要规定了自然继承的范围和顺序、遗嘱继承的办法和效力、没有确定继承人的遗产的处理办法、对债权人或受遗人的保护等内容。

尽管这部草案各篇之间存在着许多风格上的差异，许多条款既不现

① 关于习惯对清末制定民法的意义，参见刘广安：《传统习惯对清末民事立法的影响》，载《比较法研究》，1996 年第 1 期。

代，亦不够传统，甚至有的不伦不类。[①] 且这部草案没有真正制定完，上奏之时还处在巨大争议当中。但毕竟作为中国历史上第一部民法典草案，其开创之功同样不可抹杀。

三　《钦定大清商律》的完善和《大清商律草案》的起草

（一）《钦定大清商律》的完善

1904 年《钦定大清商律》是个急就章，本身很不完善。该法典最后一条也明确提到："惟此案初定之本，如于保护商人、推广商务各事宜未能详尽、例无专条者，仍当随时酌增，续行请旨核准推行。"说明法案起草人已注意到这个问题。于是商律颁布之后，商部（农工商部）就注意根据该律施行情形，随时加以完善。

商部（农工商部）对《钦定大清商律》的完善是通过两种途径实现的：

一是对商律进行法律解释，从而指导人们正确实施商律。比如《公司律》第五十七条规定"中国人设立公司，外国人有附股者，即作为允许遵守中国商律及公司条例"，后来有南洋商人试图根据此条附股华商公司从而在内地设厂，1907 年商部即在《咨南洋申明商律内附洋商附股字义文》中，即对洋商附股进行解释，认定华商公司附附股搭洋股时必须遵守公司律的规定，而不可将之援引为准洋商在华设厂的根据。[②] 此外该部还出台《咨复南洋洋商附股只能在于口岸文》、《破产律第四十条暂缓实行片》等等，对相关商律条文进行解释。

二是续修商律的其他部分，除公司律之外，清末商律最大的成就就是修订了破产律。因公司律颁行之后，商业咸得有所维护，但是也出现新问题，"乃或因经营未善或因市价不齐，即不能不有破产之事，而狡黠者往往因缘为奸，以致弊端百出，贻害无穷"，[③] 在这种情形下，制定《破

---

① 参见张生：《中国近代民法法典化研究》，中国政法大学出版社 2004 年版，第 87—89 页。
② 《大清法规大全·实业部》，台湾考证出版社 1972 年版，第 3033 页。
③ 《商部、修律大臣会奏议订商律续拟破产律折》，载《大清法规大全·实业部》，第 3035 页。

产律》乃势所必然。于是商部派员调查东西各国破产律及各埠商会条陈、商人习惯，参酌考订，修成商律之《破产律》一门，然后咨送修订法律大臣沈家本、伍廷芳，会同商定后，就于1906年5月上奏朝廷，请求颁旨施行。同月，朝廷准予施行。该法律分为"呈报破产"、"选举董事"、"债主会议"、"清算帐目"、"处分财产"、"有心倒骗"、"清偿展限"、"呈请销案"、"附则"等九节，共六十九条，这是商部对《钦定大清商律》作的最重大的续修，也是除《公司律》之外颁行最重要的商律。

此外，为配合《钦定大清商律》的执行以及促进国内实业的发展，商部（农工商部）还出台了一系列相应的施行细则及其他法规，如《奖励公司章程》、《商会简明章程》、《公司注册试办章程》、《爵赏章程》、《铁路简明章程》、《大清矿务正章》、《出洋赛会章程》等。这些都是清末私法变迁中的重要成就。

（二）修订法律馆《大清商律草案》的起草

1907年修订法律馆离部独立之后，专掌法典的草拟与编纂，于是商律的起草逐渐从农工商部（此前的商部）转归修订法律馆负责。但农工商部仍旧没有放弃对原来商律的续订和修改，其思路仍停留在原来的"则例"框架之下。当然，因为此时修订法律馆已经着手编撰各种法典。所以为了避免法案之间的分歧，农工商部必须和修订法律馆保持协调。所以在1910年，农工商部咨文给法律馆，称：

农工商部为咨行事：本部现在改订商律总则、公司等编，所有商人违反该律规定行为，不得不加以惩处，查罚则之规定，虽随时变迁，亦因地殊制，欧美各国，当法理萌芽时代，纯用放任主义。及学理逐渐发明，又用干涉主义，迨至现今，又采折衷主义，惟吾国立国情形究与各国不同，如日本所定五元以至千元之罚金，法国所定五十至五万佛郎之罚金，并惩处一月至一年之有期徒刑，举轻重悬殊之处分而混合以规定之行之吾国，万一司法官厅任情操纵，漫无准绳，不免有上下其手之弊，应否仍就吾国社会之情形，分别违律事由各定处分专款，庶因时制宜之中犹富就地制法之意，惟商律与其余诸律皆相辅而行，贵馆厘定法规关于此项问题，谅已斟酌尽善，相应咨行贵馆，希将各项罚则议案及议定之理由书检送本部参考，而归画一可也。①

但是修订法律馆则已经突破了"则例"思路，而是在"宪政"思路下纂修商律，所以他们抛开了商部（农工商部）的原先商法，而另起炉灶。其独自起草的商法典是1908年志田钾太郎主持起草的《大清商律草案》，也叫"志田案"。

此前曾有翰林院内阁学士朱福诜奏请将民法和商法合一并延聘日本民法大家梅谦次郎来华主持民商法典的修纂，但此建议遭到修订法律大臣的否定。修订法律大臣在奏折中声称：

> 臣等伏查欧洲法学统系，约分德英法为三派，日本初尚法派，近则模范德派，心慕力追，原奏所陈确有见地，臣等自当择善而从，酌量编订。宗旨无论采用何国学说，均应节短取长，慎防流失，原奏又称日本修正民法时梅谦次郎曾提议合编，以改约期近，急欲颁行而不果。中国编纂法典之期后于各国，而采主义学说不妨集各国之大成，为民商法之合编等语。查自法国于民法外特编商法法典，各国从而效之，均别商法于民法，各自为编。诚以民法系关于私法之原则，一切人民均可适用，商法系关于商事之特例，惟商人始能适用。民法所不列者如公司、保险、汇票、运送、海商等类，则特于商法之中规定之，即民法所有而对商人有须特别施行者，如商事保证、契约利息等类，亦于商法中另行规定，凡所以保护商人之信用而补助商业之发达，皆非民法之所能从同，合编之说似未可行。②

由此延续了此前商部确立的民商分立体制。又因梅谦次郎无暇来华，故法律馆后来聘志田钾太郎来从事商法起草工作。

《大清商律草案》于1908年底开始起草，直到1911年方才完成，内

---

① 中国第一历史档案馆藏，修订法律馆全宗，全宗号10，第10包。
② 《修订法律大臣沈家本等奏议复朱福诜奏慎重私法编别选聘起草客员折》，载《政治官报》光绪三十四年十月十五日，第三七三号。

容包括总则、商行为、公司法、票据法、海船法五编，共计一千零八条。其中总则包括法例、商业、商业登记、商号、营业所、商业帐簿、商业所用人、商业学徒、代办商等九章一百零三条；商行为包括通则、买卖、行铺营业、承揽运送业、运送营业、仓库营业、损害保险营业、生命保险营业等八章二百三十六条；公司法大体根据此前的《公司律》编纂而成，共分六编十六章三百一十二条；票据法根据海牙统一票据规则，并参酌德、日的票据法编纂而成，共三编十五章九十四条；海船法分为总则、海船关系人、海员契约、海损、海难之救助、海船债权之担保等六编十一章二百六十三条。

但是志田此案并未颁行，原因有两个：第一是志田此案并未根据中国国情纂订，虽然法律馆自 1908 年之后即开始进行商事习惯调查，但效果并不理想，且商事习惯报告录也未被志田有效地融入商法典的起草中。第二即农工商部也在从事此前《钦定大清商律》的改定工作，且此法律一直在施行，农工商部的行为客观上使得志田案能否被通过显得不那么重要。

虽然志田案未及颁布，但它确是中国第一部内容全面的商法典，为民国时期修订商事法律的必要参考。

清末的私法创制尽管存在着抄袭、模仿外国立法，简单套用外国的立法模式以及杂糅传统封建习俗等缺陷，但是它毕竟构筑其近代私法的基本框架体系，而且用法典化的形式体现出来，在整体上是合乎近现代法律发展潮流的。更为可贵的是，它为后来的私法发展提供了一个模板。此后，无论是北洋政府时期还是南京国民政府时期，都是在清末确立的私法基础上，或继承，或修改，或批判，或变通，最终构筑成一整套完备的私法体系。所以清末是我国私法发展史上至为关键的时期。

第三节　北洋政府时期的私法

北洋政府时期，中央政局不稳，内阁频换；地方军阀割据，连年混战。在这种情形下，国内政令无法统一，要想制定通行全国的民商法典，即便中央主观上有此构想，客观上也不可能实现。所以整个北洋政府时期，私法的法典化水平未得到有效提高，但是在学理方面，却较前清有一个很大的提升。

一　民初的民事立法：援用"现行律民事有效部分"

辛亥革命之后成立的南京临时政府，因无法在短时间之内制定各项新法，便曾考虑过援引前清的私法，以便司法适用。比如司法总长伍廷芳就向临时大总统呈文，内称"本部现拟就前清制定之民律草案……由民国政府声明继续有效以为临时适用法律，俾司法者有所根据"。[①]

但临时政府很快归政于北京政府，北京政府参议院对临时政府此前提出的援用《大清民律草案》的建议进行审议，认为该草案在前清未并未宣布，无从引用。但是北京政府同样面临着与南京临时政府一样的问题，即短时间内也无法制定出一部民法典，所以北京政府参议院议决采用一个折中的方案，嗣后凡关于民事案件审理，依旧援引前清的法律，只不过换成了援引《大清现行刑律》中的相关各条。

《大清现行刑律》是《大清律例》的最后一个修订版，大体保持了旧有的编纂体例，但是它在混合律条中区别了民刑性质，对纯属民事性质的，不再科刑；但非纯属民事性质的，照旧处罚。此为采纳了宪政编查馆的意见而设："现行律内户役内继承、分产、婚姻、田宅、钱债各条，应属民事者毋再科刑……若婚姻内之抢夺、奸占及背于礼教、违律嫁娶，田宅内之盗卖、强占，钱债内之费用受寄，虽隶属于户役，揆诸新律俱

属刑律，科罪不得诿民事案件。"①

因此，参议院议决的"前清现行律相关各条"，就是宪政编查馆所谓的"应属民事者毋再科刑"诸个条文。1914年大理院在第三〇四号判决中再次重申了此意：

> 前清现行律关于民事各件时与国体及嗣后颁行成文法相抵触之部分外，仍应继续有效。至前清现行律虽名为"现行刑律"，而除刑事部分外，关于民商事之规定，仍属不少，自不能以名称为刑律之故即误会其已废。此项所谓"民事有效部分"即包括服制图、服制、名例、户役、田宅、婚姻、犯奸、斗殴、钱债及《户部则例》中之户口、田赋而言。②

根据这个判决例，为了使司法者明确"现行律相关各条"究竟包含哪些，北京政府司法部还专门将"现行律民事有效部分"编纂成册，包括"《大清现行刑律》中不科刑之律例"和"原《户部则例》中有关民事部分"这两大部分，其中从《大清现行刑律》中摘出"服制图"八图、"名例"四条、"户役"四条、"田宅"四条、"婚姻"十一条、"犯奸"三条、"钱债"三条以及律后所附例若干条，而从《户部则例》则摘出"户口"三条，"田赋"七十二条。

所援用的民事法律规范，基本属于我国"固有民法"的范畴，主要关于户婚、田宅、钱债诸项，而未涉及市廛、商贸诸领域。其原因有两点：

第一，北洋政府继承了前清民商分立的立法体例，既然规定是"民事"有效部分，那么自然就将商法排出在外。且清末《公司律》、《破产律》是明确颁行了的，所以遇到市廛、商贸诸领域，无须援引《大清现行刑律》，直接用《钦定大清商律》即可。

第二，民事法律较之于商事法制，更难移植，对习惯的依赖性更大。

---

① ［清］奕劻等：《奏为呈进现行刑律黄册定本请旨颁行以资遵守折》，载故宫博物院编《钦定大清现行刑律》，海南出版社2000年版，第15页。

② 北京政府司法部修订法律馆《法律草案汇编》（民法），转引自潘维和：《中国近代民法史》，台湾汉林出版社1982年版，第28页。

商事法制体现出的技术性较强，是以较民事法律相对要容易移植，而民事法律体现的伦理性较强，尤其是分家析产、婚姻继承方面，是很难移植外国法的，而更多依赖于固有的习惯，所以援引前清现行律民事有效部分，有其实质上的合理性。

援引前清现行律民事有效部分，是民初作为立法机关代行立法权的参议院正式决议，履行的是正式立法程序。本来援用现行律民事有效部分是一个暂时性的措施，在新的民法典出台之前，如果没有律文可供援用或者援用与民国国体有违，则主要是通过大理院出台法律解释的方法（判决例，解释例）来弥补民事规则的漏洞。与此同时，民国政府也在着手制定新的民法典，最后的成果就是 1925 年编订完成的《中华民国民律草案》（亦称"第二次民律草案"，区别于清末的《大清民律草案》）。

二　北洋政府时期的民律草案（第二次民律草案）

（一）在《大清民律草案》基础上续修民法的活动

北洋政府成立之后，于 1912 年设法典编纂会于法制局，取代前清的修订法律馆，专门负责编纂各项法典。1914 年 2 月，又将法典编纂会改成法律编查会，隶司法部，以司法总长为会长，并由会长聘任副会长，及编查顾问各员。第一任会长为时任司法总长的梁启超，此后，章宗祥、汪有龄、董康、王宠惠都担任过会长，这些人均为著名法学家，其中章宗祥、汪有龄、董康都曾经在前清的修订法律馆任过职，有较为丰富的法典编纂经验。1918 年法律编查会又重新更名为修订法律馆主持民刑等法规编纂工作。

但不管名称怎么改变，民国法典编纂会、法律编查会、修订法律馆的性质、工作乃至成员都和前清修订法律馆有着继承关系，所以其编纂民法以清末《大清民律草案》为基础，亦属自然。此前的《大清民律草案》前三编基本是由修订法律馆负责起草的（主要起草人为日本法学家松冈义正），而后两编"亲属"、"继承"因与礼教攸关，所以礼部要求介入到该两篇的修订之中，1911 年礼部向朝廷所上奏折中还专门提到：

> ……所有《民律草案》内有关礼教诸条，应由礼学馆、法律馆
> 会同集议后咨商宪政编查馆复核，再由礼部礼学馆、法部法律馆会
> 同具奏，以昭慎重。①

此集议章程呈上后，因民法与礼教风俗民情关系密切，朝廷准奏。
于是在清末修律的最后一年，礼学馆终于参与到了修律活动中，于是由
法律馆高种、朱献文会同礼学馆起草民律草案的"亲属"、"继承"两编，
但草案尚未提交资政院审议，辛亥革命即已经发生。所以相比于"总则"、
"物权"、"债权"前三编，这后二编更不完善。于是民国后，继续编纂民
法，首先就从"亲属"编开始。1915 年"亲属"编修订告竣，共七章一
百四十一条。修订主持者仍旧为高种、朱献文，他们只是在旧有的稿本
上略加改动，只是将第一章"总则"改成"通则"；第二章"家制"只保
留了其中"总则"一节；第五章"监护"中的第一节"未成年人之监护"
又细分为"监护之成立"、"监护之职务"与"监护之终止"，并新增一个
第三节"保佐"。

其后，民国修订法律馆继续在《大清民律草案》的基础上，并结合
大理院审判实践，续订民法典，至 1921 年大体已经修完。该年政府迫于
国际国内压力，曾经想迅速通过并公布此续修的法典。不过后来大理院
以法案不成熟，请求缓行。1921 年 7 月 14 日，北京政府发布《民律暂
缓施行令》，称：

> 据大理院呈称，"民律已届施行期，惟审察社会现制及各地风俗
> 习惯，尚有应行修正之处，拟请暂缓施行"等语，民律着延期施行，
> 仍交该院长审拟办法，呈候核夺。此令。②

实际上，这种以《大清民律草案》为蓝本而在此基础上小修小补的
续修民法的活动，在当时一直存在着很大的争议，以著名法学家江庸

---

① 《礼部奏尊拟礼学馆与法律馆会同集议章程折》（并单），《政治官报》宣统三年正月
十四日，第一一七八号。

② 转引自张生《中国近代民法法典化研究》，中国政法大学出版社 2004 年版，第
148—149 页。

（清末亦在修订法律馆中任过职）的评论为典型，江庸认为《大清民律草案》仿照德日，偏重个人利益，而现在世事变迁，应当以社会为本位；《大清民律草案》多继受外国法，于本国固有民事法源，未曾注意，如广泛存在于生活中的"老佃"、"典"、"先买"等规则，都付阙如；尤其是亲属、继承两编的规定，《大清民律草案》与现在社会情形更是悬隔天壤，适用起来极为困难；且适用民法典需要其他法规相配套，比如关于"土地登记"、"户籍登记"以及相关法院程序都得有规定，否则即便出台了民法典，亦不得施行。①

因此，针对国情实际，势必要改弦更张，重新起草新的民法。但是限于国内政治形势、社会情势以及国际局势等多种因素，这项工作进行得无比艰难。

（二）《中华民国民律草案》的起草和公布

实际上自法典编纂会成立之后，民律草案的起草工作，一直在陆续进行之中。只是因刚开始，主要是在《大清民律草案》的基础上修订，且由于遭受众多非议，进展缓慢，是以实效不彰。但是在 1921 年大理院提出不能简单修订《大清民律草案》而应重新起草民律草案的建议之前，新民法典起草的准备工作实施已经展开了。这主要包括：其一，大理院在司法实践中对遇到的新问题进行判解，归纳出相应的"要旨"，带有"准立法"的色彩；其二，司法部暨修订法律馆在全国范围内开展大规模的民商事习惯调查，写成调查报告，以便为起草新民法提供依据。如果判解要旨和习惯报告能很好地体现在民法草案中，则民法必会符合世界最新之法理，又能照顾中国独特之现实。这部分也是对前清起草新法方式的继承。

1. 大理院的民事判解

在新民法出台之前，民事法源主要有两个，第一个是《大清现行刑律》的"民事有效部分"，这是北洋政府时期民事基本法；另一个是民事

---

① 参见江庸：《五十年来中国之法制》，载许章润主编《清华法学》（第八辑），清华大学出版社 2006 年版，第 259 页。

习惯，因为北洋政府司法部于 1915 年发布《审理民事案件应注意习惯》的通行饬令，称"各司法衙门审理民事案件，遇有法规无可依据，而案情纠葛不易解决者，务宜注意于习惯"。① 这表明司法部认定习惯可以有效力，于是经过衙门采信的习惯，也就成了民事习惯法。

但是这样两种法源适用起来都有其很大的局限性。"现行律民事有效部分"虽然对某些事项有明确的规范，但是其律例总数一共也仅有一百余条，不足以全面规范民事生活。而习惯，则又林林总总，地区差别甚大，而且规范指代并不明确，如果不经援引解释，很难发挥规范效力。所以民初的民事法源，存在着大量的法律漏洞，亟待大理院的民事判解加以补充。

因此，民初的大理院，已经不仅仅是最高司法机关，尤其在民事领域，它甚至充当了最重要的"造法者"。即便是在援引"现行律民事有效部分"这样的实体法规之时，它也不是机械地照搬法条，而是通过判决解释，对某些规定加以灵活变通。比如按照"现行律有效部分"，卑幼不得私擅处分家产，只有家长才可。但是在大理院"五年上字三一〇号"判决中，提到："卑幼固不能私擅处分家财，但管理事务之卑幼与寻常卑幼不同，其处分财产，当可推定其已得尊长之同意。"② 这类判决所在多有，毕竟从前清到民国，很多观念已经发生了变化，大理院顺应变更了的情势，"使《现行刑律》中与近代文明不相吻合的部分规定在司法实践中不再发生效力。以司法创制的方式，具体实践着中国法律的近代化"。③

至于习惯能否发生法律上的效力，更是要依赖于大理院的判解，否则，即便是在某些地方已经根深蒂固的习惯，也无法成为习惯法。比如大理院在"四年上字二八二号"中提到："卖业先经亲房之习惯，既属限制所有权之作用，则于经济上流通及地方之发达，均有障碍，即难认为有法之效力。"④ 在这里，大理院就以亲族先买习惯对出卖人所有权构成

① 余绍宋编：《司法例规》，司法部 1917 版，第 630 页。
② 《大理院判例解释民法集解》，上海世界书局 1928 年版，第 8 页。
③ 朱勇主编：《中国法制通史》（第九卷），法律出版社 1999 年版，第 512 页。
④ 《大理院判例解释民法集解》，上海世界书局 1928 年版，第 4 页。

限制为由，否认了这一习惯。

大理院除个案审判之外，还通过发布判决例、解释例来指导其他各级法院司法，并且其有一种"民法法典化"的理想，企求将判例、解释例营造成法典的形式，所以判决例和解释例中，往往试图抽象出一种关于民事上的"普遍的规则"，并利用这些规则，把《大清现行刑律》民事有效部分、民事习惯、条理都纳入到一个体系中，使之折衷调合，达到内在逻辑的稳定。且为了避免体系内部矛盾和便于司法运用，大理院所著成的民事判例、解释例，采用统一的样式加以汇编。根据《大理院编辑规则》规定，民法判例、解释例依准《大清民律草案》的体例结构，以条为单位，按照编、章、节的顺序编排。收入汇编的判决例，略去具体的案件事实，只录入具有普遍规范性的部分，称做"判决要旨"；解释例亦采用概括的方式收入。属于同一节而内容相关的判决例、解释例，判例又置于司法解释之前。随着判例和解释例的日积月累，大理院的民事判解汇编，逐渐结集而形成民事法律体系。故大理院因此具有"司法兼行立法"准立法机能的实质倾向。①

总之，大理院的司法解释以及其历年判解"要旨"的汇编，对此后的第二次民律草案的起草，提供了宝贵的经验和丰富的素材。

---

① 参见黄源盛：《民初大理院民事审判法源问题再探》，载李贵连主编《近代法研究》，北京大学出版社 2007 年版，第 10 页。

图3：大理院判牍

（图片说明：北洋政府时期最高法院——大理院，实质上承担了部分立法机构的功能，通过其判例和解释例，确立了一系列司法行用的规则，故在当时，即有不少机构汇编整理大理院判例和解释例，图为上海广益书局刊印的大理院判牍。图片来源 http://blog.sina.com.cn/s/blog_4f08a22e01000bb2.html，2015年9月11日）

2. 习惯调查的再次启动

清末曾经仿照日本立法例进行民商事习惯调查，作为编纂民商律的基础。但限于各种原因最终未能克功，民国成立之后，虽然法典编纂会和法律编查会章程中，都有"调查"这一项任务，但同样受时局制约，未能真正启动。而地方机关，反而在调查一途上捷足先登，1917年，奉天高等审判厅设立"民商事习惯调查会"，调查本省民商事习惯，以为审判厅审判参考。受此刺激，1918年，北洋政府司法部亦发布训令，启动全国性的民商习惯调查。在训令中，司法部说得非常明白：

　　……查民商习惯甚为复杂，不独奉省为然。果能随时随地调查

明确，汇集成书，岂惟为将来编制法典之基础，即现在裁判案件亦复足资参考，是此项调查实为切要之图……①

因此，习惯调查一开始就具有明确的目的性，就是为将来编制民商法典奠定基础，同时给法院审判作参考。司法部肯定了奉天省的做法，并通令全国仿照奉天的做法，设民商事习惯调查委员会。随后，除新疆、广东、广西、云南等少数边远省份外，其他各省均先后成立了民商事习惯调查会，均隶属于各省高等审判厅（处），并由高等审判厅（处）长官兼任会长。而在中央，则由修订法律馆具体拟定调查方案，派遣调查人员，并且还制定了调查的项目、程式，下发给各省参用。到1919年，修订法律馆还拟定了统一的民商事习惯调查会报告书格式、用纸及编制办法，颁发全国施行。

调查活动很快在各盛全面展开，自1918年至1921年，各省民商事习惯调查报告陆续提交到修订法律馆，"除边远外，络绎册报，堆案数尺，浩汗大观"，② 每当有习惯调查报告报上来，修订法律馆就有专门负责整理该报告。此后因政局变动更烈，调查报告虽也时有呈上，但不如此前丰富。至1927年，北洋政府决定整理出版《民商事习惯报告录》，当时司法部曾经作出规划，想将整理好的报告，分十三期编印在《司法公报》上，作为《司法公报》的增刊出版。但因南方革命政府"北伐"活动如火如荼地进行，刊登报告录的《司法公报》增刊仅仅出版了两期，就因北洋政府垮台而不了了之。而这两期中，绝大多数内容记载的是前清至民国调查活动的行政性文件，以及各省民商事习惯调查会的章程，属于调查活动"外围"的记载，仅仅只有少量的"民律总则习惯报告"，算是正式调查的内容。所以，北洋政府的民商事习惯报告，并未得到官方正式且全面的整理。③

但是因为习惯调查在当时的法律界乃至整个社会都有很大影响，对

---

① 北洋政府《司法公报》，第二百四十二期，第3—4页。
② 《司法公报》，第二百三十二期，第36页。
③ 参见苗鸣宇：《民法典的活力之源——习惯在民法法典化中的作用》，中国政法大学2004年博士学位论文。

调查报告密切关注者亦复不少，于是官方虽未能有效整理，民间却已经开始编纂习惯调查的报告录。1923 年，由施沛生、鲍荫轩等编纂的《中国民事习惯大全》面世，曾任司法总长，时任安徽省省长的许世英为该书题写书名，大总统黎元洪、修订法律馆总裁江庸等著名人物为该书题字，可见虽然该书为民间编纂，但是官方对之显然十分重视。该书将民国初年以来的民事习惯调查报告汇编整理，分为"债权"、"物权"、"亲属"、"婚姻"、"继承"、"杂录"六编，各编之下又按事项细分为类，共计五十一类。该书"序"对清末的民律起草活动进行了批评，并指出清末民律草案不能适用之因：

> ……溯自前清变法之初，醉心欧化，步武东瀛，所纂《民律草案》大半因袭德、日，于我国固有民事习惯考证未详，十余年来不能施行适用……①

故要编纂适应中国国情之民法，必得详细调查民间之习惯。该书的"凡例"中还对其用途与来源进行了介绍：

> ……
>
> 二、民律尚未公布施行，一切民事仍依民间习惯，设遇民事上发生纠葛，若不明晰当地习惯，则办案之法官、律师或行政官无可依据，是本书兼备司法官、行政管、律师参考之用。
>
> 三、本书资料多取自各省法院民商习惯调查会报告录。此种习惯均由现在司法官就案调查所得……②

因为民事习惯与民法关系至重，故习惯调查为民法起草的必要准备，但是同样是限于时局的原因，北洋时期的民商事习惯调查虽然非常细致深入，但是其调查报告却始终未能得到北洋政府官方正式而有效的整理，所以其与第二次民律草案的结合实质上并不紧密。它的影响力，事实上要到南京国民政府时期才真正得以显示。

---

① 《中国民事习惯大全》，上海书店 2002 年影印版，"序"。
② 《中国民事习惯大全》，上海书店 2002 年影印版，"凡例"。

3. 第二次民律草案的起草

在废除了对《大清民律草案》进行小修小补的民法编纂方案后，1921 年底至 1922 年初，北洋政府成立了新的民律起草班子，由修订法律馆和大理院共同组成民律草案修订组。由时任大理院院长的余棨昌负责起草总则编，修订法律馆副总裁应时、修订法律馆总纂梁敬镦负责起草债权编，北京大学法律系教授黄右昌负责起草物权编，修订法律馆总纂高种负责起草亲属、继承两编。

虽然这五名主要的负责人都有着丰富的法律学识或实践经验，但是由于是分别起草，彼此的呼应不够，且最后未经精细的统稿和润色。所以该草案各编的法典用词乃至价值倾向上，都存在着一定的差异。同时，法典的起草很大成分上是为了应付下述的法权会议，所以同样存在着很大的"急就章"色彩。

4. 法权会议与民律草案的公布

按照北洋政府修订法律馆的编纂方案，民律起草应该在比较中西诸律、借鉴西方民法、吸收固有习惯的基础上仔细斟酌损益而成。不过来自政治和外交上的压力，导致了民律草案的起草远难如此从容。

"一战"结束之后，交战国于 1919 年在巴黎召开和会，确认了欧洲的"新秩序"，对战败国在非洲的殖民地，战胜国进行了"分赃"；但在亚太地区，则留下了诸多悬而未决的事项。于是美、英、日等帝国主义国家为重新瓜分亚太地区的殖民地和势力范围，1921 年 11 月 12 日至 1922 年 2 月 6 日，由美国提议召开的二次分赃会议在华盛顿举行，作为战胜国的北洋政府亦派团参加。关于列强在中国的领事裁判权问题，会议专门进行了表决，决议中指出由列强组成法权调查委员会来华调查中国法制实施状况，视结果而定领事裁判权的存废：

　　……上列各国政府（按：指参加华盛顿会议的美、比、英、法、意、日、荷、葡八国）应组织一委员会（各该政府各派委员一人）考察在中国领事裁判权之现在办法，以及中国法律、司法制度及司法行政手续，以便将考察所得关于各该项之事实报告于上列各国政府，并将委员会所认为适当之方法可以改良中国施行法律之现在情形，及辅助并促进中国政府力行编定法律及改良司法，足使各国逐渐或用它种方法放弃各该国领事裁判权者，建议于上列各国政府……"①

决议出台之后，为应付各国法权调查委员会的调查，于是北洋政府又有将前清民律草案稍事修订而予以公布之议，但如上文所述，提议遭众多人士的反对而作罢。江庸在1922年的9月，主张"断然排斥先颁全部之议，仅取民法中富于世界共通性之债权法，先加修改，赶于明年国会提出，而为施行债权法便利计，并将总则同时提出。"②

不过后来局势又有所缓和，原因在于帝国主义列强对放弃在华领事裁判权并不心甘情愿，加之列强彼此之间亦存在勾心斗角的情形，所以对组织委员会来华调查并不热情，北洋政府的民事立法活动亦有所放缓。但是随着"五卅惨案"等一系列中外矛盾的加剧以及国内反帝运动的高涨，召开法权调查会议的呼声又重新响起。③

正因为法权会议召开在即，于是北洋政府于1925年匆匆公布了正在修订当中、实质上还没有完成的《中华民国民律草案》，由于没有经过国会的正式通过，所以终北洋政府时期，民法典始终处于"草案"阶段，未能得以适用。

（三）《中华民国民律草案》的主要内容及其特征

《中华民国民律草案》共有五编一千五百二十二条，结构与《大清民律草案》基本相同。该草案主要内容为：

第一编"总则"，共五章二百二十三条。其中第一章为"人"，规定

① 中国第二历史档案馆编：《中华民国史档案资料汇编》第三辑"外交"，江苏古籍出版社1999年版，第467页。

② 江庸：《十年来中国之法制》，载许章润主编《清华法学》（第八辑），清华大学出版社，2006年版第259页。

③ 但一直到1926年春，由各国组成的法权调查委员会才终于成立，有美、比、英、法、西、葡、日以及丹麦、挪威、瑞典、中国等十二国参加，5月，委员们分赴中国国内各地调查，但因军阀混战等因素，至9月中旬即草草结束。虽然后来公布过《法权会议报告书》，但实质上这一调查仍属不了了之。

了自然人和法人主体资格、身份、分类以及基本权利能力等；第二章为"物"，界定了"物"的概念，规定了物的分类和范围；第三章为"法律行为"，界定了法律行为的要素和方式，包括"行为能力"、"意思表示"、"契约"、"代理"以及"无效、撤销、同意及承认"等五节；第四章为"期限之计算"，规定了民事活动的各类期限计算方法；第五章为"消灭时效"，规定了时效的类别，以及中断、中止、终止的情形。

第二编"债编"，共四章五百二十一条。其中第一章为"通则"，规定了债发生的原因，包括"契约"、"侵权行为"、"不当得利"、"无因管理"诸种情形，同时规定了债的标的、债的效力、债的让与及承担、债的消灭等各项权利义务；第二章为"契约"，将契约进行分类，并且区分了各自的权利义务，包括"双务契约"、"利他契约"、"有偿契约"、"买卖"、"互易"、"赠与"、"使用租赁"、"用益租赁"、"使用借贷"、"消费借贷"、"雇佣"、"承揽"、"居间"、"委任"、"寄托"、"合伙"、"隐名合伙"、"终身定期金契约"、"赌博"、"和解"、"债务约定及债务承认"、"保证"这二十一节，构成了"债编"中最为核心的内容。第三章为"悬赏广告"，规定了悬赏人和广告人之间的权利义务。第四章为"无因管理"，则规定了管理人和受益人之间的权利和义务。

第三编为"物权"，共九章三百零九条。其中第一章为"通则"，规定物权的类别、相关概念以及取得方法；第二章为"所有权"，除规定所有权的取得、登记、时效等一般情形外，还规定不动产所有权、动产所有权、共有等内容；第三章"地上权"、第四章"永佃权"、第五章"地役权"均是关于用益物权方面的规定，第六章"抵押权"、第七章"质权"、第八章"典权"均为担保物权方面的规定，而最后一章则规定了物权的一种特别方式"占有"。

第四编为"亲属"，共七章二百四十二条。其中第一章为"总则"，总论亲属的概念以及各亲属之间的亲等关系等；第二章为"家制"，规定家的概念，家长及家属的各种权利义务，家产的概念及使用方法等等；第三章为"婚姻"，这是"亲属"编中最为重要的部分，分"婚姻之成立"、"婚姻之无效及其撤销"、"婚姻之效力"、"离婚"四节，对于夫妻关系以及相关的财产权问题进行了详尽的规范；第四章为"亲子"，规定了"亲权"、"亲子关系"、"嫡子"、"庶子"、"嗣子"、"私生子"、"养子"等七节，尤其侧重于界定各种不同类别子嗣的权利；第五章为"监护"，对于"未成年之监护"、"成年人之监护"、"照管"分别作出了规定；第六章为"亲属会"，规定了亲属会的召集、组织、权利和义务；第七章为"扶养之义务"，规定了扶养人和受扶养人的权利义务。

最后一编为"继承"，共七章二百二十四条。其中第一章为"总则"，规定继承的含义，继承的条件等；第二章"宗祧继承"，规范了宗祧继承人的条件、继承宗祧之效力以及各项权利义务等；第三章"遗产继承"，确立了遗产继承人的范围、遗产继承之效力、遗产继承人应继之份额以及遗产分析之法；第四章为"继承人未定及无人承诺之继承"，规定如果继承人未定以及无人承诺时，遗产该如何分配等问题；第五章为"遗嘱"，规定了立遗嘱的方法、遗嘱的效力以及遗嘱的执行诸内容；第六章"特留财产"和第七章"债权人或受遗人之权利"这两章，则是关于继承的一种特别情形。

该草案总数较之《大清民律草案》少四十五条，内容亦有很大变化。总则编删除了"法例"一章，而将原草案的"法人"、"权利之行使与担保"二章内容合并至新草案的"人"、"法律行为"等章中，将原案"取得实效"一章移至新草案的物权编，并增设"行为能力"一节；物权编中，则将"担保物权"一章具体拆为"抵押权"、"质权"两章，并增加"典权"一章。而债编、亲属编、继承编，则较之原案有相当变化，民国民律草案的主要特征，就体现在这变化较大的三编上：

首先，民国民律草案，已经不纯粹是对西方民法简单的抄袭和模仿，而是在一定程度上照顾到了我国社会实际生活，将许多"固有民法"的内容吸收进新草案中，比如增加"典权"一章、规定"宗祧继承"的方式和权利、限制家庭成员的家事代理权等等。这些都是对西方"契约自由"、"私权神圣"民法原则的修正，符合中国实际，不过在一定程度上也契合了近现代民法进入到垄断资本主义时期后"私法社会化"的倾向。

其次，民国民律草案，较之于《大清民律草案》，已经大大地凸现了"人格平等"之义，带有强烈的进步色彩。比如《大清民律草案》在"亲属"编中，不承认夫妻权利平等，妻子甚至不能拥有自己的财产，人格上附属于夫。但是到了民国民律草案中，夫妻平等之义在许多规范上都有所体现，例如第一千一百四十四条就规定"在夫管理期内，妻欲处分其特有财产，夫无正当理由不允许，而妻能证明其处分为有利益者，无须经夫允许"，这就典型地反映了人格平等、夫妻一体之义。

最后，民国民律草案条文用词诸方面存在着矛盾之处，制作并不精良，带有鲜明的"急就章"色彩。[1] 尽管起草者都为一时法学俊彦，但是限于时间的紧迫加之未能将民商事习惯调查结果审慎地消化吸收，所以许多条款只是将《大清民律草案》中的条款简单修改，而未注意实质变化，比如既倡导"人格平等"，但体现身份等差的"仆"、"婢"等词仍屡有出现，这违反了"民国"人民权利一体保护的宗旨。另外，对于审判机关，有的篇章中用"法院"，有的篇章中用"审判衙门"等，显然该草案未经很好的统合。故而民法典的真正编竣，还有待于下一个时期。

但是，民国民律草案，已经注意到要将近现代私法理论和中国国情相结合的问题，较之于清末民律起草，已经是一大进步，后来的南京国民政府的民事立法，正是沿着这个立法思路，完成了民法法典化的进程。

三　北洋政府时期的商事立法

北洋政府时期商事立法，在立法形式上延续了清末"民商分立"的做法。1914 年，农商部依照《大清商律草案》为蓝本，参考全国商务总会提出的商法调查案，改订商法，请求政府公布施行。于是该年 1 月，北洋政府公布了《公司条例》，3 月，又公布了《商人通例》，北洋政府的商法典起草工作遂全面铺开。此后，又陆续公布或实行了《票据法草

---

[1]　参见张生《中国近代民法法典化研究》，中国政法大学出版社 2004 年版，第 169—171 页。

案》、《清理不动产典当办法》、《登记通则》、《不动产登记条例》、《商事公断处章程》、《商业注册规则》、《证券交易办法》、《商标法》等等。

北洋政府的商事立法，和民事立法一样，也体现了对国情的重视，这表现在立法吸收了本国商人的意见和建议。清末全国各地成立商会，以为商法无论是与己与国，关系至重，而清末聘请洋员起草商法，恐于国情不合，于是1907年7月、8月间，由上海立宪公会发起成立了一个"商法起草委员会"，决定实际访查国内商事习惯，参照各国立法成例，而自行编纂商法草案。虽然这个委员会只是一个民间团体，不具备法律起草权，但是他们所做的调查和编纂工作，却为后来的商事立法提供了重要的素材和依据，为示与国家立法相区别，他们所作的法案，一般冠以《商法调查案》的名义。所以北洋时期的商事立法中，带有很强烈的"商人色彩"，体现了商人的立法主张：

> 前清的晚年，因为各国缘皆有商法，从前的法律施之因商业所生的新事件，不能准据作用，遂模仿他人，颁布一种商律，但是定法律的人，没有法律思想，也不明白商业习惯，徒有规定，不能实施，仍然一毫无补……我们中国现在的商法，是要重新编纂的，前清的覆辙不远，这一点我们商界尤要注意。①

以北洋政府公布的《公司条例》为例，该条例无论法律原则、篇章结构，还是条文本身，都与《商法调查案》极为相似，明显提高了公司主体的地位，完善了公司治理模式。首先，该条例将《总则》部分将公司界定为"为商事或别种营利事业，而依法律结合之团体"，区别于清末公司律的"凑集资本共营贸易"，更加强调了公司的"合法性"特征。其次，该条例将公司的类型分为四种，分别为"无限公司"、"两合公司"、"股份有限公司"、"股份两合公司"，改变了原公司律划分标准立法主义的不一，并且与中国传统无限形式的经济组织在当时社会经济生活中的深厚基础至为相符。再次，特别强调了公司章程的地位，于公司与股东的关系主要依据公司章程而定，只有在章程没有规定时才适用法律，较

---

① 《无商法之弊害》，载《中国商会联合会会报》，第一年（1912年）第一号。

之于清公司律，更体现了"私法自治"的原则。① 此外，公司条例，还特别强调了无限责任股东负连带责任的重要性，增加了关于公司债、优先股等规定，增设了带有监事性质的监查员等等，从而使公司的商事活动更有法可依。

但是，尽管形式上北洋政府的商事立法采"民商分立"，也有"商人通例"，但是终北洋政府执政时期，始终未出台完整的商法典或者草案，大量的商事法律，多是以单行法或实施细则的形式颁布的。这实质上代表了民商分立的做法在近现代遭遇到日益困难的处境。因为要在民法总则之外，专门定商法总则，不惟理论上难以说明，实践中亦难贯彻一致。这也导致了南京国民政府时期，对于私法的创制，采用民商合一，商法作为民事特别法，采用单行法的形式，而未再法典化。

第四节　南京国民政府时期的私法

南京国民政府时期，在吸收了清末法律近代化以来的立法成果，并借鉴了同时期西方国家的法律创制的基础上，完善或创制了各项部门法，终于构筑起了以"六法全书"为代表的成文法体系。私法规范即是六法中重要方面，又以民法典为典型。在这一时期，近代民法法典化进程最终得以完成。

一　民国民法典的制定

（一）民国民法典的立法过程

1927 年 4 月 18 日，国民党南京国民政府成立，在秉承孙中山三民主义的精神上，国民政府继续推进立法事业。1927 年 5 月，国民党中央法制委员会成立，同年 6 月，该委员会改为法制局，负责各项法律的起

---

① 参见江眺：《公司法：政府权力与商人利益的博弈——以〈公司律〉和〈公司条例〉为中心》，中国政法大学出版社 2006 年版，第 90—96 页。

草和修订工作，性质有类于此前的修订法律馆，但权限要较法律馆为大。

关于民法典的编纂，法制局认为首要之事为亲属、继承两编，因为这两编与固有国情关系至重，且一直是清末民法典编纂以来的薄弱环节，较之于总则、债编、物权，基础较为薄弱。所谓"以民法总则、债权、物权各编，有民间习惯及历年法院判例，暂时尚足供司法者之运用，惟关于亲属、继承，习惯及判例皆因袭数千年宗法之遗迹，衡之世界潮流，既相背驰，揆诸吾党政纲，龃龉尤甚，爰决定先行起草民法亲属、继承两编"。① 于是在 1928 年夏，法制局即开始起草这两编。

当时法制局指定由留美归国的法学博士燕树棠主持起草亲属编，由留日归国的法学博士罗鼎主持起草继承编，历时五个月，草案完成，计亲属法八十二条，继承法六十四条。这两个草案，贯彻了三民主义，确立男女平等，进一步废除了体现封建宗法精神性质的条款，比如亲属法中废除了宗亲、外亲的区别，继承法中废除了宗祧继承等等，同时贯彻了新时代的自由精神，表现在亲属法中推定婚姻自由（包括结婚、订婚、离婚自由）诸条款上。

但是这两个草案还没有来得及议决，法制局又面临改组，所以燕、罗两人的法案起草活动遂寝。1928 年 12 月，国民政府立法院成立，全面负责立法工作，法制局归并立法院。但由于国民党实行"训政"政策，国民党中央掌握全面政权，而五院分享的不过是治权，故而在立法院之上，还有国民党中央政治会议，所以立法院名义上为全国最高立法机关，但是仍得服从国民党中央政治会议的决议。

---

① 谢振民编著，张知本校订：《中华民国立法史》（下册），中国政法大学 2000 年版，第 749 页。

图 4 南京国民政府立法院旧址

（图片说明：1928 年 12 月，南京国民政府立法院正式成立，首任院长为胡汉民，副院长为林森。立法院全面接管了各项立法工作，此前的法律起草或修订机构一律并入立法院，此后，包括《民法典》在内的各项法案，均由该院负责起草。图为立法院旧址，在今南京山西路军人俱乐部内。图片来源：http://blog.sina.com.cn/s/blog_62913e000102vuei.html，2015 年 9 月 12 日）

到 1928 年底，南京国民政府已经陆陆续续完成了各组织法、刑法、诉讼法的修订，有的并且已经正式颁布，在主要的法律中，只剩下民法典草案尚未完成。而民法关系人民生活至重，且条款众多，学理复杂。于是制定民法就成为新成立的立法院最主要的工作。国民党中央政治会议遂于 1928 年 12 月召开的第一百六十八次会议上议决了民法总则编立法原则共十九条，确定了民法法例，即民法未规定者依习惯，无习惯或虽有习惯而法官认为不良者依法理；并将民法各条款分为强制性条文和任意性条文两大类，任意性条文得私法自治；还规定享受权利之能力以及自由不得抛弃，权利不得滥用等原则；此外还对总则中的失踪、死亡、住所、法律行为、私力救济等作了原则性的规定。① 此后，中央政治会议又陆续开会议决了其他各编的立法原则。正是在这样的立法原则指导下，起草者得以起草符合"党国"利益的新型民法。

1929 年 1 月 29 日，国民政府立法院第十次会议议决组织民法起草委员会专门从事民法典的起草，指定由傅秉常、焦易堂、史尚宽、林彬、郑毓秀（物权法草案完成后辞职，王用宾继之）五人为民法起草委员会成员，由傅召集其他委员开会。并聘司法院院长王宠惠、考试院院长戴传贤以及法国私法专家宝道等为顾问，并委任何崇为秘书，胡长清为纂修，这些起草委员会委员与顾问等人员，均为一时法学硕耆或俊彦，多为东西洋名校法政专业学成归国者，于私法学理方面的造诣，要较第一次和第二次民法草案的起草者还要高，是以单纯从法典的立法编纂技术和法律用辞诸方面，后来编成的民国民法典显然是十分成功的。

图 5：南京国民政府民法起草委员会委员、召集人傅秉常

（图片说明：傅秉常（1896—1965），广东南海人，香港大学法学博士，立法院成立后出任立法委员，是民法典的主要起草人，于债编、亲属、继承三编的纂定其功尤著。图片来源：http://zh.wap.wikipedia.org/wiki 2015 年 9 月 10 日）

---

① 参见杨幼炯：《近代中国立法史》，台湾商务印书馆 1966 年版，第 375—378 页。

　　民法起草委员会一经成立，就迅速展开工作，从 1929 年 2 月 1 日开始起草，历时三个月，开会三十余次，至 4 月，即告竣，4 月 20 日，经立法院第二十次会议决议通过，5 月 23 日，国民政府明令公布，自 1929 年 10 月 10 日起施行。

　　总则公布之后，起草委员会即开始着手起草其余各编。1929 年 6 月 5 日，国民党中央政治会议议民法典采"民商合一"的体制和民法债编立法原则十五项，起草委员会遂按照政治会议决议开始起草债编，经先后开会一百五十余次，历时五个月，于 1929 年 11 月 5 日，在立法院会议上通过，同月 22 日国民政府公布，于 1930 年 5 月 5 日施行。1929 年 8 月 21 日，根据此前中央政治会议议决的民法物权编立法原则，起草委员会又开始起草物权法，先后开会四十余次，于该年 11 月 19 日经立法院通过，后经国民政府公布，定于 1930 年 5 月 5 日施行。

　　但是同样到亲属、继承两编那里，就没有这么顺利了。时任立法院院长的胡汉民、副院长的林森，考虑到这两编关系到国民党党纲及各地习惯甚大，非详加审慎，诚恐多所扞格。于是提请中央政治会议制定这两编的立法原则。原则制定出后，起草委员会为了慎重起见，决定仍从习惯调查着手。于是起草委员会同立法院统计处商议，制定多种调查表，发交各地征求习惯。同时，将前北洋政府的民商事习惯调查报告进行整理，并将各种重要问题分别交付委员会顾问、秘书、编修等，比较各国法制详加研究。经过将近一年的准备，到 1930 年秋，起草委员会才开始起草亲属、继承两编，到 1930 年底，两编先后告竣。该年 12 月 3 日，立法院通过了此两编，同月 26 日，国民政府将这最后两编公布，定于 1931 年 5 月 5 日起施行。

　　故自 1929 年 2 月 1 日开始，到 1930 年 12 月 3 日，不到两年的时间，新民法典就全部完成并公布，采用的方法是开会集体讨论条文的起草，起草一编就通过公布一编，接着起草下一编，边开会、边起草、边通过、边公布，立法进程非常紧凑，如此，在两年不到的时间之内，就完成了庞大的民法典的制定，这样效率是非常高的。当然，也因为立法起草速度的过快，也留下了一定的问题。

（二）民国民法典的立法原则

如上所述，在起草委员会起草各编之前，先得由立法院提请中央政治会议议决各编的立法原则，中央政治会议议决的立法原则内，有时还带有"按语"，对之所以确立此原则的理由再加说明。这种文件至关重要，民法各编条文莫不以此为指导。"总则"、"债"、"物权"三编称之为"立法原则"，而"亲属"、"继承"两编则称为"亲属法先决各点审查意见书"、"继承法先决各点审查意见书"，虽说为"意见"，实质上也就确立了相关的立法原则。

总则编立法原则如上所述，共十九条；债一编，则有十五条，确认了合意主义、契约自由、诚实信用等债法原则；物权一编，则也有十五条，确认了物权法定、一物一权、公信公示、平等保护等物权法原则。而亲属编，则针对"亲属分类"、"夫妻及子女间之性质"、"亲属之范围"、"成婚年龄"、"亲属结婚之限制"、"夫妻财产制"、"妾之问题"、"家制应否规定"等八点上做了原则性的说明。至于继承一编，则在"宗祧继承应否规定"、"遗产继承是否以宗祧继承为前提"、"继承人质范围顺序及其应继分"、"配偶应否继承遗产"、"配偶继承顺序及应继分"、"继承开始前赠与之财产应如何计算"、"对于遗产有贡献之继承人应否规定报酬"、"特留财产之范围"这八点上做了原则性规定。①

这些都是各编具体的立法原则，如果从宏观的立法指导思想来看，则国民党南京政府的民事立法原则可以概括如下：

1. 男女平等原则

这个原则早在 1924 年的国民党党纲中就有规定，其中党纲"对内政策"部分第十二条就提到，"于法律上、经济上、教育上、社会上确认男女平等之原则"，而孙中山的"三民主义"中的"民权"部分，也含男女平权之义。比较这部民法典与前清的第一次民律草案和北洋的第二次民

---

① 参见潘维和：《中国近代民法史》，台湾汉林出版社 1982 年版，第 101—124 页。

律草案，其男女平等的原则体现得非常明显。比如第一次草案和第二次草案中，妻子的行为能力均有限制，但是民法典中无此规定。又如第一次草案和第二次草案均不认为女子有遗产继承权，而民法典则不问男女，关于遗产继承均属平等。显然，女性的权利在新民法典中得到承认和尊重，符合世界进步潮流。

2. 废除宗法原则

民国民法典的制定者，均为新派人士，接受过良好的新式教育，且制定之时，距离帝制被推翻之时也有二十年，时代已经发生了巨大变化。所以第一次草案和第二次草案中保留的大量封建性因素，至此得到了大幅度修正。新民法典彻底废除了宗祧继承制度，废除了传统亲属中宗亲、外亲、妻亲的分类发放，而采用世界通行的配偶、血亲、姻亲的分类，再亲等的计算中，采用了更合乎现代潮流的罗马计算法，非复强调宗法的寺院计算法。这些都是民法典现代性的体现。

3. 社会本位原则

自资本主义进入垄断时期之后，"私法社会化"的趋势日益明显，在很多方面都有表现，比如对传统的合同相对性原则的突破和对社会公益的强调以及对私人权利滥用的禁止等等。民国民法典的制定，同样遵循了社会本位的原则，立法院议决的《民法总则起草说明书》中就提到：

> ……驯至放任过甚，人自为谋，置社会公益于不顾，其为弊害，日益显著。且我国人民本已自由过度，散漫不堪，尤须及早防范，藉障狂澜。[①]

受此思想的指导，民国民法典注重于保障社会公益，禁止滥用私权，同时加强对社会上弱者的保护。比如总则编关于设立法人之干涉，限制禁治产之宣告，缩短时效之时间；把原"债权编"改为"债编"，并对债务人加以保护，以及物权编重祖产之占有者与使用人之权益，均以社会公益为依归。

---

① 《中华民国民法制定史料汇编》，（下）（台湾"司法行政部"辑），1976 年刊，第 382 页。

4. 适当照顾习惯原则

民国民法典总体而言是近现代法律进化的产物，其制定者亦均为新学之士，立法的用意也在于制定全新的、符合世界潮流的民法典，所以对于我国固有的习惯，并不一味依从，其意在于他们希望通过立法来移风易俗，对于某些不符合现代民法潮流的习惯，坚决予以修正。比如依照传统习惯，如果买主与所有权人有某种亲缘、地缘关系，就拥有财产的先买权，如果财产是不动产，如果买主与之有相邻关系，亦具有先买权。现实生活中，几乎都是按照这种习惯来处理的。但是民国民法典并未规定这样的先买权。再如婚约问题，按照习惯，男女双方一旦定有婚约，即是履行了结婚行为的一部分，故而婚约具有强制拘束力，但是民国民法典在第九七五条中明确规定婚约不能强迫履行，这与习惯已经背道而驰。再如当时社会中纳妾行为比比皆是，但是民国民法典中却从无明文规范妾及其法律地位问题。诸如此类，可见民国民法典对于许多习惯，认为是陋习，而不予认可。

虽然如此，对于行之已久，且不违反善良风俗的民事习惯，民国民法典还是予以吸收，比如"典权"的问题，在中央政治会议议决的《物权编立法原则》中有过这样的说明：

> 我国习惯无不动产质而有典，二者性质不同，盖不动产质为担保债权，出质人对于原债务仍负责任，苟质物价格低减不足清偿，出质人仍负清偿之责，而典则否。质权既为担保债权，则于出质人不为清偿时只能将质物拍卖，就其卖得金额而为清偿之计算，无取得其物所有权之权利，典则用找贴方法，便可取得所有权。二者比较，典之习惯远胜于不动产质。因（一）出典人多经济上之弱者，使其于典物价格低减时抛弃其回赎权，即免负担于其物价格，高涨时有找贴之权利，诚我国道德上济弱观念之优点。（二）拍卖手续既繁，而典权人既均多年占有典物予以找贴，即取得所有权如系最便利之方法，故于民法中应规定典权，至典系以转移占有为条件，故

又与抵押不同。①

正因为传统的"典"有这样的益处，且久为民众所认可，所以虽然其既不同于抵押，又不同于不动产质，于西方民法学理上无可归类，但是民国民法典仍然认可其效力，而专设"典权"一章。

另外，针对"家制"，要不要设立家长的问题，民法典也一定程度上照顾了习惯，在立法原则中规定了两点：第一，家制之规定应以共同生活为本位，置重于家长之义务；第二，家长不论性别。这还是承认了家中是有家长的，与传统习惯一样，区别在于传统家长制强调家长的权利，而民法典则侧重于家长的义务。

所以，民法典在针对传统习惯上，用的是一种辩证的思路，采适当照顾习惯的原则，而不是将习惯全盘照搬。

二 民国民法典的主要内容及其特征

（一）民国民法典的主要内容

民国民法典延续了此前的五编制体例，但在具体章节和条目上有着很大的变化。条文总数为一千二百二十三条，较《大清民律草案》的一千五百九十六条和《中华民国民律草案》的一千五百二十二条，都大为减少，体现了立法概括性程度的提高。其主要内容为：

第一编"总则"，共七章一百五十二条，依次交待了法例、人、物、法律行为、期日及期间、消灭时效、权利之行使。法例中提到了民事法律渊源为法律，如无法律，则依习惯；如无习惯，则依法理。作出这一规定，可有效填补法律的漏洞，俾司法有所依凭。而这是民国民律草案所忽视的。

第二编"债编"，共二章六百零四条，章节条目很大程度上与民国民律草案类似，但是立法精神上强调对债务人的保护，所以不用"债权"，而用"债编"。关于债的发生依据，该编规定了契约、代理、无因管理、不当得利、侵权行为这五种情形。关于契约，双方当事人需要意思表示

---

① 潘维和：《近代中国民法史》，台湾汉林出版社 1982 年版，第 107 页。

一致方得成立契约，且意思表示亦得符合法律规定，契约要生效还得主体、意思表示、客体均适格才可。至于契约的种类，则分为买卖、互易、赠与、租赁、借贷、雇佣、承揽、出版、委任、居间、寄托等二十余类。债编主要的篇幅就在于对这二十余类的契约进行规定，至于其他之债，债编亦根据其各自的特征进行权利义务的界定。

第三编"物权"，共十章二百一十条，各章依次是通则、所有权、地上权、永佃权、地役权、抵押权、质权、典权、留置权、占有。物权编明确了中央政治会议议决的物权基本原则，包括物权法定，物权不得以契约自由创设，物权不得按照习惯设定，不动产登记等原则，还特别规定不动产物权的设定、转移必须以书面方式为之。对于所有权，该法对不动产所有权和动产所有权的取得时效分别进行规定。最有特色的是其担保物权方面，如上所述，加上了"典权"一章，规定了最长典期为三十年，典权人和出典人都可以转让其权利，典权人可以将典物转典或出租他人，但不得超过原典期。典期限满，出典人应找贴回赎典物，如限满两年不回赎，则绝卖。

第四编"亲属"，共七章一百七十条。各章依次是通则、婚姻、父母子女、监护、扶养、家、亲属会议。该法一个最大的特征就是在亲等计算方面，民国民律草案还沿用传统"五服"来计算，而民法典则采用了罗马法亲等计算方法，并将亲属分为血亲、配偶和姻亲三类。同时该编与法国、瑞士民法典接轨，规定了结婚的年龄、程序及禁止结婚的诸情形，废除了某些传统的婚姻习惯。贯彻了婚姻自由的理念，对于离婚，则增加了部分条款，且对离婚后家庭成员的保障也有所重视。此外，适当照顾了传统习惯，设有家长，家长在一定范围内，对家庭成员具有惩戒之权利。

最后一编"继承"，共三章八十七条。各章依次是遗产继承人、遗产之继承、遗嘱。该编完全废除了此前"宗祧继承"的种种规定，同时扩大了继承人的范围和继承的顺序，规定同顺序继承人的继承份额相等，极大地体现出"平等"这一民事法律精神。但在继承人对被继承人有重大不良行为时，则丧失继承权。至于遗嘱，则采"自由"原则，规定了物种遗嘱方式和对遗嘱处分权的限制。当然，也保留了部分传统习惯。

（二）民国民法典的特征

民国民法典一经公布施行，即引起中外交口称赞。有的从第一部正式民法典的诞生上着眼，如吴经熊认为："此后中国已成为一个有民法典的国家了，这是法制史上何等重要，何等光辉的一页！"[①] 有的从法律渊源方面来着眼："集现代各国民法之精英，而弃其糟粕，诚巨制也。"[②] 还有的则从比较法方面着眼，如美国法学家庞德认为："中国法典的制定是很好的，民法及民事诉讼法足以跻身最优良的现代法典之林。"[③] 这表明民法典至少从形式上是非常成功的，除去上文所述若干特点之外，尚具备以下典型的特征：

第一，民国民法典展现了高超的立法技艺，在中国历史上第一次完成了专门的私法"典"的构造。首先在立法体例方面，它抛弃了此前称"民律"的做法，而直接用"民法"来命名，凸显了"法"的权利本位色彩，划清了公法和私法的界限，彻底结束了此前用前清现行刑律"民事有效部分"的历史，且因为同时制定有民事诉讼法，故民法典完成，实际上划清了实体法和程序法的界限，民法典最终成为了实体法典。此外，立法例采民商分立，将商法的基本问题归入民法典债编，这也是一大创新，堪称进步（详见下节）。其次在法典编制方面，除了继承此前五编制外，更优化了内部的章节排列顺序，章下分节，节下分款，款下分目，同一条文中有时又分项或段，如此层次分明，序列整齐。再次就法律用语方面，破除了此前民律草案中的前后用词不统一，且古今文体杂糅的弊端，而形成了典雅的现代化的法律文体，简明易懂，而且就法律用词的采择，亦能既根据时代的需要又合乎中国人日常行用的原则来做，比如"法例"、"抵销"、"典权"、"辈分"、"遗嘱"都是日常行用语言，而

---

① 吴经熊：《法律哲学研究》，上海法学编译社1933年版，第27页。
② 梅仲协：《民法要义》，中国政法大学出版社1998年版，第1页。
③ 《中华民国民法制定史料汇编》（下），（台湾"司法行政部"辑），1976年刊，第943—944页。

"法人"、"提存"、"特留分"则为外来语词，这些固有术语与外来术语能够很好地融合而无轩轾，民法典的立法技术可见一斑。

第二，引进了西方最新民法成果，符合现代民法发展趋势。民国民法典博采众长，举凡德、法、瑞、意、日等国民法典的精华，在民国民法典中都有所体现，诸如总则中的"法人"、"代理"、"时效"，债编中的债之发生、标的、发生、消灭、各种债的范围之扩大，以及物权编中的"所有权"、"权利质权"、"地役权"等相关规定，都能体现这种"与世界接轨"的趋势。同时，民法典还按照时代的要求，修正了此前民法私权神圣、契约自由和损害赔偿等经典的原则，而更加注重私法的社会效应，对近代民法中的绝对意思主义、契约自由、所有权绝对、过失责任加以限制，比如民法典规定了在若干种情形中，即便当事人无过失，也要承担损害赔偿之责，就是对此前民事责任形态的修正，这和现代民法典注重保护弱势群体、实现社会公平的立法趋势，是一致的。

第三，保留了部分优良的法律传统，一定程度上体现了"法的中国性"。最典型的就是前述"典权"的规定，且归类于用益物权行列。这与《大清民律草案》和《中华民国民律草案》有显著差别，"大清民律草案拾日本人牙慧，以质代典；民初之民法草案亦仅以典权为不动产质权，均与质权、抵押权等量齐观，泯没其用益物权之性质，与吾国惯例乖违；现行民法以专章规定我国固有之典权，保持优良之传统"。① 从典权的入律，可知当时的立法者还是能够深切体认国情和习惯的。其他如总则编中的"法例"之章，"成长"之制，债权编的租赁与雇佣，保证与合伙，亲属编中的扶养义务与家制，都和传统法律文化一脉相承，所以相比于前两次民律草案，"法的中国性"的特色表现得更加明显，这也是备受学者，尤其是来华考察法制的外国学者赞誉的重要原因。

但正所谓誉满天下，谤亦随之。民国民法典同样存在很多瑕疵。因为成书速度过快，所以"当时颇有人怀疑立法院在闭门造车，认为今日立法百余条，明日又百余条，诚如古人所谓'法令如毛'矣。且立法委

---

① 潘维和：《中国近代民法史》，台湾汉林出版社1982年版，第137—138页。

员亦非民选而来，如此大量立法能否适用，颇足怀疑"。①

按照计划，国民政府要在详细的习惯调查，并且仔细比较分析各国民商事法制的基础上编纂民法典，事实上也着手去做了。1930年5月，南京国民政府司法行政部就将民国北洋政府时期的民商事习惯报告加以整理，编印发行。该书定名为《民商事习惯调查报告录》，但实际上仅有"第一类"，包括民事总则习惯、物权习惯、债权习惯、亲属继承习惯四编，并没有应该有的"第二类"商事习惯。而且即便这些民事习惯的汇编，似乎也未经统一校勘，错讹之处所在多有，甚至有很多习惯本很明显应在此编的却置于彼编，有的甚至认债权为物权。可见司法行政部编印这个报告录，并没有精心编纂，而是草草了事，且半途而废。考虑到1930年12月，民法典即已告竣，更说明民事习惯调查对于立法的指导，是不够充分的。此外，虽然南京国民政府也开展过新的调查统计，但是统计数据发挥的影响力依然是有限的。

在这样快速立法的进程中，即便立法起草者素质再高明，挂一漏万之处势无法避免，所以这部民法典也存在许多显而易见的缺陷，比如在法典体例中，债编第一章为"通则"，同章中第六节"债之消灭"第一款又叫"通则"，第二章"各种之债"中第一节"买卖"第一款也叫"通则"，标题都相同，虽然按照层级和逻辑，是可以理解的，但是通则之中又有通则，还是容易产生混淆；而在法典编制方面，如债编第一章第一节第二款，认为代理权之授予，为债发生原因，规定事项与规定地位不相符。此外，在法律用语方面，亦有前后不一致之处，比如有时将"雇用人"错讹成"受雇人"等。而且对于某些明显存在但不符合历史潮流的现象，民法典干脆予以回避，比如妾、亲邻先买权等等，法典不置一词，而将这样的难题推给司法机关，造成司法的不一致。这些都是民国民法典遗留的问题。

不过瑕不掩瑜，虽然存在着这样或那样的不足，但是从形式到内容，

---

① 蒋永敬编：《民国胡展堂先生汉民年谱》，转引自张生：《中国近代民法法典化研究》，中国政法大学出版社2004年版，第190页。

民国民法典都已经是空前完善的法典，是中国法制史上的一大飞跃。

三 南京国民政府时期的商事立法

南京国民政府时期的商事立法，摒弃了此前法典化的立法模式。将商事主体和行为等原理性或概念性的规范，置于民法债编之中。而具体的内容，则按照商法类别，用单行法的形式确立下来。它在清末以来商法的基础上更进一步，从而形成了包括公司、票据、海商、保险、证券等法在内的一整套商法规范。

（一）民商分立的立法体例

清末和民初修律，都曾采民商分立的立法体例，但是随着近代私法社会化进程的发展，民商合一越来越成立私法创制的体例。1929 年 6 月 5 日，国民党中央政治会议第一百八十三次会议议决通过了编订民商统一法典的提案。这部由立法院院长胡汉民、副院长林森提出的提案中，对于采民商合一的理由，进行了详细的说明。

首先从历史上来看，该提案认为西方在民法典外单独制定商法典，比如法国，有其特殊的历史原因，因为该国的商人自成一阶级，有其身份法，并且有其组织团体，而中国商人，从未形成特殊的阶级，不具备独立的身份法，故没有必要制定单独的商法。

其次，从社会进步的角度来看，以往倡民商分立者，都认为商法所定，重在进步，民法所定，多属固定。但是随着社会局势的发展，法律的修改势所必行，不管是民法还是商法，都应该与时俱进，与采何种立法体例没有必然联系。

第三，从法律交流的角度看，倡民商分立者，认为商法具有国际性，而民法则否，所以单独立商法典更便于国际交流。但是提案则认为即便民商分立，其法典中仍不免要规范到自己国家独特的地方，也难求"接轨"，所以法律交流与立法体例无关。

第四，从各国立法趋势来看，民商合一事实上已经占据了上风，中国不需要逆潮而上。

第五，从贯彻平等思想的角度来看，在提倡人人平等的近代，不需要在人民之中专门再划出一个商人阶层，也无须在职业类别中单列出商事或商业。

第六，从编订标准来看，到底是以商人为标准还是以商业为标准来制定规则，不容易确定，"商行为"究竟怎么来定义，实在困难。

第七，从编订体例来看，各国商法内容极为不一致，缺乏一个统一的标准，所以如果一定要民商分立，只会自取烦扰。而民法则有一个相对统一的总则，可以贯穿全法典，商法则无法以总则贯穿其全体。

最后，从商法和民法的关系来看，商法仅仅是民法的一个特别法，很多内容能够涵盖进民法中，实在没有必要单独成法典。①

于是后来修纂民国民法典时，即遵循了民商分立的体例。故南京国民政府时期，商事立法中不再存在《商人通例》，而是将有关内容并入民法典中，除了契约法之外，其余的商事法律则一一有单行法问世。

（二）作为民事特别法的商法——商事立法概况

南京国民政府时期，对于商法，大多是在北洋政府时期纂修的商法基础上加以增、删、改的基础上创制的。

1929年12月3日，南京国民政府公布了《公司法》，新公司法同样是在无限公司、两合公司、股份有限公司和股份两合公司的四分法基础上进行规范的，只是较之于此前的公司法，新公司法更加侧重于在公司的内部治理形式和公司的社会责任这两方面加以完善。到1940年，因为抗战之需，又出台了《特种有限公司条例》，增加了一"特种有限公司"，这种公司实际上带有某种行政管理的色彩，并非完全的商事主体，战后公司法修改时，特种公司连同其法制也就成为历史。

1929年10月30日，国民政府又公布了《票据法》，共五章一百三十九条，第一章"总则"界定了相关票据种类，规定了相关的票据行为，第二章"汇票"，则详细地规范了发票及款式、背书、承兑、参加承兑、

---

① 参见国民政府立法院《编订民商统一法典案》，转引自潘维和《近代中国民法史》，台湾汉林出版社1982年版，第139—141页。

保证、到期日、付款、参加付款、追索权、拒绝证书、复本、誊本等票据行为和票据形式；第三章"本票"和第四章"支票"，则主要规定了不同于"汇票"的具有各自独立特征的内容，最后一章则是附则，对附带问题进行规范。

1929 年 12 月 30 日，国民政府公布《海商法》，分为"通则"、"船舶"、"海员"、"运送契约"、"船舶碰撞"、"救助及捞救"、"共同海损""海上保险"这八章，但是与传统海商法不同的是，限于时代因素，国民政府有意通过制定该法，加强航运的管制。为此还特别设立了《船舶法》、《船舶登记法》等一系列的配套法制。

同样在 1929 年至 1930 年之际，国民政府颁布《保险法》，但这部法律并不完善，一直到 1937 年，才最终修改完善。该法分"总则"、"损失保险"、"人身保险"三章九十八条，对于保险人、投保人、险种、保险费、保险责任、保险金额等内容有着详细的界定。

这样，至 1930 年止，基本的商法大体完备，此后，国民政府又陆续地推出各商法的实施法或施行细则，另外还颁布了《商标法》、《商业登记法》、《商业会计法》、《专利法》、《证券交易法》、《保险业法》、《土地法》、《银行法》等一系列商业法规，作为民法典的特别法，从而构筑起了整个私法的体系。

这样，自清末修订商律开始，到南京国民政府时期《民法典》及《六法全书》的问世，近代私法终于灿烂大备。其后国民党当局在大陆的统治覆灭，退守台湾，但是在法律上，仍然沿用了六法体系，经过历次修改，一直到今天。

第五章　近代司法的变迁

　　在时间、空间、理念以及实践的各个层面上，近代司法与其他如公私法等法律规范系统的养成大都会遇到相同或者类似的问题，因而司法的现代性问题在很大程度上是清末以来法律转型过程中的一个共同问题。尽管如此，我们因为在中国历史的语境中去思考司法的进程与意义，那么则需要我们注意基于中国司法改革历程自身所引发的一些特殊方面。对于这些特殊方面的认识与解读，可以帮助我们进一步思考关于制度设计与制度实践中的各种实际问题，因而不仅可以有助于我们反思司法制度本身，而且还可以有助于我们继续思考法律改革的现代性这一整体问题。

　　以近代司法的特殊性为着眼点，本章主要内容共分为六个部分：一、司法为国与司法为民：自清末变法以来，司法改革的重心到底应是"为国"还是"为民"以及两者如何兼顾，这涉及到司法改革的价值取向问题，同样这也关系到司法制度设计与实践的宏观层面。我们若希望了解近代司法的进程，则我们需要首先注意这一问题。二、法庭化与法官化：近代司法改革的努力能够很容易通过数据统计的方式得出一个总体的历史图景。因此，解读司法，请从数字始；三、无法状态：中国法律"看不见中国"与司法"代法受过"。[①] 第三部分的标题出自于当时司法界对

[①]　"法官代法受过"这一观点出自章宗祥："有不能已于言者，则司法官为法受过一事……中国现行法律之不备及不适于社会者，不可胜数，此等情形有立法之责者，亟宜从事编订修正而不能即视为适用法律者之过。"参见章宗祥：《关于司法问题之谈话》，载《庸言》，"司法界之名论"部分，第 2 卷第 1—2 期，1914 年，第 5 页。章氏时任大理院院长。

于近代法制改革的一些看法。至于这些观点本身是否完全符合史实是一个问题，但在这样的看法与观点产生后，它们对于司法会很难带来积极的影响这一点则是确定无疑的；四、法官罢工：在 20 年代初，当时的首都发生了法官检察官集体罢工的事件。我们可以对这一事件有不同的解读，但由此出发我们可以明白近代司法改革的进程不只是关乎司法独立问题；五、法律与政治：在这一层面，司法党化问题是我们在了解近代司法改革不得不去思考的问题；六、法律民族化：在近代中国法律转型过程中，我们看到了中国特有的法律民族化运动，主要的内容之一就是三四十年代的重建中华法系论潮。简单言之，本章这六个部分的内容涉及到近代司法改革所关乎的价值问题、制度设计问题、立法与司法的关系问题、司法进程问题、司法的政治参与以及角色问题。在六个主要部分之外，本章还有一个简短的结语部分。本章的写作只是提出笔者个人所认识到的关于近代司法的一些特殊问题，当然也希望本文能够为如何解读司法的历史及如何勾连历史与当下的意义，提供些许的帮助与启发。

第一节　司法的价值取向

价值问题是我们理解司法的制度设计与制度实践的一个基本问题。我们若要了解近代司法的基本价值取向问题，则需要对于民国司法有一个整体的大致了解。汪楫宝[①]著《民国司法志》一书就能够为我们整体上认识民国司法提供这样一种方便。因此，本节的内容是笔者对于该书所作的一个简短书评。

---

① 汪楫宝，字君济，1888 年 5 月生于江苏吴县（同辈兄弟中汪荣宝最为知名），上海震旦学院文科肄业，1958 年 3 月卒于台北，时任公务员惩戒委员会委员。汪楫宝先生一生四十五年服务法界，自民初至国民政府，一直服务于司法中枢机关，由低级科员始，渐升至司法次长。对于司法身体力行，写作司法志驾轻就熟，最知其中肯綮。有关汪氏生平年表，请参见江照信整理：《汪楫宝先生学术年表》，收入《民国司法志》"附录"部分，商务出版社 2013 年版。

　　汪著《民国司法志》，篇幅简洁精炼，字数不过二十万字上下，内容主文部分共有弁言、引论、余论及十章三十四节。章节中又以组织、法典、法权、法官、律师、民刑事务、监狱事务、行政诉讼、公务员惩戒、其他如司法经费、司法会议、司法复员为主要内容，写作纯依国民政府进入 30 年代、形成以司法院为核心的制度体系为准，以司法行政、司法裁判、行政诉讼、公务员惩戒、监狱建设五种司法制度功能为写作分野，虽然能概括国民政府以司法院为核心的制度精义，但因写作重心集中于司法院制度，结果却明显忽略司法院体系形成前民初司法进程，我认为，此最为汪著《民国司法志》之所失也。尽管如此，汪著《民国司法志》仍足能传达民国司法大致进程与脉络，而读者诸君如欲一读为快，把握其精神，我建议先从谢冠生氏所为该书弁言与该书引论、余论及第三章法权始之。

　　中国自清末以来变法，按谢冠生所言："一考当日变法动机，与条约上所作对外宣言，专心致志，以收回法权为念，其他暂非所计，其苦心孤诣，亦无可厚非。惟欲法制推行尽利，必须适应国民之要求，然后始能博大众之信仰，原属不易之理。"[①] 按此，我们解读民国司法进程史，大致应从两个方面理解，即一方面表现在"为国司法"，如汪楫宝开篇所论，"自晚清海禁大开，中国受列强侵略，乃始翻然有变法之决心，中国乃步入新法治时代。国民政府根据主义，编纂民刑各项法典，公布施行。全国法院及新式监狱次第兴建，卒能收回法权，完成法治"。[②] 即变法动机上，专心致志，收回法权，也就是说，民国司法史上存在一种主流司法意识形态，无论修约还是废约，都存在强烈的国权意识，由能够"收回法权"，然后才可以"完成法治"。

　　另一方面表现在"为民司法"，如汪楫宝所言，"盖新司法制度已行之四十余年，默察社会舆情，仍不免有扞格之处。推原当初改革动机，

---

　　① 参见谢冠生为《民国司法志》所撰写的弁言，收入汪楫宝：《民国司法志》，台北正中书局 1954 年版，弁言部分第 1 页。

　　② 参见汪楫宝：《民国司法志》，台北正中书局 1954 年版，引论部分第 1—2 页。

颇侧重于获得外人在华领事裁判权之放弃，以是有关司法上一切新措施，大致皆就欧美成规，亦步亦趋。中西国情互异，自难完全适合。现在领判权既已撤销，又当宪政实施之后，改进司法之道，应力求以人民好恶为归"。① 也就是说，国家法制如何取得国民信仰方面，要由"就欧美成规"向"以人民好恶"转变，适应人民要求，即民国司法史上有存在一种内在固有的民权意识，因而，我们理解民国司法史，需要注意其"司法为国"与"司法为民"两个方面。

那么，在两种司法意识形态作用下的民国司法进程总体表现如何，汪楫宝先生于书中亦有简单概括，即如其在该书余论部分所言，"尝谓中国司法权之完整，有三大障碍：一为外国领事裁判制度；一为县长兼理司法；一为司法经费之不统一。在抗战期间次第取消，已为建设法治辟一坦途，然未能达到理想之标的者，尚复不少，如审判系统之应否调整、检察机构应否扩大或者缩减，均须彻底检讨；他如法令规章之补充修正，司法人员素质之提高、员额之配置，待遇之改善，以及普设监狱等等，无不有待于继续努力"。②

我们需要注意的问题在于，如汪楫宝所言，民国大部分时间里（抗战结束前），有三大障碍始终未除，建设法治未辟坦途，那么这些障碍到底是如何产生？又如何影响司法进程的？民国司法之理想又是如何？我认为，这三个方面的问题意识及解决，大致可以提供解读民国司法应当遵循的思考进路。

又按谢冠生所论，终北京政府时代（1912—1927），全国法院仅一百一十四所（未计入地方分庭数量），即高等审判厅二十一所，高等分厅二十六所，地方厅六十七所。而此后经历国民政府持续努力建设，至1948年，终得最高法院一所，高等法院三十七所，高等分院一百一十九所，地方法院七百八十二所，③ 虽县长兼理司法之秕制已不复存在，县法院却

---

① 参见汪楫宝：《民国司法志》，台北正中书局1954年版，第112页。
② 参见汪楫宝：《民国司法志》，台北正中书局1954年版，第112页。
③ 参见汪楫宝：《民国司法志》，台北正中书局1954年版，弁言部分第54页。

始终未立，而独立行使第一审管辖审判职务之县司法处，大多只有由审判官一人，此类司法处全国一千三百一十八所。梁启超认为，清代官制改革唯一之结果为司法独立。不论司法独立意义如何，民初北京政府十六年半，所谓独立从数量上看，就是一百所法院之司法史，而国民政府二十年，又明显表现为法院规模扩展史。需要注意，自清末修律以来实行三审终审制，民国因循未改，则仅按法院数量而言，如何解读评价司法独立与司法制度转型？与此相应，我们如何理解民国司法进程？外国领事裁判权、县长兼理司法、司法经费不统一可能影响于民国司法的事实如何？司法独立观念、法权观念以及法治观念在民国司法界可能形成怎样的影响？四十年司法建设，由就欧美成规到以人民好恶为归，整体上于中华法系有何贡献？当辛亥百年之后，我们重新审视民国司法，诸如此类问题，似不可避免。而所有以上问题之产生与解决，又均与司法两大意识形态"为国"与"为民"息息相关。

第二节　法庭化与法官化

关于司法制度在权力分立及共和传统中的政治角色如何，以及关于司法独立原则精义如何解读，理论上见仁见智，而实践中如何养成共和司法传统，则因地制宜，因时而异。概言之，民国司法进程四十年足以为我们提供充分的史鉴，欲理解其中事实，请先从数字始。事实上，在整个民国时期，司法建设多表现为对法庭与法官的数量建设，以求法庭与法官数量的增加，本节将这种对于法庭与法官数量上的建设过程，概称为司法的"法庭化"与司法的"法官化"（以取消县长兼理司法为基本目标）。

按汪楫宝著《民国司法志》，自 1912 年至 1927 年，仅就司法总长一职来看，人事巨变频仍，具体事实如下表所示：

表 1　司法部职位人事更迭表

年份	总长职位人事更迭
1912 年	1 月，南京临时政府成立，设司法部，伍廷芳任司法总长，王宠惠 3 月 30 任，7 月 14 去职，王式通 7 月 16 暂代，许世英 7 月 26 任，1913 年 9 月 4 日免。
1913 年	9 月 4 日，王守珍代，至 9 月 11 梁启超任职。
1914 年	2 月 2 日，梁启超免职，章宗祥任。
1914 年至 1916 年	章宗祥任至 1916 年 6 月 30 日，调任，张耀曾任（未到任前张国淦兼署），8 月 2 日江庸暂代。
1917 年	6 月 8 日张耀曾请假（徐谦代）（江庸 6 月 16 代），6 月 29 日辞，江庸署，7 月 17 日免，林长民任，11 月 30 日辞。12 月 1 日江庸署。
1918 年	江庸至 1918 年 3 月 18 请假（张一略 3 月 18 代），3 月 29 免，朱深任。
1918 年至 1920 年	朱深任至 7 月 24 日免，张一略 7 月 24 日代，董康 8 月 11 日署。
1921 年	12 月 25 日，董康免，王宠惠任（未到任前，董康署）。
1922 年	4 月 22 日王宠惠任（未到任前罗文干署），6 月 11 日免，同日署，8 月 5 日免，张耀曾署，9 月 19 日免，徐谦署（石志泉 9 月 20 代），11 月 29 日免，许世英署。
1923 年	1 月 4 日许世英免，王正廷署，1 月 12 免（未就），程克署，1 月 25 日任。
1924 年	1 月 12 日免，王宠惠任（未到任前薛笃弼代），9 月 14 日免，张国淦任，10 月 31 日免，张耀曾任，至 11 月 24 日章士钊任。
年份	总长职位人事更迭
1925 年	7 月 28 日章士钊调，杨庶堪署，未到任前章士钊兼代，8 月 18 日到职，12 月 31 日免，马君武任（未就）。
1926 年	3 月 4 日马君武免，卢信任，4 月 17 日免，王文豹 4 月 19 日代，5 月 13 日张国淦复职；6 月 22 日任，7 月 6 日免，罗文干署。
1927 年	1 月 12 日罗文干免署，同日任，至 6 月 20 日姚震任，11 月 12 日假（单豫升代）。
1928 年	1 月 12 日，姚震回任，至 2 月 25 日，王荫泰任。

　　* 参考汪著《民国司法志》，页 114—145。该表又参考刘寿林编纂《辛亥以后十七年职官年表》，页 73—89 司法部职官表。

　　如表所示，除 1915 年章宗祥任职司法总长、1919 年朱深任职司法总长外，无一年司法总长人事能够稳定不变。尤其 1922 年，司法总长职位六易其人，而按刘寿林所制北洋政府历届总统国务总理简表，该年内阁总理人事九变，[①] 乱象纷呈。司法中枢不能稳定，司法进程又如何推进呢？汪著《民国司法志》，似对于此语焉不详，并以国民政府为正统，于 1928 年前民国司法史每章节总以一笔略过。笔者对于此点，殊感遗憾。进入国民政府时期，与北京政府时期相较，司法院长居正任职十六年半（1932—1948），时间正好与北京政府时期相同，不论司法历史情境如何，民国司法因居正一人而可以有稳定可能，因而民国司法又可以分为两时期，一为居正司法时期，其他则整体为一时期。一旦可以划定时期，理解民国司法便可以有章可循，而汪著《民国司法志》，因偏重于国民政府时期制度史实，似又是一篇居正司法史也。[②]

　　按 1912 年 12 月 15 日《司法公报》第三号，据当年直省调查报告填注之"各省已拟设各级审判检察厅一览表"，[③] 我们可以此作起点，更进一步解读民国司法的制度进程：

表 2　各省已拟设各级审判检察厅一览表

区别	类别	高等审判厅	地方审判厅	地方审判分厅	初级审判厅	计（审检合计）	合计（审检已拟设总数）
直隶	已设	1	2	1	5	20	20
	拟设						
奉天	已设	1	6		7	29	29
	拟设						

---

　　①　参见"北洋政府历届总统国务总理简表"：1922 年，由梁士诒、颜惠庆、周自齐、颜惠庆、王宠惠、唐绍仪、王宠惠、王大燮、王正廷一年内交替任职内阁总理，收入刘寿林：《辛亥以后十七年职官年表》，中华书局 1966 年版，第 4—5 页。

　　②　有关史实，可以参见江照信：《中国法律"看不见中国"：居正司法时期（1932—1948）研究》，清华大学出版社 2010 年版。

　　③　参见《司法公报》第三号，1912 年 12 月 15 日，报告第 1—3 页。

吉林	已设	1	3		10	28	28
	拟设						
黑龙江	已设	1	1		1	6	6
	拟设						
江苏	已设	1	53	1	53	220	248
	拟设		7		7	28	
安徽	已设	1	2		2	10	22
	拟设		3		3	12	
山东	已设	1	2			12	12
	拟设				1		
山西	已设	1	2			8	8
	拟设						
河南	已设	1	2		2	10	38
	拟设		7		7	28	
陕西	已设	1	1		2	8	196
	拟设		2		83	188	
甘肃	已设						8
	拟设	1	1		2	8	
新疆	已设						18
	拟设	1	4		4	18	
福建	已设	1	2	1	4	16	16
	拟设						
浙江	已设	1	2		2	46	174
	拟设				64	128	
江西	已设	1	4		4	18	28
	拟设		1		4	10	
湖北	已设	1	2		69	162	162
	拟设						

续表

湖南	已设	1	1		1	6	6
	拟设						
四川	已设	1	3	6	10	42	42
	拟设						
广东	已设	1	4	2	8	30	30
	拟设						
广西	已设	1	2		2	10	20
	拟设		2		2	10	
云南	已设	1	1		1	6	6
	拟设						
贵州	已设						6
	拟设	1	1		1	6	
总计	已设	19	23	11	196	687	1123 * 总计中包括高等分厅已设 4 个，拟设 1 个，未列入表内
	拟设	3	37		177	436	

由上表所示民国初年司法现状及规划，我们再简单与第一表中各年份人事乱局比较，我们便大致可以把握司法制度上的整体进程。如再进一步，当我们读 1926 年《法权报告书》，西方人为何不允放弃法权，继而 1927 年进入国民政府之后，司法界如何激进反应，1935 年后为何提重建中华法系，以及《六法全书》规模奠定与司法界所承受之压力，以及因此总体上影响司法独立与共和法治之进程，我们大致就会有了一个理解的初始点。

自清末以来，人们一直努力追求司法独立的理念，其意甚美，问题在于论者每每假定建法院为轻易之事，或者推定司法独立只要有法院便可行之有效，而事实上，一旦如民初十六年全国只有一百所法院的史实所示，司法如何能离法院而独立有效？关于法庭化之困境的总体状况，请参见下表 3 所示。在民国时期，司法独立，至少应从两个方面言，一在于法院之司法独立，一在于替代法院者之能否司法独立，而后者又可以成为检测中国法律传统，并建立古今连续性，解决中国司法现代性问题的一种独特进路。之所以有这样的看法，就是因为法庭化与法官化在史实上并不是一个简单的问题，而一旦存在这样的问题，改革者必须要思考可能的替代选择。事实上，自民国进入第十年后，因法院短缺、法院不能普设这一困局激起了民国司法界的制度再造与法律民族化运动。民国司法界这样的努力一直未曾间断过，三四十年代的重建中华法系运动就是其中一个典型事例（参见本章第六节）。

表 3　历年法院数量表

年份	法院总量 (1938—1947 年数字为每年增量)
1947	2223
1947	+60
1946	+145
1945	+150
1944	+28
1943	+1
1942	+7
1941	+52
1940	+18
1939	+18
1938	+10
1937	1290
1936	398
1935	382
1934	301
1933	336
1932	309
1931	342
1930	320

续表

1929	302
1928	221
1926	139
1925	260
1912	327

我们再来看法官数量，按 1912 年许世英总长所提《司法计划书》，"吾国疆域广大，需用之法官狱官，预计五年完成时，法官逾四万人，狱官将及二千人"，[①] 也就是说，五年（1913—1917）当中，每年至少生产八千法官。又按按照王用宾所著《近年司法行政之革新运动》："十五年在广州举行首次法官考试，录取五十人，党化司法，肇基于此。及国民政府奠都南京，继承遗志，十八年一月筹备法官训练所……计自广州国民政府以迄今兹，法官之受其考试训练而出身者，已一千余人矣。"[②] 按此，自 1926 年至 1936 年，国民政府考试训练法官不过一千余人，较之司法制度之理想，差距不言自明。按桂裕氏所言，至 1948 年，高地两级（包括分院）推事及检察官人数共 4163 人，县司法处有 1318 人，而审判官只有 2174 人。[③]

如按汪著《民国司法志》整理法官数量表如下所示，民国四十年所产生之合格法官数量总和，却不能满足民初司法计划中一年所需人才之数量，现实远离理想，那么司法计划又如何能够可以实行？而反过来讲，法官群体数量之简约，就其承担司法转型使命而言，又逼使司法界不得不具有创造力，然后他们才可能推进司法进程。因而，在我们看待民国司法官时，须表示出同情与敬意，同时司法进程点滴成功，背后艰辛可知。

---

　　① 参见《许总长司法计划书》，载《司法公报》第 3 号，1912 年 12 月 15 日，第 6 页。
　　② 参见《中华法学杂志》新编第 1 卷第 562 号刊，第 250—251 页。
　　③ 参见桂裕：《司法制度之检讨及改进》，收入《专题研究报告汇编政法类（三）》，中国国民党中央设计考核委员会 1971 年版，第 14 页。

表4　历年录取法官数量表

年份	录取法官数量（考试、甄拔、铨定）
1913	171
1916	38
1918	143
1919	189
1921	113
1926	185
1927	27
1929	172
1930	142
1932	125
1933	32
1935	204
1936	33
1938	130
1939—1941	92
1941	205
1942—1943	60
1944	20
1945	87
1946	356
1947	255
1946—1948	>361
总计	共35次，及格者共三千数百名

* 上表参见汪著《民国司法志》（1954），第46—50页。

综上四表，如果中央无稳定司法中枢，而法院、法官数量又事实上无法满足司法独立之需时，司法进程如何得以推进？如县长不得兼理司法，则由谁来填补法院、法官不足的空隙？同时，既然司法经费不足，而造成司法制度在规模上的明显缺陷，除增加财政解决司法制度难题之外，有无其他可能方式，在财政一定的情况下，仍能推荐司法转型的进程？这些问题之提出，就是民国司法界真实面对并需要解决的问题，由此也可以看出，民国司法制度进程不只是一个中西移植或者古今传承的问题，它至少需要自己积极的创造力，才可能维持自身的进程。按此思路，在民国司法从制度结构上无法寻求突破时，则司法职业化之人必能彰显独特的品性，因而民国司法界在共和建国与司法制度转型中，人物必具有不可或缺的重要性，因而解读近代司法，又必须从人物入手。在这一方面，汪著《民国司法志》似对于司法人物着墨殊少，惜字如金，反而使该司法志又成为没有人物的民国司法志。

由上文可知，我们大致可以这样去理解民国司法的事实，因为司法数量上的难题，纵观民国司法的进程，其中人物需要一面应对难题，一面精心营运，司法界因而成为可歌可泣的法律人共同体。因此我认为，理解民国司法由数字始，然后由人物，最后看制度，由此才可以把握近代司法进程中所蕴含的情感与精神。

为何认为由数字到人物，然后始理解民国司法？我们可以看 1926 年时任法权会议中国委员之王宠惠氏于《法权报告书》后所附"中国委员宣言书"："近二十年来，中国政府以深至之诚意，不挠之毅力，对于中国司法制度与司法行政，极力改良……继续改良司法之政策，本属中国政府自动之坚决意旨……撤销治外法权而易以中国主权所容许之制度，此为中国国民夙抱之恳挚愿望。"[①] 在司法数字之后，我们可以看到"极力改良"司法背景下的人物"夙抱之恳挚愿望"，因而在民国可以实现"易以中国主权所容许之制度"。由数字到人物，实际上是在提醒，民国司法史，除去司法独立精神之外，还有一种国家法权意识，两种心理支配下，民国司法才得以形成自己的品格。这一点，我们可以继续看一则法官墓志铭，因而会得到同情的理解。按 1933 年李大防撰《山东高等审判厅厅长富顺张君墓志铭》：

> 1925 年 12 月 5 日，山东军务督办张宗昌劫杀高等审判厅厅长

---

① 参见王宠惠：《特件：法权报告书》，载《兴华》杂志第 23 卷第 49 期，1926 年，第 17 页。

张志，举国震撼！当是时，宗昌督鲁几两载，恣睢暴戾，凶焰炽张，而左右佥任，复擅作威福，干预司法无忌惮。往往重大谳狱，辄胁迫违法处理，君则屹立不为动……闻君受极刑时无愠色，但索纸笔作遗书，不许，乃喟然曰："予死有命定，不足惜，惟吾国法典未成，领事裁判权尚握彼族之手，家有老母，逾七十未克终养，此则于国于家两有遗憾者耳！"①

法官而能有此，良可慨叹也！概言之，解读民国司法，应由数字开始，由数字先把握格局，然后由数字看人物思潮，明白时人艰辛维持司法品格之用心用力，然后理解整个民国司法史，理解民国司法的意蕴与精神。对于我们法律学人而言，法庭化与法官化的数量问题似乎是我们思考司法独立与价值不能绕开的基本问题，因而我们在评价近代司法改革的时候，需要由数量始，然后才能谈司法改革的质量、价值或者意义诸问题。

第三节　无法状态：中国法律"看不见中国"

光绪二十八年（1902 年），"清廷派吕海寰、盛宣怀等在上海修订各国商约。英日美三国均有中国律例与外国一律时，允弃其领事裁判权之议"。②中国法律改革自其肇始，即无时不以中外"一律"为目标，而且在清末至民国的前十五年时间里，法律制度建设很大程度上被视为中国收回法权的惟一途径。按居正所论，"试就制度而言，吾国司法革新运动，肇自清末，当时改革动机，在于收回法权。故立法建制，每偏重于抄袭西洋之法制，冀以满足在华拥有领判权国家之希望。实体法之规定，固不厌其详，程序法之规定，亦复同其繁密，已违吾国政简刑轻之

---

① 参见李大防：《山东高等审判厅厅长富顺张君墓志铭》，载《学风》（安庆）第 3 卷第 8 期，1933 年，第 43—46 页。

② 参见杨幼炯：《中国司法制度之纵的观察》，载《中华法学杂志》新编第 1 卷第 562 号合刊，1937 年，第 27 页。

古训"。① 然而，这种以收回法权为目的的司法改革，结果很大程度上使法律改良徒具形式，"司法建设，仅及皮毛，无由表现其法治之精神……司法界同人勉强维持现状，改革无由，法院形式仅存"。② 司法改革产生的形式与实质，法律与社会之间的矛盾，随着法律制度的整体进步（以立法数量及法院数量为标志）愈见激烈，"以划一无二的法律适用于大不统一的社会，这样决不能使法律适应社会"。③ 即按居正比较温和的评价："司法新制行于吾国，在新政中为早。定都南京，试行五院制以来，革新运动更趋积极，民刑诉讼各种重要法典，次第颁行，司法制度，亦粗具规模。惟以旧习与新制不能相应，良法虽颁，美意未著。"④

在这里，"收回法权"成为中国司法制度本身改革与进展的负担，这最明显表现在法律形式与实质的关系方面，使得中国司法处于无法克服的形式化窘境：一方面，法律的形式与内容规定几与西洋相同，"对于一些违法行为之处罚，中国与英美相差甚微"；⑤ 另一方面，在实质的层面上，"由中国裁判机关、适用中国法令谓之法权自主之恢复也，然吾人并不视此事实为系将中国法律观念规律外人，毋宁认为系将外人之法律

---

① 参见居正：《抗战四年来之司法》（1941），收入罗福惠、萧怡主编：《居正文集》，华中师范大学出版社 1989 年版，第 666 页。

② 按覃振："我国司法建设已历若干年月，在清末已着手改造，乃派五大臣出国考查。其结果仅采其无系统之条文，以之应用。既未加以整理，复不察其实际需要，大半抄袭原文，而忽略其法意，比之有躯壳而无灵魂。民国成立，倾全力于武力统一，而于法治，则漠然视之。因之司法建设，仅及皮毛，无由表现其法治之精神……司法界同人勉强维持现状，改革无由，法院形式仅存"。参见覃振：《司法院总理纪念周报告》（1934 年 11 月 26 日），载张小林著《覃振传》附录"覃振佚文选"部分（参见张小林：《覃振传》，中华书局 2005 年版，第 252—253 页）。

③ 参见孙晓楼：《法律民族化的检讨》，载《东方杂志》第 34 卷第 7 号，1937 年，第 44 页。

④ 参见居正：《告全国司法界同仁书》（1940），收入罗福惠、萧怡主编：《居正文集》，华中师范大学出版社 1989 年版，第 665 页。

⑤ 观点参见 Thomas F. Millard: "A comparison of the punishments for certain offenses under the China Code with the same offenses under British and American codes shows but slight differences". Millard, *The End of Extraterritoriality in China*（Shanghai: The A. B. C. Press, 1931），p.109.

观念，规律中国之法律观念"。[①] 按阮毅成氏所论，"我国修订法律，当时所注意的，只是列国的成规，以为只要将他国法律，移入中国，中国立刻便可臻于富强。民国以来，'变法即可图强'的迷梦虽已打破，但因一切学术，均以仿效他人为时髦。对于中国固有文化，则力倡怀疑精神，欲一一借口重新评定价值而咸加抹杀，法律也不能例外，亦以顺应世界潮流，依据他国立法为唯一原则……中国现行的法律，学者于解释引证之时，不曰此仿德国某法第若干条，即曰仿瑞士某法第若干条。举凡日本、暹罗、土耳其等国法律几乎无一不为我国法律所采用。在别的国家，人民只服从本国一国的法律；而在我国现在因法律乃凑合各国法律而成，人民几有须同时遵守德、瑞、暹、土等许多国家法律"。[②] 也就是说，自司法改革以来，不论是否能够收回领事裁判权，中国出现了"'看不见中国'的中国法律"[③] 难题。

而更加困难的局面是，法律形式化与中国法律"看不见中国"，造成了事实上，如居正所激烈批评的一种"无法状态"：[④] "要人人守法，法律本身首先要使人真正可守。现行的法律草拟者普通不外两种人：若非看见树不见林的专家，就是舞文弄墨的科密人员，前者往往与现实相脱节，后者更是公文滥调。加以政府机关事权不一，政出多门，法令多如

① 《顺天时报》1929 年 4 月 28 日社论"领事裁判权撤销之深义"，厦门大学图书馆珍藏；季啸风、沈友益主编：《中华民国史史料外编—前日本末次研究所情报资料》，第八十五册，广西师范大学出版社 1996 年版，第 370 页；又可参见 Millard: "Dr. Wang Chung-hui, under whose supervision the modern Chinese law codes were complied, a work taking nearly twenty years, said in an address before a foreign Bar Association: 'while it is our desire, as far as it may be found feasible, to have the juridical practice of China conform with that of the remainder of the civilized world, nevertheless we have to bear in mind, in revising and making our laws, that the primary purpose is to apply them to the Chinese people and to have them suitable to Chinese customs, habits and ideas, and it not to make them suit a few thousands of foreigners who choose to live among us.'" (Millard 1931: 111).

② 参见阮毅成：《怎样建设中国本位的法律》（民国二十四年六月三日在中央广播电台讲，南京政治评论第一百五十六号），收入阮毅成：《法语》（下册），收入王寿南、陈水逢主编：《岫庐文库》卷四七，商务印书馆 1980 年版，第 279 页。

③ 参见阮毅成：《法语》（下册），商务印书馆 1980 年版，第 280 页。

④ 参见居正：《无法状态》，原载重庆《大公报》，1947 年 5 月 7 日，现收入上海图书馆编：《上海图书馆庋藏居正先生文献集录》第三册。

牛毛，互相抵触，窒碍难行，比比皆是，结果法令滋彰，政府的威信扫地以尽……法令纷然杂陈而人不能守，大家在法律圈外与法律罅隙间活动，相习玩法避法，中国还有民主法治的希望吗？"①

另一方面，法律徒归形式，法律形式化又促生"无法状态"之事实外，"普设法院……又属司法中最艰巨之工作"。② 以北京政府时期为例，"终北京政府时代，全国兼理司法之县数恒在百分之九十以上，可谓第一审司法机关，除设有少数地方法院外，十六年间全无任何改进"，③ 而由于四级三审制或三级三审制④ 的存在，加之法官与法庭数量的短缺，使得法律形式的建设，不论在立法还是司法方面，都因此而无法真正具有实际的充分效能。而相应的，在法律与社会之间的关系以及立法与司法之间的关系亦随之恶化，这最集中表现在社会对于司法制度的不信任，以及同时对于法律形式化的谴责。在此历史情境下，因为审级的制度性缺陷及法官、法庭的数量短缺所生出的对于形式化的阻力，又使法律的改革永无法达到中外一体的形式化要求，这样，民国时期的法律建设，自然而然地陷入了所谓"力小谋大"、⑤"手段打

---

① 参见上海图书馆编：《上海图书馆庋藏居正先生文献集录》第三册，第159—160页。

② 参见居正：《抗战四年来之司法》（1941），收入罗福惠、萧怡主编：《居正文集》，华中师范大学出版社1989年版，第176页。

③ 参见王用宾：《二十五年来审检制度之变革》，载《中华法学杂志》新编第1号，1936年，第16页。

④ 按许世英讲清末司法新制采四级三审制之缘由，在于原有县，府，台，部四级权力之存在，"真正遭遇到困难的，还是在遴选厅丞的人选问题"，参见许世英口述，冷枫撰记：《许世英回忆录》，人间世月报社1966年版，第101页；同书讲宣统二年，中国代表团"正代表为京师高等审判厅检察长徐季龙（徐谦）"，许世英为副代表（奉天审判厅厅丞）赴万国监狱暨司法制度会议后，认为"三级审判法正代表了新的司法制度"（许世英1966：108）。

⑤ 按梁启超："盖闻政平讼理，郅治之极规。刑罚不中，乱危所由作。故司理一职，最贵明慎，古今中外，有同然矣。国家深惟勤恤民隐，首在执讯之平情。而收回法权，尤赖机关之尽善。是用准古酌今，更订新律，析区分级，编制法庭，经划数年，规模粗建，然而成效未著，疑议转繁，或法规与礼俗相牾，反奖奸宄，或程序与事实不调，徒增苛扰。重以草创之初，铺张太速，经费未通盘筹划，已成力小谋大之嫌，人才未竟限养成，不免下驷滥竽之消。坐是或庭数不敷分配，积案日多，或法官不得贤良，循声莫播，甚则律师交相狼狈，舞文甚于吏胥，相邻多所瞻徇，执讯大乖平恕，豪猾每干网而巧逃，良懦或戴盆而莫愬"，参见梁启超：《拟大总统令整顿司法》，收入《饮冰室合集》文集第十一册，饮冰室文集之三十一，中华书局1936年版，第17页。

败目的"^① 的吊诡。

第四节　法官罢工：司法不只是独立问题

一　民初司法革命：司法的价值大于独立

我们每一位法律人都了解而且信仰司法的价值，大家都容易接受司法所应具有的核心价值，如程序公正、效率、便利性、公共信任、司法独立，以及如此等等。^② 价值之外，我们还需要关心司法能否有效。至于如何判断一个司法制度能否实现价值或者能否有效，我们能够依据常识对如司法独立的形象，或者依赖专家知识对如什么是司法的"法治指数"^③ 作出自己的判断。但一个制度究竟如何能够养成，以及司法制度如

---

① 手段打败目的之论，除见于《中华民国史史料外编》卷85—86相关报纸评论外，观点更为激烈者又可参见钱穆所论："今国人竟尚西化，而好言法治，尚求导法抑人，此之谓昧于名实。更复以法治救中国，是以水救水，以火救火。其溺益深，其焚益烈矣。法治乎，法治乎，我不知中国多少罪恶，将藉子名以滋"，参见钱穆：《人治与法治》，载《东方杂志》第41卷第17号，第8页。在事实的层面上，如按1926年时任司法总长马君武"就北京法权会议答记者问"，"（问）初级厅之设立，及地方厅大理分院之增设，其进行计划若何？（答）建设计划，非钱不行。就中国现时局面而言，尚谈不到。"（引文原载上海《申报》，1926年2月6日），参见曾德珪：《马君武文选》，广西现代文化名人学术著作精选，广西师范大学出版社2000年版，第311—312页，法律建设即按一种"尚谈不到"的手段（法典化，法官化与法庭化），追求一种现实而紧迫的目的（收回法权）。

② See Simon Shetreet, "Judicial Independence and Accountability: Core Values in Liberal Democracies", in H.P. Lee (ed.), *Judiciaries in Comparative Perspective*, Cambridge University Press, 2011, p.13. Also see Neil Andrews' list of 24 values: "judicial independence, judicial impartiality, public or open justice, the principle of due notice, judicial duty to give reasons, avoidance of undue delay, litigants are not to be prejudiced by the court's culpable shortcomings, access to justice, right to choose a lawyer, confidential legal consultation, procedural equality, protection against bad or spurious claims and defences, simplicity of procedure, judicial control of the civil process, proportionality, disclosure, oral proceedings, procedural equity, promoting settlement, accuracy, fair play between litigants, protection of non parties, effectiveness, and finality." See Lee, *Judiciaries in Comparative Perspective*, p.13.

③ See The World Justice Project, "Rule of Law Index", avaliable at http://worldjustice-project.org/sites/default/files/WJP_Rule_of_Law_Index_2011_Report.pdf. 最后访问日期2013年7月5日。

何能够符合价值理性的同时又是有效的，我们只能进行历史的考察。

若要了解民国司法，需要从理解清末司法中枢人物及其意识形态始。"前清创办司法，未必出于真诚，然以人民希望立宪故，司法遂为时势所要求，无论如何顽固者，率亦不能反对司法，以无司法则非宪政也！"① 清末立宪运动固然为司法转型设定下基本历史情境，而我们欲了解当时中枢司法人物思想认识及意识形态如何，以及清末立宪运动中的司法转型如何影响民国司法制度的发展进程，则需要探究清末司法界人物思潮的变迁。在这一点上，清末刑部尚书赵舒翘被赐死之事② 写入辛丑条约与后来中央司法官员考察欧美司法，是清末中央司法意识形态转型的两个历史契机，同时又奠定了民国初年司法制度的基本思想格局与进程。

需要注意的是，清末的刑部是一个充满政治激情的司法机构，这尤其表现在义和团运动时。按董康所记，"清故刑部主事韩君绍徽……庚子拳祸起，君心忧国难，奔走涕泣，私相告语，期以身殉……遂自经于陕

---

① 此引语出自徐谦，参见"司法公报临时增刊：司法会议议决录（附司法会议纪实）"（第七十一、七十二两期，分上下两册），北京市档案馆藏。此次司法会议于 1916 年 11 月 10 日至 28 日在大理院大法庭召开，徐谦时任会议长，主持会议。

② 有关赵舒翘事，董康记录甚详："庚子之变，团匪任意屠杀，莫敢谁何。其最烈者，误指永定门外居民为白莲教等于族诛一案。第一期约六十人。沿途捉拿跑海车，为之装载，并将车夫捆缚，以实其数。由庄王澜公会同提督英年，奏交刑部，即行正法。因人数过多，恐一经入狱，致惊扰狱内秩序，概存留于铁门外提牢厅窗下，听候绑缚……其惨不可言状，似此凡三期，均按赵之线纲承接办理，前后约一百二十人……时秋审处提调兼军机处章京段书芸以本部尚书赵舒翘兼军机大臣，向之建议曰：本部为刑名总汇，处断以证为凭。不经审理，即予处决，恐开诬陷之风，请关白王大臣奏明概交刑部审讯，以正法纪。赵踌躇良久，太息曰：此天数也。迨车驾西幸，和议告成。李文忠徇列国之请，将赵列入祸首，拟以赐令自尽，奏抵行在。段章京因赵之罪责尚轻，联合同人，吁请军机大臣荣文忠为之营救。文忠踌躇良久，太息曰：此天数也。段追思前后所答若合符节，为之憬然。按赵少孤。赖叔母教育成名。平日事叔母以孝闻。自捷春官，签分刑部，长于听断，京察外擢，陞苏抚，尤厉节操。以附和刚毅获入枢府，致罹此祸。"参见董康（述）：《二十年奉职西曹之回顾》，载《国立华北编译馆馆刊》第 2 卷第 6 期，1943 年，第 60—61 页。

西司"。①1901 年义和团运动后，罗伯特·赫德（Robert Hart）曾经写道：

> 不论如何误解外人，如何采取错误的行动，这些人因为学识与业绩而在中国声明卓著，因爱国主义的激励，不满于外人专横，而基于自己的信念起而行动：基于他们的爱国与高尚的动机，他们的所作所为应当值得我们应有的尊重，尽管他们这样做常常或者必然不会意味着他们具有政治能力或者至高的智慧。②

刑部尚书赵舒翘就是赫德笔下"这些人"中的一位。按《辛丑条约》第二款规定，传统中国的中枢司法机构"刑部"成为了辛丑政治与外交的牺牲者：刑部尚书赵舒翘"赐令自尽"，左侍郎徐承煜③"即行正法"，而且赵氏是"唯一被追究责任而赐死的汉人"。讽刺的是，刑部官员之被处死成了不平等条约能够成立的一个条件，尽管赵自认为"这件事，我是应该负责的"。④我们需要注意，鉴于"赵治狱有声……无大过，以和议故列其名于祸首，诚为太严"，令刑部倍显尴尬，然而，更尴尬的是尚需刑部属员亲眼见证刑部尚书的受刑过程，如董康所记，"各国以秋曹治事尚洽舆评，首先将刑部交还……余及郎中……监刑"，⑤又如许世英所言，他"是当场看到他（赵舒翘）如何死去的少数刑部官员之一"，"参

---

① 参见董康：《清刑部主事韩绍徽死事碑铭》，傅斯年图书馆藏拓本，有"国立北平研究院傅拓章"，十七行，每行十三字，制作时间不详。又按董康所记，"刑部遥对使馆界，终日在枪林弹雨中。提督衙门以下，俱停止送案，各司锁闭无人，惟余与许君（世英？）及主事韩君绍徽间日到部，督饬书吏保存卷宗……至七月初风鹤益厉……许君已南行，韩君缢于司堂殉国，两监人犯逸出占据各司，自由行动。先是余在司与韩君纵谈国事，韩君指栋梁慷慨言曰：事急于此尽命，以报国家。竟实其言，为之肃然起敬。后余掌理曹，曾刊片石于杨公祠，以彰忠烈，至今犹巍然在也"。参见董康（述）：《二十年奉职西曹之回顾》，载《国立华北编译馆馆刊》第 2 卷第 6 期，1943 年，第 5 页。

② See Robert Hart, *These From the Land of Sinim: Essays on the Chinese Question*, Chapman & Hall, 1901, p. 6.

③ 按董康所记，"刑部左侍郎徐承煜招匪于大堂设坛，不数日间，分诛五大臣袁昶等于市，并令廿军董福祥督同拳匪向东交民巷正式开战"。参见参见董康（述）：《二十年奉职西曹之回顾》，载《国立华北编译馆馆刊》第 2 卷第 6 期，1943 年，第 4—5 页。

④ 参见许世英口述，冷枫撰记：《许世英回忆录》，人间世月报社 1966 年版，第 68—69 页。

⑤ 董康：《清刑部主事韩绍徽死事碑铭》，傅斯年图书馆藏拓本，有"国立北平研究院傅拓章"，十七行，每行十三字，制作时间不详。

加了这个有生以来唯此一次的'丧葬礼'"。①

　　经历这一变动的刑部与后来的清末变法及废约运动，关系上产生了微妙的变化，这尤其表现在司法人物心理与思想上，该变化促成了中央司法部门意识形态的急转向。而且在某种程度上可以说，清末修律之前，中枢司法机构在意识形态上已经发生了激进的转变，如沈家本"鉴于拳匪之乱之原因，知人民仇洋，皆由不平等条约而起，主倡法律教育，昌明法治"，②又如董康所言，"愚……尔时为沉浸欧制最力之一人，亦为排斥礼教最烈之一人"。③我们首先应当注意，刑部（法部）之所以能够成为变革的先声，其原因首先在于刑部本身即享有声誉，即刑部乃是一个具有"爱国与高尚动机"的人物且"治事尚洽舆评"的中枢司法机构，"京师数吏材论风节，必有刑部"；④其次，以刑部意识形态转变为开始，清末修律主要人物，如许世英、徐谦，成为了国民革命、推翻满清的"旁观的热心者"，中枢司法机构开始展现其"政治能力"与"智慧"。即如许世英所记，1910年春，满清政府应邀参加在美国首都华盛顿举行的万国监狱暨司法制度会议，徐谦（时任京师高等检察厅厅长）任代表团正代表，许世英（时任奉天高等审判厅厅丞）任副代表，除参加会议外，兼赴欧洲考察各国司法制度。两人于会议上认识到"当时各国的司法制度，都不够健全"，因而对于自身改革更具信心与独立意识；于会外，

---

　　①　参见许世英口述，冷枫撰记：《许世英回忆录》，人间世月报社1966年版，第68页。

　　②　参见董康：《中国编纂法典之概要》，收入何勤华、魏琼编：《董康法学文集》，中国政法大学出版社2005年版，第47页。

　　③　参见董康：《前清司法制度》，收入何勤华、魏琼编：《董康法学文集》，中国政法大学出版社2005年版，第360页。

　　④　参见《京法官致法长董康书》，载《星期》，1922年第10期，第7页。文字节录如下："总长钧鉴，今为永大银行账薄事，欲有所献替于我总长。敬举一前事为例。当有清季世，各省狱讼腐败，而刑部办案司员，尚能保持独立之精神。潘文襄长部时，尝于判稿欲有增损，主稿某官执不可，至以案卷掷之地，且谓检之者为混账亡八蛋。文襄即俯首检之。笑曰：我就是亡八蛋。卒以某司官之稿定谳，不复易一字，此后历任长官，虽不能尽如潘文襄，主稿人员，亦不皆为某司官。然京师数吏材论风节，必有刑部。我公昔年，亦尝躬逢其盛。（中略）事已至此，我首都司法官吏，若犹噤若寒蝉，不发一言，若犹腼然戴柱，后惠文冠，高坐堂皇，自称独立，直不知人间有羞耻事矣。愿公为晚近之南史，不愿公之为纸上之龙图。愿公为全国树永久之风声，不愿公为一人博片时之虚誉。毋为有清前？（辈？）所讥，而为反对者所快，惟裁查幸甚。京师法院推检谨上。"

"在伦敦的时候，常和王亮畴（王宠惠）、伍梯云（伍朝枢）、罗钧任（罗文干）三博士宴游……在晏游之余自然而然谈到了革命"。[①] 许氏自欧美十国考察司法归来后，"力言我国司法之腐败，而一切民刑诉讼均委诸刑幕之手，非痛加改革则领事裁判权永无撤回之望"，[②] 并与王宠惠"联系最勤"，两人又与徐谦一道共同秘密组织政党，筹组共进会"作为革命的响应"。[③] 也就是说，以沈家本为领袖的清末十年修律（1902—1911），[④] 沈氏周围是一个激进的司法中坚人物群体，具有明确的政治意识形态，其结果才可能表现出为后人所称道的"吾国朝野研究法制最有兴味之时代"。[⑤]

至 1912 年，民国初建，中央政府司法界主要人物正是清末那些组织共进会参与政治、响应革命的党人：南京临时政府司法总长伍廷芳（1912.1—3）、临时政府后第一任司法总长王宠惠 (1912.3—7)、次长徐谦 (1912.3—7)、第二任司法总长许世英 (1912.7—1913.9)，司法次长林

---

① 许世英口述，冷枫撰记：《许世英回忆录》，人间世月报社 1966 年版，第 107—126 页。

② 参见许世英致高燮书，转引自高燮：《司法刍议》，载《司法公报》第七十九期，1917 年 7 月 31 日。

③ 参见许世英口述，冷枫撰记：《许世英回忆录》，人间世月报社 1966 年版，第 125—128 页。共进会 1912 年 2 月于上海成立，主张"完成健全共和政体"，推举伍廷芳为会长、王宠惠为副会长，从实际构成来看其实是一个法律人的共同体。同年，共进会作为五政团之一，合并组成国民党，参见沈仪彬：《〈徐谦〉简略年谱》，载《徐季龙先生纪念册》，1941 年；李雅芬：《从翰林革命家到激进左派：徐谦重要的政治生涯（1903—1927）》，台湾师范大学 2001 年硕士学位论文。

④ 李贵连：《沈家本年谱长编》，观点参见该书。

⑤ 江庸：《五十年来中国之法制》，载梁启超：《晚清五十年来之中国（1872—1921）》，香港龙门书店 1968 年版，第 104 页。兹引江庸文字如下："沈氏愤慨异常，独当其冲，著论痛驳。冈田朝太郎、松冈正义、董康及宪政编查馆、法律馆诸人，亦助沈氏辞而辟之。其中以杨度氏之论国家主义与家族主义之区别、吴廷燮氏用旧说论议律辩二篇，最为透辟。然新旧势力究不能敌，编查馆卒循廷杰之议，附加暂行章程五条，沈氏亦终不安于位。宣统二年，修律大臣以刘若曾代之。此为吾国朝野研究法制最有兴味之时代，近年法律馆修订之草案、司法部颁行之条例，与夫大理院之解释及判例，未闻有一批评。……劳氏思想虽旧，其研究法制之热心，要不可及。"

志钧，总检察长罗文干，此间，徐谦、许世英又先后任职大理院院长！①
当临时政府组织大纲"略人权而不举"②的时刻，司法界以王宠惠"王总
长发表政见书"为代表，却率先标榜"人权"："宠惠德薄能鲜，谬膺司
法重任，深惧弗克负荷，无以拥护人权，是用惴惴。"③许世英继任总长
后，承接王氏司法独立精神，以"司法计划书"为标志，进行司法改革，
被孙中山盛赞为"司法革命"。④

二　法官罢工：民初司法革命的失败

按元年司法五年计划，自 1914 年起，中国每年至少各级法院共四百
所，培养合格法官八千名。而政治会议后，1914 年即开始"裁剪"法院
与法官，至少从数量上说，元年司法计划书至 1916 年共和再造的时刻，
已经失败。那么，如第二次司法会议接受梁启超"司法紧缩主义"，从改
良县长兼理司法制度开始的话，是否能够推进司法进程呢？在这一点上，
即如徐谦所言：

> 中国幅员辽阔，县治约有一千七八百有奇，若以县治定司法区
> 域，遍设法厅，每区经费至少约以万余，计其总数当在二千万以上，
> 而监狱经费尚不在其内，财力既如此艰难，人才亦殊形缺乏，是虽
> 有完全计划，决非今日所能实行。⑤

至此，司法在制度上不能解决基层司法上的混同制度，这又意味着
以"四级三审制"为中心的元年司法计划书已经进入死胡同。大致可以

---

① 参见汪楫宝编：《民国司法大事年表》，收入氏著《民国司法志》，台北正中书局 1954
年版；黄伯度编：《许世英先生纪念集》，台北文海出版社 1978 年版；沈仪彬：《〈徐谦〉简略年
谱》，载《徐继龙先生纪念册》，1941 年；谢彬：《民国政党史》，中华书局 2007 年版，第 45—
46 页；宗方小太郎：《一九一二年中国之政党结社》，中华书局 2007 年版，第 189—190 页。
② 江庸：《五十年来中国之法制》，收入梁启超：《晚清五十年来之中国（1872—
1921）》，香港龙门书店 1968 年版，第 98 页。
③ 参见王宠惠：《杂录：王总长发表政见书》，载《司法公报》第 1 年第 1 期，1912 年
10 月 15 日；王文又载于上海经世文社辑：《民国经世文编（一）》，北京图书馆出版社 2006 年
版，第 280—282 页。
④ 参见黄伯度编：《许世英先生纪念集》，台北文海出版社 1978 年版，第 1 页。
⑤ 参见"议长（徐谦）答辞"，收入《司法公报临时增刊：司法会议议决录》（附司法会
议纪实），第 101—103 页。

认为，"共和再造"之后，司法界所认定的司法进程的基本政治前提本身，始终未能为司法提供坦途；同时，第二次中央司法会议没有针对"政治会议"解决问题，反而视"司法革命"为靶子，加之政局变动，成为了"政治会议"的牺牲品。相应的，"共和再造"未能树立起"积极司法"的旗帜，同时试图以"紧缩主义"司法改良基层司法，却无法解决县长兼理司法制度，两者令政治会议决议反成为民国司法进程唯一不可撼动之意识形态，这种吊诡结局又恶化了司法进程。

另一方面，1916 年至 1917 年，中央司法人事动荡，[①]不仅危及第一个司法五年计划，同时又可见 1916 年第二次中央司法会议纯属过渡会议，全无计划可言。只有到了 1920 年，"民国九年，司法部有添厅计画，此项计画分为二期：第一期于五年内，就各省旧道治遍设高等审检分厅，旧府治遍设地方审检厅；第二期于十五年内将各县地方审检厅一律设置"。[②]显然，按此计划，自 1920 年后的五个年头里，司法进程将不会解决政治会议遗留的问题，而所谓的计划为期十五年的第二期，仅仅成为了一种司法进程乏力的表达而已。所有这些都如王宠惠后来所言的"从前往往定一计划，总设为分期实行之说，以为塞责"。[③]这一点正如江庸所言：

> 此种计画拟自九年会计年度，施行年来，因财政困难，固未照办，然按之现行司法制度，亦实难于推行。何也？吾国采大陆制，略似法国日本制度，分区设院，用人遂多。况现行法院用合议制，用人尤多。吾国一千七百余县，若每县设地方审判厅检察厅各一所，

① 这一点尤其明显见于 1917 年："六月十六日，任命江庸署司法次长，暂行代理部务；同日，司法次长代理部务徐谦呈请辞职。徐谦准免本职。六月二十九日，司法总长张耀曾呈请辞职。张耀曾准免本职。特任江庸署司法总长。七月十七日，署司法总长江庸呈请辞职，江庸准免署职。特任林长民为司法总长（林氏复于 11 月去职，转由江庸再次继任）"。参见"专件大总统令"，载《司法公报》第 79 期，1917 年 7 月 31 日，第 27—28 页；又见汪楫宝：《民国司法志》，台北正中书局 1954 年版，第 116 页。

② 参见江庸：《撤废领事裁判权问题》（太平洋会议后援同志会之一），上海图书馆藏书，出版时间不详，第 22 页。

③ 参见王宠惠：《今后司法改良之方针（一）》，载《法律评论》第 6 卷第 21 期，1929 年，第 44 页。

另设简易庭两所，以现行法院编制法核算，每一县地方厅推事检察官人数约共十人以上，全国一千七百余县，则需一万七千余人，简易庭两所，最少法官五六人，则全国应需八千余人，综此人数，分核经费，按照现行法官俸级平均每日约需一百二十元，全国用二万六千余人，则每月薪俸需三百一十余万元矣。若连同大理院、高等厅、监狱、看守所与各级书记官人员薪俸及办公各费，每月约在一百万元左右，每年几于五千余万元，夫以现时国家财政困难，人才缺乏，自难实行，即将来财政整理，恐亦不易举办。[①]

基于上引段落，民国司法进程其实有一个清楚的理想目标，就是基层（县）审检两厅所需要推事检察官至少两万六千余人，司法所需国家财政经费至少约五千余万元，除非如此，则司法计划所追求的"（一）扩充法院；（二）扩充新监；（三）编订法律；（四）养成司法人才；（五）杜行政官、军人干涉司法之弊"，[②]具成空谈，均无意义。

而事实上，自袁世凯当政，推行"减政主义"以来，司法经费已经被视为一种"不经济之经费"。[③]即使如大理院经费，"据前清宣统预算案，其额为十四万五千余两。今既厉行减政，则其政费，只宜节减，不宜增加"。[④]由此大致可以推知，1912年司法计划所得的中央经费最多只可能维持宣统时代的规模，政治会议后，则民国司法规模反不能维持清末规模。至于地方经费，又如政治会议所示，地方无意于推进司法进程毋庸赘言。尽管孙中山广州护法时期，有广东地方审判厅厅长以司法收

①　参见江庸：《撤废领事裁判权问题》（太平洋会议后援同志会之一），上海图书馆藏书，出版时间不详，第22页。

②　参见江庸：《撤废领事裁判权问题》（太平洋会议后援同志会之一），上海图书馆藏书，出版时间不详，第22—24页。

③　参见吴贯因：《减政之标准》，收入《晚清五十年来之中国（1872—1921）》，第311—317页。

④　参见《晚清五十年来之中国（1872—1921）》，第326页。

入拯救护法国会一事，① 似乎显示出地方有司法经费充裕的实例，而诸如此类"法院救国会"的美谈，一则事情不可能复制，一则又反映出元年司法计划所追求的司法"中央集权"问题重重，至少从司法统一这个角度考虑，存在着地方"去中央化"的障碍有待解决。

单就民国财政以论，按贾士毅所论，"民国十年以来，财政险象日益加甚，何一非所谓兵祸者以阶之厉。二年赣宁之役，五年帝制之祸，六年复辟之变，九年直皖之争，影响于财政固巨，而近三四年间，南北相持，兵连祸结，虚靡巨帑，滥举国债，尤足使财政日趋于绝境"，"故中央以借款度日"，以致竟有人认为中国到 1925 年势将宣告破产。② 财政如此，以致于竟让人有"民国以来之财政，无不为生民之祸"③ 之论。

司法缺乏财政支持，加上思想上又如梁启超所论，"革命成功将近十年，所希望的见解都落空，渐渐有点废然思返"。④ 在中央政府层面，政府对于司法态度已如上文所示，而作为立法机关的国会，竟也成为"国民生活不安之因"，"国会非国民代表机关"。⑤ 也就是说，进入民国第十年，从司法进程而言，无论司法制度本身，还是社会思潮层面，抑或制度层面，已经遭遇到整体性危机。

进入民国第十年，也就是 1921 年，因财政问题"北京司法界呈总请假书：北京高等地方审检四厅，以俸给不能依时支发，所有检察推事

---

① 参见张知本：《辛亥革命与国民党的分裂》，沈云龙笔录，九州出版社 2011 版，第 52 页。"广东地方审判厅厅长陈英……系长沙人，于武昌起义荆宜相继收复时受余（张知本）任命为沙市地方审判厅厅长，于审理宋教仁被刺一案，毅然票传国务总理赵秉钧，渠之魄力由此可见。国会迁移广州，奥督莫荣新不悦，虽无力反对，但终不肯积极支持；幸赖陈英于司法收入项下借款五万元，作为招待议员及办公经费，国会乃得以开会，故护法之役渠有功焉。"
② 参见贾士毅：《五十年来中国之财政》，收入梁启超：《晚清五十年来之中国（1872—1921）》，香港龙门书店 1968 年版，第 127 页。
③ 参见张一略：《五十年来国事丛谈》，收入梁启超：《晚清五十年来之中国（1872—1921）》，香港龙门书店 1968 年版，第 81 页。
④ 参见梁启超：《五十年来中国进化概论》，收入梁启超：《晚清五十年来之中国（1872—1921）》，香港龙门书店 1968 年版，第 3—4 页。
⑤ 参见吴鼎昌：《国会非国民代表机关》，收入梁启超：《晚清五十年来之中国（1872—1921）》，香港龙门书店 1968 年版，第 75—76 页。

书记等，于十一月十九日呈递总请假书"。① 此次事件始末，大致可见于
1921年《余绍宋日记》：

9月3日：……明日法院同人将开会要求发薪……

12月2日：下午，闻高地四厅推检又有罢职之议，与四厅长会
商良久，亦无十分好办法。此四厅经费较他处拨付为多，而忽有此
举，殊出意外。董（康）颇以为有政治关系，余亦云然。

12月3日：闻今日厅员开会，亦无甚结果，总之，京厅人数太
多，人多则口杂，则自不免此等事件之发生，故近日决定减少厅员，
凡出缺皆不补，所有候补推荐，遇外省缺出，即补。一面亦可节省
经费耳。今日凡补外省缺者五人。

12月12日：午后三时高地四厅长来见，仍为经费弥近年关无
着，或仍起骚动，意欲将本京讼费留归厅用，以安众心计非不善，
特本部无活动余地，故尚未即允耳。讨论良久方散。②

此次罢工前前后后经历三个多月，结果虽未妥善解决，但以"减少
厅员"与"将本京讼费留归厅用"为方案，这与民元计划书所追求的
"人材"与"中央集权"之宗旨，相去甚远，司法进程至民国头十年的
确"无十分好办法"！无论如何，民国司法进程头十年竟出现首都高等、
地方两级法院因生存问题发生法官罢工，这一史实足以令人哑然失色！

至此，民国十年司法，民国司法进程以"人权"、"司法独立"为重
心开始，最初表现为1912年王宠惠司法政见书、许世英司法计划书（"实
用积极主义"），而随后司法进程受制于政治问题，表现为梁启超司法改
良文（"消极紧缩主义"）。在意识形态上，司法界其实无所谓新旧之争，
而应该说，政治会议后逐渐演成"价值"与"有效性"的司法之争。然
而，清末礼法之争，虽有附加条款，而新刑律得以确立，大致能够解决
立法上的问题。而政治会议论司法重启新旧之争，刑律又成为争点，而
重心却在法院编制问题，事关价值与有效性之争。至编制问题久拖不决，

---

① 参见《民国十年（六）财政问题》，收入许指严：《民国十周年纪事本末》，第23页。
② 参见余绍宋：《余绍宋日记》第二册，北京图书馆出版社2003年版，第307—393页。

遂演为法官罢工，而民国头十年司法之价值与有效性两失矣。另一方面，从司法制度上讲，县长兼理司法不能废除，意味着中央始终不能给予财政经费支持，司法因而愈受摧残。此后随着政局恶化、财政恶化，越演越烈，终至民国"司法革命"的彻底失败。失败的标志，简单言之，就在于法官罢工。

法官罢工还有一层更深刻的意义，就是它标志着辛丑条约后，以条约驱使司法改良的一个时代结束。自1902年后，中国与英美日各国签订新条约，以清末十年修律与民国"司法革命"后十年司法进程相加的二十年中，若我们不考虑政体与国体的政治变换，只考虑法律进程的流动与连续性，又可以说，以清末以来意识形态激变的司法界为核心，以辛丑条约及中外新约为契机展开的变法运动，止于1921年。

第五节　法律与政治：司法党化问题

司法党化这一事实的存在，不论事实上产生如何的后果，当历史地看待司法党化问题时，则须将问题放在特定的情境中考察。约略言之，二十年代的废约运动经历了一个重大转折，即国内政治与社会的动乱，迫使西方要求中国收回治外法权的条件，由使中国有统一法律，"中外一律"，转为求中国有一统一政府。相应的，中国的废约运动亦由司法运动转为政治运动，废约只是一个时间问题，而非可能与否的问题。司法党化即成为当时历史情境下，废约运动所支持的民族主义在司法领域内的继续延伸。

一　法律政治化：司法党化的二段论

具体而言，稳定而统一的中央政府缺失，以及司法中枢机构不能稳定，这使得在法律与政治之间从未形成稳定的制衡或者协作的关系，[①] 这表现在，"民国初年的法界显然是一个不受重视的闲曹"，[②] 以及后来司法部之司法总长职位上的频繁人事变动，更有甚者在民国十三年更出现了在同年内五位司法总长相继任职的事实。[③] 在法律与政治的关系问题上，可能因为司法并未有效地起到联系作用因而使二者之间日益疏离，[④] 以至于政治动力的缺失让司法徒表现为形式上的独立性。[⑤] 这种司

[①]　参见 Aharon Barak, *The Judge in a Democracy* (Princeton, N.J. : Princeton University Press, 2006, 215-225)，作者认为在司法与立法，行政之间保持的紧张关系，不仅是必须的 (natural and desirable)，而且是维持整个社会与政治良好运作的一个政治与法律的前提。注意，该书将主题的探讨设定在民主制度的框架内，但其中的见识，仍然可以为分析本文提供理论上的借鉴。就目前研究所及，按黄源盛氏所著《民初法律变迁与裁判：1912—1928》（台湾政治大学法学丛书编辑委员会 2000 年版）对民初大理院裁判与国会及政府政治权力之关系的研究，民国司法制度自一开始建立，虽出现过类似制衡关系的势头，但并未能够进展下去，影响于政治与社会者亦甚微。

[②]　参见张朋园：《梁启超与民国政治》，台北食货出版社 1978 年版，第 127 页；又同书谈民初司法状况，司法之所以不受重视，在于：一、司法不能独立，二、司法官员不良，三、司法制度未立，四、司法经费无着（张朋园 1978：125—126）。

[③]　参见汪楫宝：《民国司法志》，台北正中书局 1954 年版，第 119 页："民国十三年一月程克去职，王宠惠继任未就职由次长薛笃弼代理部务，九月张国淦继任司法总长，十月去职，张耀曾继任，十一月去职，章士钊继任"；又，按该书作者所制"民国司法大事年表"，统计，1928 年国民政府成立司法院之前，王宠惠四次领衔司法总长职，张耀曾三次，许世英、江庸各两次（江庸于 1917 年 6 月继任司法总长职务，7 月辞，11 月复任，翌年 3 月复辞），中间有其他人担任司法总长职务，均很少能够任期超过一年。

[④]　按薛祀光氏所论，司法之于政治与社会的疏离，可以表现为大家对法律并不关心："现在我国大多数人，很奇怪的，都以为法律是一种独立的东西，法律以前——法律成立的社会原因——都不去管他，法律以后——法律施行的后果——也都置之于考虑之外。"参见薛祀光：《中国法系的特征及其将来》，载《社会科学论丛》第 1 卷第 4 号，第 45—46 页。

[⑤]　此种观点，可以梁启超所论为最佳说明。梁任司法总长期间，论立宪政府第一要件为司法独立，而"我国之行此制（司法独立），亦既经年，乃颂声不闻，而怨吁纷起，推原其故，第一由于法规之不适，第二由于法官之乏才。坐此二弊，故人民不感司法独立之利，而对于从前陋制，或觉彼善于此。循此以往，恐全国之生命财产，愈失其保障之具，法庭之信用日坠，而国家之威信随之，非细故也。"参见丁文江、赵丰田编：《梁启超年谱长编》，上海人民出版社 1983 年版，第 685—686 页；又按董康："频年以来，政治轶出于轨途，思想竞趋于权利，消长悖叙，安危易观。近复构祸称兵，神州动荡。吾人所经营不完不备之司法事业，久已堕于冥漠无闻之地。至此侈谈司法，非盲瓷之鼓词，亦疑人之梦呓。"参见董康：《民国十三年司法之回顾》，原载《法学季刊》第 2 卷第 3 期，1928 年，现收入何勤华、魏琼编：《董康法学文集》，第 713 页；又按汪精卫："如果行政机关不能与司法机关合作，那么，不是尊重司法的独立，却是使司法陷于孤立了。"参见汪精卫：《中央执行委员会代表汪委员兆铭训词》（1935 年 9 月 16 日至 20 日），收入《全国司法会议汇编》，见四川省档案馆四川省高等法院档案，档案目录号：5-14-1。

法独立性[①]的弱点表现在，一是司法作为制度易受权力侵入、[②]军阀干涉[③]以及政治权力对司法建设的持续乏力，一是，表现在法官及司法者群体在公共领域里的丑化，"比来人言籍籍，谓营伍军人、自治绅董与彼法官通称三害"，[④]最高法院被讥为"最糟法院"，[⑤]"法信堕落"，[⑥]引起公众对司法制度信任的减损。

另一方面，在前居正司法时期，国家与社会面临这样的危机处境，"尽人皆知中国一直是个问题。在人们的记忆中，中国问题经常与某种危机相提并论，而近来危机每每表现为两个方面：一者在于这个国家及其人民有一个民族性问题或者政府问题；另一方面则在中国的外交关系"，

---

① 这种独立性又可以表现为按居正所言"国家意识"的淡薄："过去司法界常蒙有国家意识极淡薄之讥，意者以为司法乃以独立体，可超然于一般政治形态以外。此其臆说，固为诞妄，而过去司法人员之未能发挥国家意识，忽视国家整体，亦属事实。"参见陈三井、居蜜合编：《居正先生全集》，中研院近代史研究所1998年版，第582页。

② 关于此种论断，可以1917年的京师高等检察厅检察长杨荫杭因司法总长张耀曾以"违背职务请予停止职务"为由，呈大总统交司法官惩戒委员会议处事为例，事涉前司法总长许世英犯罪嫌疑，检察官独立司法权力受无理政治干涉，因此发生社会上对司法官脆弱处境的关注。见《申报》1917年5月25、26日要闻《声辩中之高检长惩戒案》，载杨荫杭著、杨绛整理：《老圃遗文集》，长江文艺出版社1993年版，第982—988页。

③ 此种论断除可证之于国联《司法考查报告书》所载内容外，又可见杨荫杭所论："今所谓'司法衙门'，恐亦不久变成'司法牙门'。因为军事裁判渐侵民刑裁判之权……故其始不信任司法，以盗匪划归军法，此为第一步。其继则扩张军法之范围，凡人命案件，同时失去财物者，即谥为盗匪而受理之，此为第二步。其后则扩张不已，凡可借口于公安秩序，如私铸等案，亦一律受理，此为第三步。再后则并不以公安秩序之名，即关于卫生之犯罪，如大宗私土等案，亦公然受理，此为第四步。如此得步进步，必有司法部与陆军部归并之一日"，参见杨荫杭：《牙门（二）》，原载《申报》1923年5月2日，现收入杨荫杭著、杨绛整理：《老圃遗文集》，长江文艺出版社1993年版，第738页。

④ 参见梁启超：《呈总统文司法问题》，收入梁启超：《饮冰室文集》，中华书局1936年版，第22页。

⑤ 引语见朱国南：《奇形怪状的旧司法》，载《文史资料选辑》合订本（第二十七册），第130页；又按，居正1947年4月3日所记："与新任推事五人谈。问傅圣岩推事广东状况，告以下级水平太低，史院长（史延程）感觉棘手。予曰，你们三审自审水平如何，宜加倍努力"，参见谢幼田整理：《居正日记书信未刊稿》，广西师范大学出版社2004年版，第二册。

⑥ 刘陆民：《中华民国律师协会第六届代表大会开会词》，收入上海图书馆藏丘昭文等编辑：《中华民国律师协会第六届代表大会特刊》，1934年。

而且"中国演变成一个世界性的问题"。[①] 故即按梁启超所论，"故今日欲救中国，无他术焉，亦先建设一民族主义之国家而已"，[②] 危机意识与民族主义的产生，相应成彰。与此相应，在领事裁判权及不平等条约之压力下，民国法律史可以认为是一部废约运动史。[③]

对于司法党化问题的认识，因此受到两种基本历史情境的限制，首先在于法律形式化及法律与政治之间的疏离所引发的司法信任危机，再者须注意在社会与国家层面上存在的危机，使司法问题又不得不与废约运动的进程相联系。

早在民国三年，梁启超首倡改良司法，并以十种措施试图挽救法律形式化之失与司法信任危机：一、法院宜图改正；二、审理轻微案件宜省略形式；三、宜明立审限；四、上诉宜分别限制变通；五、宜速编刑律施行法；六、宜酌复刺配笞杖等刑以疏通监狱；七、宜设立法官养成所；八、宜严限律师资格；九、宜将一部分之罪犯划归厅外审判，而法外之干涉，则严行禁绝；十、宜保存现有机关而由国税支应经费。[④] 尽管这只是司法制度内部改良的呼吁，事实上，后来的司法进程证明，历任北京政府司法总长所采取的继续改革司法的措施，不论名称如何，大

---

① 引文见 Thomas F. Millard, *China, Where It Is Today and Why* (New York: Harcourt, Brace and Company, 1928)，该书第 3 页解释中国成为问题的原因："中国演变成一个世界性的问题，并非由于中国与其他各个国家之间有了问题，而更多是因为一些强权国家的野心、担心、项目或政策渗入中国而引致。"

② 参见梁启超：《现今世界大势论》(1902)，收入梁启超著，夏晓虹辑：《〈饮冰室合集〉集外文》，北京大学出版社 2005 年版，第 1271 页。中国成为世界性问题之论，亦可见第 1261—1262 页梁氏此文："论今日世界竞争之点集注于中国……亚洲竞争界之第一期，在于印度……然而亚细亚人之主权，则已去其半矣，大势所趋，愈接愈剧，及竞争之第二期，而重心点专集于中国矣。"

③ 有关中国废约运动史的写作，请参见李育民：《中国废约史》，中华书局 2005 年版。

④ 梁启超：《辞司法总长职呈文，附呈请改良司法文》，收入梁启超：《饮冰室文集》，中华书局 1936 年版，第 28—33 页；同时代类似的主张，又可见汪庚年所著《上大总统及司法部条陈厉行司法独立书》一文："兹列举前清之积弊，并拟刷新之方法……（一）司法界之划清（二）司法人员之任用（三）司法制度之整理（四）司法经费之筹措（五）法律适用之必要。"载经世文社编：《民国经世文编（法律二）》，台北文海出版社 1970 年版，第 47—51 页。

都以此十条作为纲要。① 但在政治的层面上，梁氏所持意识形态，在对待司法改良的目的即废除领事裁判权问题上，或多或少促使"中国政府对于不平等条约并不想采取单方面行动的政策"。②

1920 年前后十年间中华革命党向国民党的转变（在中华革命党创建之初，孙中山对于政党的绝对控制便已经显露），③ 为司法改良进程提供出一种根本的政治意识形态转变，这表现在 1924 年后孙中山公开宣称帝国主义，以不平等条约与领事裁判权为内容，是中国内乱之根本原因。④ 相应的，国民党对于不平等条约要求单方面"废除"，而非"修改"，且认为"中国民族解放之机会实系于此"，⑤ 其意义已经包含了空前的意识形态转变。在后来，国民政府时期所有有关司法主权与领事裁判权处理的问题，都严格遵循了求废而非修改的原则，而这一原则在居正司法时

---

① 可以参见郝立舆：《领事裁判权问题》（1925），商务印书馆，第 112—125 页。一书第十八章"撤消领事裁判权之准备"；以及江庸：《五十年来中国之法制》（1922），收入梁启超：《晚清五十年来之中国（1872—1921）》，香港龙门书店 1968 年版；董康：《民国十三年司法之回顾》（1928），收入载何勤华、魏琼编：《董康法学文集》，中国政法大学出版社 2005 年版，这两篇文章。

② 天津编译中心编：《顾维钧回忆录》缩编本，中华书局 1997 年版，第 119 页。

③ 居正：《梅川谱偈》记载，"中华民国三年…… 入党者须宣誓服从孙先生，并于誓约签名之下，亲盖指模"，收入陈三井、居蜜合编：《居正先生全集》，第 108—109 页。

④ 按孙中山谈《中国内乱之原因》（1924 年 12 月 25 日）："我们革命党要中国从此以后，不再发生军阀，国民能够自由来解决国事，中国永久是和平统一，根本上便是要是在中国捣乱的帝国主义不能活动，便是要消灭在中国的帝国主义。因为要消灭在中国捣乱的帝国主义，所以讲内政问题，便涉及到外交问题，要废除一切不平等的条约。"参见孙中山：《孙中山选集》，中华书局香港分局 1956 年版，第 899—911 页。

⑤ 在民国十四年（1925），国民党即对于不平等条约，"主张宜废除不宜请求修改"，明白宣示国民党之不容妥协立场："本党不忍中国之沦于次殖民地，故倡导国民革命，以与帝国主义者奋斗。而废除不平等条约即为奋斗之第一目标……惟废除与请求修改，截然二事……本党兹再郑重宣言，对于不平等条约应宣布废除，不应以请求修改为搪塞之具……中国民族解放之机会实系于此。"见《晨报》，民国十四年七月十二日，载季啸风、沈友益主编：《中华民国史史料外编—前日本末次研究所情报资料》第八十五册，广西师范大学出版社 1996 年版，第 409—410 页。迨国民政府成立之后，司法独立主权之主张，不论在王宠惠任职还是居正司法时期，均未动摇。

期表现得更为明显。①

　　事实上，梁启超与孙中山二位先生的论述，对于法律制度而言，促成了在国民政府未统一全国之前南北两种截然不同的司法改良运动，简言之，即北方以梁氏思想为主轴的司法制度内部改良与修约运动，及南方以孙氏思想为指导的司法外部政治革命与废约运动，其标志在北则有梁启超司法储才馆之设，②在南则有国民政府司法党化之提出。而时界1926年，以废约运动为中心，社会上出现了明显求变的共识与要求，③一种改良司法的新趋势，这一方面表现在废约运动南北一致地行动，另一方面即开始了一个以司法党化为标志的激进时期。

---

　　① 按居正论《收回法权之切要》（1942）："领判权之弊害，不可胜言，举其著者，约有十二点：（一）侵害中国主权……（十一）领事系商务官，缺乏法律知识，裁判难期允当……系中外交受其害，甚至外人受害更深。时至今日，收回法权，不仅为当务之急，即友邦有识之士，亦主张将此历史上之污迹早予涤除……我国对于收回法权早具决心……国府成立以来，进行尤为积极……讵沈阳事变突发，戎马倥偬，收回法权筹备不及，以致前项条例迄未实施，一篑功亏，至引为憾……领判权为彼此交困之弊制，前已述明，兹再胪举三项必予废弃之理由，以作当头之棒喝。领判权侵害他国主权，为强国欺凌弱小之工具，在今日正义人道及国际地位平等之呼声下，实无存在之余地……查各国在华要取领判权，无非以我国法制不完备为借口……国民政府成立之后，有鉴于此，整顿司法，不遗余力。迄今民刑法典已灿然大备。新式法院监所经成立六百余所，仍在继续普设中。司法经费自三十年起，已一律归国库负担。至言军人干涉司法，则更早无此事。是各国所借口之事实均已根绝，依原约规定，自应实时放弃，不容再事拖延，更不容延至和平恢复之后……领判权为弱国之桎梏，一旦国势强盛，必予挣脱"，收入罗福惠、萧怡主编：《居正文集》，华中师范大学出版社1989年版，第686—688页。

　　② 按梁启超《司法储才馆开馆辞》（1927）："收回法权为目前最要之事虑，无不知之者。既欲收回，则须预备。虽前清以来，颇有筹备，惟中经时局变迁，时作时辍，应更再进一步，以期促成。本馆之设，正为此故，甚望本馆同人，在导师教员以至学员等，互相努力，以期贯彻此种目的，使将来收回法权时，无人才不敷之虞，所有工作，亦足使外人满意"，原载《司法储才馆季刊》第1期，1927年1—3月，现收入梁启超著，夏晓虹辑：《〈饮冰室合集〉集外文》，北京大学出版社2005年版，第1014页；关于司法储才馆成立过程，请参见《余绍宋日记》第四册，北京图书馆出版社2003年版，1926—1927年日记所记。

　　③ 按Thomas F. Millard观点，南北双方都决意于改变外国特权的状况，只不过两者所采途径不同："Abrogation of foreign privilege in China is the essence of the nationalist program. The Northern party are as decided to revise the treaties as the Kuomintang are, but their procedure would probably be different". 请参见Millard, *China, Where It Is Today and Why*, 320.

第一次世界大战后，废约运动出现了新的历史情境，[①] "随着 1921—1922 年华盛顿会议的召开，治外法权问题成为中国民族主义者有感于国家主权遭受限制，而产生愤怒情绪的风暴中心与焦点"。[②] 以华盛顿会议为起点，废约运动主导意识形态发生迅速转变，按王宠惠氏于会议后演讲所主张，"希望国民速起奋勉，盖二十世纪之国家，非外交所能收回已失权利，而全赖国民自勉也"。[③] 1924 年 7 月 18 日北京国立专门以上八校教职员发表撤销不平等条约宣言，是国民废止不平等条约运动勃兴，民族主义情绪充分张扬的一个例子，"我民族不甘暴弃，爰有进一步主张，为废止国际一切不平等条约之运动，举凡对我一切不平等待遇，彻底撤销，另本相互平等的原则，重新构成国际关系，使我民族亦得享受人类应有之权利……并以民族的势力，促其反省"。[④] 需要注意，此时废约运动已不在以司法制度改良与否为参照，事实上，在 1924 年，司法

---

① 按 Arif Dirik: "The cultural radicalism of the intelligentsia, crystallized around the Versailles Treaty issue in 1919, turned in the twenties into organized political action… The political leaders of the twenties correctly perceived that political success depended on the extent to which these new forces could be incoporated into a new political structure. In spite of disagreements over the methods of accomplishing this goal, there was common agreement on the necessity of securing popular cooperation if the aims of national strength and progress were to be realized". Dirik, "The Ideological Foundations of the New Life Movement: A Study in Counterrevolution", *The Journal of Asian Studies*, Vol. 34, No.4 (Aug., 1975): 947.

② 见 Wesley R. Fishel: "Neither can extraterritoriality be considered in a vacuum. It must be examined in its context: the fabric of political developments within China and diplomatic intercourse between China and foreign Powers. After world war I and the Washington Conference of 1921-1922, extraterritoriality became the storm center and focus of Chinese nationalistic resentment of restrictions upon China's sovereignty. The instability of the recognized government of Peking, the influence of Soviet Russia on the policies and actions of the rival 'governments' at Canton and Peking, and the disagreements among the Treaty Powers as to the course of action to be followed with respect to the continuous disturbances in China all had visible effects on the condition of the system". Fishel, *The End of Extraterritoriality in China* (New York: Octagon Books, 1974), viiii.

③ 参见王宠惠：《太平洋会议之经过———民国十一年一月十日在上海总商会演讲》，原载《东方杂志》第 19 卷第 4 号，1922 年，现收入中国国民党中央委员会党史委员会编：《王宠惠先生文集》，中央文物供应社 1981 年版，第 162 页。

④ 参见季啸风、沈友益主编：《中华民国史史料外编——前日本末次研究所情报资料》第八十五册，第 398 页。

"败坏已尽，几无可为"。① 不论司法状况如何，在 1925 年，当司法部准备迎接各国考察中国司法委员会赴中国各地考察司法之时，正值"国民革命大会势张甚"，② 而且"收回法权之情绪，弥漫于国人之心目中，五卅事件以后，此种情绪，益为激烈"。③ 至 1926 年，当国内政治形势因"国民一军驱段放曹降吴，政局大变"④ 之际，废约运动，即"收回法权一事，现非法典问题，乃是政治问题"，⑤ 意识形态随之而变。

需要注意，国内废约运动意识形态的变迁，又与对于中国国内政治统一之国际呼吁相应和，"深以设立巩固政府为复还治外法权之最紧要之初步，且须立一完全法律及其行政之圆满制度"。⑥ 在这里，废除领事裁判权的前提，相应的，由求中国有一良司法制度，一变而为一良政府：各国"放弃在华特权，但中国必须先有良政府"。⑦ 尽管这一转折并不意味着废约运动从此可以容易实现，而是相反，这可能加重手段打败目的

---

① 按余绍宋：《余绍宋日记》第四册 1924 年 9 月 17 日所记："今日张干若为司法总长，于是莘庭、子贤、阶平诸君咸主余复次长任，奔走甚力。余初不知也，实则司法事为程克败坏已尽，几无可为，然诸君意殊可感也。"

② 按《余绍宋日记》第四册（余绍宋，2003：354）1925 年 11 月 30 日所记："近两日所谓国民革命大会势张甚，亮畴谓此是孙文余气，亦足见孙氏魔力之大矣。"

③ 王宠惠：《改组上海法院之感想》（1930），收入中国国民党中央委员会党史委员会编：《王宠惠先生文集》，中央文物供应社 1981 年版，第 198—199 页；又按《中华民国史史料外编》卷 85 录梁启超氏《谈判与宣战》一文，记梁氏当时之感想："我自己从沪案发生后，每感到冲动时，便起'宁为玉碎'之想，这种冲动每天总有一两次。"参见季啸风、沈友益主编：《中华民国史史料外编——前日本末次研究所情报资料》第八十五册，第 400—402 页。

④ 按余绍宋：《余绍宋日记》第四册（余绍宋 2003：445—446），1926 年 4 月 10 日记。

⑤ 按时任司法总长马君武氏所言："收回法权一事，现非法典问题，乃是政治问题。外人对我国各法典，尚无不满意之处，惟怀疑于各军阀、各地方长官，是否能够照此实行耳。"参见《就北京法权会议答记者问（惩治盗匪法决废除；未完法典只提草案）》，原载上海《申报》，1926 年 2 月 6 日，现收入曾德珪选编：《马君武文选》，广西师范大学出版社 2000 年版，第 311—312 页。

⑥ 参见《上海英商会之决议案再志》，1919 年 11 月 8 日，收入季啸风、沈友益主编：《中华民国史史料外编——前日本末次研究所情报资料》第八十五册，第 361 页。

⑦ 按《顺天时报》1925 年 9 月 20 日所载："英外长对华之新意见：谓英国不厌放弃在华特权，但中国必须先有良政府，责人重而责己轻此之谓也……欲达到吾人所抱希望完全之目的，非有下列之两项条件不可：（一）须有互相表示善意之状态，（二）中国内部必须相安无事，并有有能力之中央政府能谋求统一，并有订约守约之能力，吾人方准备抛弃吾英向来与其它国家所享特殊之地位。"参见季啸风、沈友益主编：《中华民国史史料外编——前日本末次研究所情报资料》第八十五册，第 425 页。

之困局，"从前只以改良司法为收回法权的条件，至今二十余年，尚且达不到收回的目的，若再加上政治改良种种条件，我们中国恐怕从此没有收回法权的日期了！"[①] 然而，这一事实的存在，无疑为国内司法改良运动继续沿着政治化的方向进展提供了助力。

再者，1921 至 1926 年间，为各国考察中国司法委员会对中国进行司法考察，藉以改变观瞻与印象，司法界外交界费尽心机，结果却让所有人失望，[②] "最近的有关治外法权磋商结果大出中国人民的意料之外，失望之感至甚且巨"。[③] 而在广东国民政府方面，"粤法院不招待调查法权委员……国民政府令外部，废除不平等条约，收回领事裁判权，乃当然事，毋庸外人调查。法权委员到粤，决不招待"，[④] 一直主张强硬。也就是说，国民普遍失望感的形成，与广东国民政府民族主义强硬主张相配合，国民可能更容易接受后者的政策。事实上，在一九二零年代后期出现废约运动新趋势，很大程度上即是失望感与民族主义两种情绪的合力结果（至居正司法时期，这种合力多表现为国难感与民族主义的结合）。废约运动由一开始的改良司法运动因此转为单方面政治运动，而后者在国民政府统筹之下，比前者"更加有强烈的民族主义倾向，至少在一开

---

① 参见燕树棠：《法权会议的结果》，原载《现代评论》第 4 卷第 99 期，1926 年 10 月，现收入汉语法学文丛燕树棠著作集《公道、自由与法》，清华大学出版社 2006 年版，第 417 页。

② 如按燕树棠所论："总之，这次法权会议的结果是：一、全国所希望的无条件的收回法权完全没有达到目的；二、这次所定的将来收回法权的条件是苛于从前的条件；三、中国承认这次会议不如没有这个会议"（燕树棠，2006：417）。又如孟森氏所论："欧战后华府会议名为因我参战而市惠，实则为辛丑条约之不平等约约加一束缚。收回领事裁判权，仍以调查司法之是否改良为居奇延宕之计…… 我国之司法可以未改良为藉口者何限，则华府为辛丑条约之束缚一也。"参见孟森著《修正条约之真实把握》一文，原载《晨报》1925 年 6 月 26 日，现收入季啸风、沈友益主编：《中华民国史史料外编——前日本末次研究所情报资料》第八十五册，第 404 页。又可参见王宠惠氏极度失望之表达。

③ 见 Millard："This is amply demonstrated by the latest exterritoriality negotiations—an occurrence greatly beyond the expectation of the Chinese People and one which they cannot but regard with profound regret." Millard, *The End of Extraterritoriality in China*, p.5.

④ 参见季啸风、沈友益主编：《中华民国史史料外编——前日本末次研究所情报资料》第八十五册，第 474 页。

始，即在治外法权问题上，更少妥协的意思"。①

也可以说，20 年代前五六年被寄予厚望的废约运动在结果上反招致了更多明显的屈辱感，同时复使司法界信任之危机雪上加霜，这种情况下，司法党化之提出很可能容易为社会与政治共识所接纳而为改良司法的途径。以孙中山遗嘱为标志的政党意识形态，以及基于此而来两次司法党化主张的提出：徐谦②在 1926 年，王宠惠③在 1929 年，三者不只意味着司法主权与自主意识的强势，更重要地在于中国司法建设与法律形式化之间的吊诡困局，虽然没有被解决，但是在废约问题上，却被很大程度上推到了问题解决的边缘，④废约运动因此进入以司法党化为意识形态的"不再要成为被动的"⑤阶段。

司法党化，在理论层面上，大致有两个阶段之区分，第一阶段以徐谦、王宠惠为代表，司法党化以革命化的语词与形式表达出来，第二阶段即以居正为代表，不仅弱化前期革命化的语词含义，同时淡化因司法党化一词本身所有的政治含义所带来的争议，而代之以司法民族化，以民族主义作为司法制度党义化的正当性理由。

---

① 见 Fishel："The success of the 'Northern Expedition' in the spring of 1928 brought negotiations between the Powers and Peking to an end…… This change of government also marked the end of one phase of treaty revision with the Powers, and the commencement of another. The leaders of the Nationalist government were more strongly nationalistic than their predecessors and, in the beginning at least, less inclined to compromise on issues such as extraterritoriality." Fishel, *The End of Extraterritoriality in China*, p.144.

② 徐谦，时任国民政府司法行政委员会主席。

③ 王宠惠，时任国民政府司法院院长。

④ 1943 年 1 月，英美正式宣布放弃领事裁判权，承认中国法律与司法的完全自主权，但是我们从法官与法院的统计数字表中看到，1943 年无论在政治的稳定性上还是在法官，法庭的数量建构上，甚至 1943 年的司法状况并不比前居正司法时期的任何一年好多少。这个史实，也正好验证了废约运动新意识形态诉诸于力量，不仅是政治的还是其它各种力量的正确，司法党化可以被视作是在这样一种政治正确的前提下，所采取解决司法危机的政治化途径。

⑤ 按王宠惠《最近的五种希望——民国二十年一月十二日在中央党部总理纪念周讲》(1931)："从前与我国同病者，如日本，如暹罗，如土耳其，何以人家可以废除而我们不能废除哪？即在我们的努力有不如人家的地方……今年以内，希望未弃权的六国能够自动的来改约，不要成为被动的"，收入中国国民党中央委员会党史委员会编：《王宠惠先生文集》，中央文物供应社 1981 年版，第 486 页。

二　司法党化的理论阐释：司法党义化

按居正所论，在三民主义的语境下，"司法党化是不成问题的，所成为问题的就是——如何才叫做'司法党化'？"[①] 按照居正所论，司法党化并非主张"把一切司法官限制都取消了，凡党员都可以做司法官；把一切法律都取消了，任党员的司法官拿自己的意思武断一切"。[②] 司法党化的问题在于司法人员党人化之后，如何注意党义之运用：这是居正对司法党化主张的核心，即一种主观党人化与客观党义化[③] 的二元主义设计。按照居正的论述，这种二元主义可以下表该概括：

正概念	反概念	结论
党化	非党化	在"以党治国"一个原则统治着的国家，"司法党化"应该视作"家常便饭"。在训政时期，社会新思想尚待扶植，司法为国家生存之保障，社会秩序之前卫，若不党化，则是一种自杀政策。
党义化	党人化	司法党化应该是把一切司法官都从那明瞭而且笃行党义的人民中选任出来，不一定要他们都有国民党的党证，却要他们都有三民主义的社会意识。令法官注意研究适用党义，适用党义；以运用党义判案作为审查成绩之第一标准。设立法曹会研究党义之运用。
司法官党化	司法长官党化	如果党人只把那些事闲俸厚的肥差给自己捡了，把事繁俸薄的苦差（推检）让与别人，不免"买椟还珠"。司法党化必须注重司法官党化，至于司法行政人员及司法系统机关长官之党化，还属次要问题。
司法党化	立法党化	司法作用比较立法作用，其关系民生尤为切要。现代法理学上两个惊人的伟大的新收获：（一）废除立法与司法性质上之区分：认定法律与裁判有同一意义与价值（奥国派 Kelson 等）（二）否认立法机关制定者为法律，而认定法院判例（或判决）及解释例才是法律（美国派 Gray、Frank 等）。无论从美国派之判例法学说，抑或从奥国派之具体形态的法律创造说讲来，司法党化更重要。

---

① 参见陈三井、居蜜合编：《居正先生全集》，中研院近代史研究所 1998 年版，第 241 页。
② 参见陈三井、居蜜合编：《居正先生全集》，中研院近代史研究所 1998 年版，第 242 页。
③ 参见陈三井、居蜜合编：《居正先生全集》，中研院近代史研究所 1998 年版，第 242 页。

续表

时代民族的世界观	普遍共同的世界观	质言之，法律因素必要与其母体世界观之时间性与空间性完全适合，而且与其姊妹生活（道德宗教等生活）之时间性与空间性也完全适合。那种认为一党一派的世界观是偏私的，只有人类普遍的世界观才是公理所在的见解，"显然是受了18世纪自然法论之余毒"，"只是玄学鬼的作祟罢了"。那所谓"亘古不变"四海从同之客观法理，是与法律之空间性、时间性不能兼容，也与社会生活之有机联系原则不能兼容。
主观的法理	客观的法理	殖民地革命客观的环境造成的特殊正义观念，基本法理，与建国中心原则，是国家民族生存之基石，是法律全部系统之总纲领，自然一切法律、裁判都应该拿它做根据，才能与客观的环境相适应而合于人民生活之要求。贸然一味寻求所谓客观的法理来做立法或判例之根据，结果必至与人民生活枘凿不兼容。主观的法理经人民达成共识，既可以成为客观的法理。中国特别国情。
实在的法律	观念的法律	观念的法律要待实在的法律补充它，才可以有"具体的形态"。
活用党义	法律僵化	适用法律之际必须注意党义之运用。法律未规定之处；法律规定太抽象空洞而不能解决实际的具体问题时；法律已经僵化之处；法律与实际社会生活明显地表现矛盾而又没有别的法律可据用时，活用党义。
论理解释	演绎解释	论理解释至少是一个辩证法的论理，而不是形式的演绎论理。对于现行法所采用的一般原则，而就某种场合设定例外，这无疑地是一种创造法律，而不是仅仅演绎义理。
善政法行	徒法、徒善	中心法则之认识，是"法"的方面；司法干部人员党化，是"善"的方面。
人民陪审	人民陪审缺失	为贯彻民权主义起见，只有实行陪审制度，而后可以使司法与民意打成一片，使民间的正义观念直接构成国家之正义观念。
判例法	制定法	中国立法虽多仿大陆法系，然其实中国向来是判例法国家，甚似英美法系制度；礼俗在中国人民生活上的需要，亦为判例有力之根据；中国向来艳称"经义折狱"。司法不是演绎旧法而是创造新法，其理甚明。
党义决狱	春秋决狱	编辑"判解党义汇览"。[①]（在居正文字中，党义决狱大致被视为一种遵循中国重视判例法或者经义折狱传统的适当形式）

从上表可以看出，居正有关司法党化的论述，在内涵与外延上，已经完全超出了文章标题语词所涵盖的意义。这篇文章不仅在于在认识论上试图全面解决党化引起的认识问题，同时文章又融入了对当时法律与法学理论的诸多批评。在内容上看，居正所使用的一组二分的概念，不仅为司法党化构建出一个合理与正当的理论前提，而且促使司法党化问题大而化之成为一个哲学命题。这样的命题，首先表现在居正建立党化问题与中国法律传统的联系上：司法党化在中国法律传统上的意义，在于继承国情与传统，维持传统法律在本国的连续性。以事后的观点，可以将法律儒家化 ② 的理论作为理解居正论"司法党化问题"的参照，这种连续性表现在居正所归纳的司法党化几个特征上，列表如下：

可比较之方面	法律儒家化	司法党化
典型特征表达	春秋决狱	党义决狱
精神	儒家伦理 / 传统	三民主义 / 传统
政治	大一统	大一统
效能	君权，人治	党权，法治
形式	经义判例	党义判例
实质	家族，等级	民族
结论	中国法系	中国新法系

① 有关判例及解释例的汇编问题，居正似极重视。1935 年初，居正对于司法现状表现出颇为不满的失望心情，而于所有对于司法的缺憾之中，惟对于编辑判例表示满意："因为吾国法律偏缺不全，且法律规定时有不免发生疑义之处，故判例编辑于司法效能之增进尤属重要。此篇（最高法院判例要旨）计十五万言，自十六年南京最高法院成立始，至二十年十二月底止，凡判例可以阐明法律旨趣者靡不尽量搜辑，于今日百孔千疮之司法现象中，得此一着，差足告慰。"参见居正：《一年来司法之回顾与前瞻》，载《中央周报》，1935 年 1 月 14 日第 334—335 期合刊，第 5 页。

② 本文将居正本人在司法党化中所描述的有关中国法律传统的特征，借用瞿同祖先生的概念，作为参照，将法律儒家化与司法党化并列进行比较，仅仅是为了理解上的方便。有关法律儒家化的专论，请参见瞿同祖先生遗著《瞿同祖法学论著集》，中国政法大学出版社1998 年版。

其次，居正对于西方法学流派、理论及法律的反思，否定法律理想型以及普适性，强调法律本国性与民族的特点与事实，而且主张"司法为进步的而非保守的；司法为实验的而非理想的；司法为普遍的而非局部的；司法为整个的而非个别的"，① 其用意大致是在强调以司法党化作为一种契机，达到对中国传统的尊重与对民族法律历史传承之目的，同时促使对于司法党化的认识，由党人化向党义化偏重，由司法革命化向司法民族化转变。

须要注意，经过徐谦、王宠惠与居正三位为代表的司法中枢人物连续一致的提倡与应用，司法党化具有的正当性，即使在理论上圆融，也是在情境上所需的，这里的正当性并没有涉及其在结果上是否可能恶化法律形式化的危机及影响司法系统最终可能带来的实际效能问题。司法党化只是解决了认识论的问题，即从身份（传统与民族性）与现代性（三民主义）两个层面上使党化求得到社会认同，② 但是至于司法党化如何落实到具体司法实践中，按居正所言应当有一个"三民主义法律哲学之系统的研究"。③ 对于三民主义与法律哲学之系统研究，在 1935 年及后来，以居正为发起的中心，表现在全国司法会议之召集，司法行政与最高法院人事的变动，中华民国法学会的筹建，三级三审制度的推行，及因司法党化而来的认识论转折的确立。在 1935 年，尽管训政时期司法六年计划失败，但这并不妨碍在这一年始期待一种新的可能性。在这个时间与情境下，居正面临的难题至少有两个：一是如何使司法本身成为一个可以自我维系的制度；一是因为司法党化的存在，居正可能面临的下一个实际难题，就是如何真正发挥司法效能。

---

① 居正：《全国司法会议开会辞》，收入《全国司法会议汇编》（1935 年 9 月 16 日至 20 日），四川省档案馆四川省高等法院档案，档案目录号：5-14-1。

② 按居正《司法党化问题》一文所论："为增进司法效能，其司法作用适合于人民实际生活起见，必须使司法官认识一国之根本法理，法律全系统之中心原则，实无疑义。"参见陈三井、居蜜合编：《居正先生全集》，中研院近代史研究所 1998 年版，第 254 页。

③ 参见陈三井、居蜜合编：《居正先生全集》，中研院近代史研究所 1998 年版，第 255 页。

三　关于民国司法党化的一个总体观察

司法党化的提出，放在当时的历史情境里去分析，至少存在着两个方面的前提：（一）政治的变迁，使司法及司法制度作为一个整体有了可以依凭的政治空间，这表现在国民政府在收回领事裁判权方面的中国单方面宣称废约的强硬态度上；（二）在政治变迁的前提下，司法党化成为新政治规划的一部分，又为新的规划提供了一种可能，这表现在废约运动一个"积极时期"的产生与司法党人化或司法革命化的顺利推行，以至于最高法院可以成为地方党务推进的重心。在 20 年代末 30 年代初，以徐谦、王宠惠为代表，提出与推广司法党化，最终以司法党人化与革命化为内容，形成司法界对外革命的强硬立场与意识形态，而显然，司法党化并未在改进司法制度本身的效能方面带来多大的改变。

居正对司法党化问题的阐释，承继先前司法党人化与革命化的主张，而又使"党人化"与"党义化"对置，更多彰显中国司法制度的自治与身份认同，宣称法律之民族性与本国化，①以形成党义判例为内容，使司法党化在理论上进入司法民族化的阶段。同时，居正又促使司法党化，在法律"没有了中国"与民众"不信赖法律"的情况下，尽可能成为"改善"司法形象的一种应对措施，挽回民众对司法的信任，尽管这种措施带来的可能后果是对法律形式及形式性的破坏。事实上，司法党化的意义及悖论就在于，破坏了本来就不甚完整的法律形式，而促成对于司法主权独立的强硬立场，并应和社会的感情，其结果反而或多或少使法律形式和有限数量的法庭法官发挥社会功能成为可能。

---

①　参见阮毅成：《论主义化与本国化，可有助于理解党化提出之情境》："国民政府成立以来，凡事皆有进步，唯有司法始终未尝受'革命洗礼'，且以始终未得国民党的重视。今中央司法人员，政府始加以重视，求依服膺主义最忠实的同志担任，而法律之与主义相融合，尤属不可缓之举，否则徒得其人，未得其法，亦将事倍而功半……我国为在东方有五千年文明之民族，有五千年之社会风俗人情习惯，仅全然舍弃不顾，只将各国法律，零碎剪裁，七拼八凑，移入本国，怎么可以与国民的感情相应合？……现在法律不是本国的，所以往往人民以为是者，法律以为非；人民以为非者，法律以为是。法律距国民的感情日远，欲人民信仰法律，信仰政府，岂非南辕北辙？"载《东方杂志》，卷 32 号 10，第 28 页。

在 1935 年，当司法界第一次形成全国性凝聚力的时候，以全国司法会议之召开，[①] 中华民国法学会之倡设，[②] 三级三审制施行，[③] 司法行政改革为内容，以复兴司法及准备宪政之号召为象征，司法党化在更大意义上成为居正改革司法的第一步举措，成为后来司法继续改革的意识形态基础。

需要注意，就居正本人而言，对待司法党化的问题，也只是仅仅 1935 年一篇文字。按居正 1947 年 11 月于全国司法行政检讨会议致闭幕词，大致可以看出居正此时已不在坚持司法党化的提法，但仍坚持司法党义化："我国今日的法治，是产生于中国国民党的三民主义。数其源，第一步是政纲，由政纲而产生政策，根据政纲政策，制定各种法例律令，一切政治均依照法例律令而行，这叫法治。那么，我们积极地遵守法令去做，消极地不违反法令，不就是实行三民主义么？现在三民主义已经形成具体的法例律令了，我们离开法令，违反了法令，还谈得到什么实行三民主义吗？新宪法规定：'法官须超出党派以外'，但是法官遵守法令，是不可能超出三民主义以外的。今日政治风习的败坏，大都由于行法者不能守法，奉行主义者没有实行主义，因之法治徒有虚名，而少实

①　全国司法会议于 1935 年 9 月 16 日召开，为期五天，参加人员不仅有各高等法院最高长官，还有全国律师协会代表，法学院教授代表及特聘法学专家，为民国史上最大规模的一次司法会议。

②　中华民国法学会之创设过程、宣言与宗旨，详细刊登在《中华法学杂志》新编第 1 号，1936 年 9 月。

③　三级三审制确立有一个直接的结果，就是使居正任职院长的最高法院面临重大压力，这样的压力可能又迫使居正思考改善的出路："自七月一日以后实行三级三审制度，则最高法院管辖范围为之扩大，其所受理案件之数量必然激增。照民国二十年统计，各高等法院受理第三审案件，总数在六千左右，现在明年新收当在五千左右，最高法院每年新受民刑案件，约在一万五千左右。新制实施以后，其数量当增至二万以上，比前增加至少三分之一。上年度最高法院以十二庭分配二万零八百余起案件（计旧受五千一百九十一起，新收一万五千六百三十起），推事每月结案，刑庭平均每人约十八件，民庭平均每人约在三十件以上，其勤劳可谓蔑以复加；而上年度未结案件，还达四千余起。若受理案件骤增三分之一，而庭数不能增加（下年度因财政困难，政府正厉行减政），则将来积案，恐更不堪言状……积案日多，则人民将愈感受诉讼之苦，为兼顾人民利益与中央财政计，亦不得不求一救济之法。"参见居正在国府七月一日纪念周报告：《最高法院厉行法律审之步骤》，载《中华法学杂志》第 6 卷第 3 号，第 103—107 页。

际"。① 当 1948 年 7 月居正从司法院卸职后，居正大致表达了党化真正的
问题，并不在于党化是否能够影响司法改良进程或者其他法律问题，而
是在于政党自身："权集一人日已深，谈何容易要更新。除非陆（？）判
亲来到，换了头颅又换心。"②

第六节　法律民族化：重建中华法系论潮

一　法律民族化的历史语境

民国建立以来，司法因"进行太速，致生出无限之阻力"，③以致司
法制度"蒙诟独甚，皆缘前此改革太骤，扩张太过，锐进之余，乃生反
动"。④另一方面，"中国今日司法之缺点，多不在司法本身，而在（一）
有力者不拥护不尊重司法，（二）不宽予经费而使其穷促莫能有所计划"。⑤
可以说，司法制度自一开始在民国建设与营运，即面临着全面信任危机：
"司法独立之命运危若累卵，因国民多数心理渐厌此也。我辈非抖擞精
神，恐法庭非久将与立法机关同一结果。"⑥司法进展最为不幸者，在于
即使此后无论何种改进的努力，这种对国民于司法的偏见却一直以来根

---

① 参见居正：《全国司法行政检讨会议致词》（1947 年 11 月 5 日），收入上海图书馆藏
司法行政部编：《全国司法行政检讨会议汇编》；又可见《居正文集》下册，第 858 页；又按
居正日记（谢幼田，2004）记载，1947 年 1 月初，居正与人论法官超出党派之外，"告以时
局推移与个人行动趋向而定，恐司法行政当局无此勇气下令执行（法官脱离现有党籍）也"。
6 月 15 日，在战后法学会南京分会会议上，谈到君子不党，"宪法上法官超出党派，是则法
官不党，不党，我们法界人士皆为君子。美矣，未尽善也，必也群乎？则不党之君子必以合
群为第一义。今日之会，合群之大会也，由此会树立之风声，法官、法家之群将为天下之善
群也"。

② 参见居正所草《政党》诗，收入《居正日记书信未刊稿》第八册，第 209 页。

③ 丁文江、赵丰田编：《梁启超年谱长编》，上海人民出版社 1983 年版，第 683 页。

④ 参见丁文江、赵丰田编：《梁启超年谱长编》，上海人民出版社 1983 年版，第 685 页。

⑤ 参见吴昆吾：《中国今日司法不良之最大原因》，载《东方杂志》第 32 卷第 10 号，
1935 年，第 22 页。

⑥ 参见丁文江、赵丰田编：《梁启超年谱长编》，上海人民出版社 1983 年版，第 689 页。

深蒂固。"中国的法院，尚缺少尊严和独立的精神。我们常以为蔑视中国
法院的是外国人，不知瞧不起法院的反而是我们中国同胞。本来各省政
府县政府有辅助法院整严司法独立的责任，然而实际上法院往往受其无
形之累，遑论辅助。可是法院本身亦有组织不健全之嫌，致令法官每多
不能尽责。法院不能予人民以法律上的保护，又安望社会保有法院之尊
严。而且一般不尽职不负责之法官，有时对于裁判疏忽，有了差失，根
本就不负责，听其上诉。这样一来，上诉者日见其多，人民之颠连困苦
于讼事者，又将谁诉？所以社会之多不满意于法院，而法院自身之失去
尊严者，亦未尝不在此。"[1] 民众与法律之间所以产生如此深刻的认识冲
突，其原因可以主要归结为法律方面的原因，即当时存在着一种"'看不
见中国'的中国法律"。[2] 而事实上，法律的确如此。人民以"现在法律
因为不是本国的，所以往往人民以为是者，法律以为非；人民以为非者，
法律以为是。法律距国民的感情日远，欲人民信仰法律，信仰政府，岂
非南辕而北辙？"[3]

　　"看不见中国"的中国法律在事实上的存在，使社会上即发生种种不
利于司法与法律进展的情绪与观念，如认为现行制度不如满清，如认为
法院不及州县，如法律不及律例，如欲置司法于行政之下，甚有人主张
恢复赎刑刑讯之条。[4] 欲求改进现状的方法，"在中国便很难实现。因为

---

　　① 见民国二十二年三月二十六日居正纪念周演讲，载居正署：《三年来之最高法院》(最
高法院，1934)，第 135 页。

　　② 参见阮毅成：《怎样建设中国本位的法律》(1935)(民国二十四年六月三日在中央广
播电台讲，南京政治评论第一百五十六号)，收入《法语》，商务印书馆 1980 年版，第 280 页。

　　③ 参见阮毅成：《所企望于全国司法会议者》，载《东方杂志》第 32 卷第 10 号，1935
年，第 28 页；有关阮毅成观点之了解，请参见阮毅成：《八十忆述》(上册)，联经出版事业
公司 1984 年版，第 343 页，第四篇一教书：《我在中央政治学校 (国立政治大学)》："民国二
十四年九月，全国司法会议，在南京举行，我以专家学者身份与会，多所建言。司法院院长
居觉生 (正) 先生对我言：'曾看到兄写的许多文章，颇有见地，想不到兄竟这样年轻。'他
乃于次年元月，聘我任司法院法规委员会会员，为无给职。又约我参加他发起组织的中华民
国法学会，命我任主席团主席及常务理事"；又见同书"后记"："民国七十二年十二月，台北
出版的法令月刊，载有陶希圣先生所写的夏虫语冰录，谓'政校萨孟武、阮毅成诸教授，为
一代法政之显学'。"(阮毅成 1984：347)

　　④ 参见阮毅成：《怎样调节法律与国民感情》，载《时代公论》第 52 号，1933 年，现收
入何勤华、李秀清主编：《民国法学论文精萃》，法律出版社 2003 年版，第 335—336 页。

其中有的是法的问题，有的是人的问题，有的更牵涉到整个政治制度问题。如果能得其人，得其法，便是积极调和人民法律与人民感情的方法，也便是挽救中国今日司法危机的方法"。①

在 1935 年的上半年，在全国司法会议积极筹备之时，正逢有关中国本位文化建设的大讨论如火如荼进行的时刻。当时，"当代名流学者文化巨子全国舆论界权威"参与讨论文化本位问题②，关怀的重心却在现在的中国："现在的中国人都在徘徊歧路……我们总应该站在中国的立场，时时刻刻的不忘了我们现在要的究竟是什么？同时时时刻刻的去采取别人的长处来补充或充实我们的短处。尤其重要的，就是我们要时时刻刻的认清自己是世界上文明程度很高的民族。"③文化建设问题讨论，不论持何种观点，有一个基本共识，即文化问题是一个现时的民族危机问题，

---

① 参见何勤华、李秀清主编：《民国法学论文精萃》，法律出版社 2003 年版，第 335 页；与阮氏不同，有人认为，"其实当前的司法改良问题是很简单的：我们不必再去制定什么法典，目前的已经足够了；我们不必再去谈那些几级几审制，或陪审制，或轮回法院制，或把现在的法官衣冠改为汉代的衣冠（以上均是司法院副院长覃振氏出洋考察后建议）；我们只需要老老实实地做两件事，并且是不难做的事"，即对现有的法官加以考绩，去芜存菁，以革命的手段澄清法官吏治，同时竭力充实法律教育，是其成为最严谨最认真的一种。参见陈之迈：《为司法会议进一言》，载《独立评论》第 145 号，1935 年 4 月 7 日。

② 参见马方若：《中国文化建设讨论集》，经纬书局 1935 年版，第 1 页，按何（炳松）序："自从本年一月十日我和九位友人发表了一篇'中国本位的文化建设宣言'以后，国内贤达群起讨论。有的说我们的主张太过于新，有的说太过于旧，有的说我们的主张太过于调和折中，有的说可以颠扑不破；一时议论风生，颇呈百家争鸣的气象。其实我们的初衷无非想纠正一般盲目复古和盲目西化两种不合此时中国需要的动向，此外别无他意。所以我们的宣言假使能够引起大家注意这两种动向的危险，或者至少能够激起主张这两种动向者再能各加一番反省的功夫，那我们的目的就算达到了。因为我们少数人所能做的只是指出一个可能的方向，至于怎样走向那个方向，达到建设文化的目的，那是我们大家所应同负的责任。"

③ 参见马方若：《中国文化建设讨论集》，何（炳松）序，经纬书局 1935 年版，第 1—2 页。

而且"文化界有'一十宣言',[①] 以为今日世界文化中已不见有中国,他人之蔑视本不足与较而国人之自馁与自薄,实民族致命之根。故自信不立即无以言救国"。[②] 事实上,文化讨论而引起的认识问题,对于三十年代刚刚开辟出的中国法系新纪元以及因此而来的自信,是一个冲击。"本年一月十日,京沪各大学十位教授,发表了一篇建设中国本位文化的宣言,在宣言中,有两句极警策动人的话,说是:'在文化的领域中,看不见中国了'。这两句话,在其它学术方面的真实性如何,不乏怀疑与探讨的人;但若用以说明中国现行的法律,实在是非常确当。"[③] 看不见中国用来说明中国现行的法律,即表现为法律形式化、法庭法官数量困局以及司法孤立等等状况的"无法状态",也即所谓"'看不见中国'的中国法律"的事实,"这样'看不见中国'的中国法律,一不能有助我国国民革命的进展……二又不能与国民的感情相调整"。[④] 看不见中国,由一种文化的命题转而描述法律界的现实,同时,又基于民族文化的危机感与对于中国法系新时期的自信心态混合,在全国司法会议开幕之前,中国本位的语词即因此融入法律界对于中国法系前景的思考:"总之,在中国本位文化建设的工作中,中国本位的法律建设,亦为迫切重要的一事。

---

① 一十宣言,即 1935 年 1 月 10 日由《文化建设》月刊第 1 卷第 4 期上首先发表,后陆续由各报纸杂志转载,形成全国范围之讨论。一十宣言,内容很短,分三部分:一没有了中国;二一个总清算;三我们怎么办。具体而言,"要言之:中国是既要有自我的认识,也要有世界的眼光,既要有不闭关自守的度量,也要有不盲目模仿的决心。这认识才算得深切的认识。循着这认识前进,那我们的文化建设就应是:不守旧;不盲从。根据中国本位,采取批评态度,应用科学方法来:检讨过去,把握现在,创造将来……用文化的手段产生有光有热的中国,使中国在文化的领域中能恢复过去的光荣,重新占着重要的位置,成为促进世界大同的一枝最劲最强的生力军"。参见马芳若:《中国文化建设讨论集》,经纬书局 1935 年版,第 1—6 页。

② 孙科:《今日之民族问题》,载《东方杂志》第 34 卷第 1 号"民族复兴问题",第 15 页。

③ 参见阮毅成:《怎样建设中国本位的法律》(1935)(民国二十四年六月三日在中央广播电台讲,南京政治评论第一百五十六号),收入《法语》,商务印书馆 1980 年版,第 278 页。

④ 参见阮毅成:《法语》(下册),收入王寿南、陈水逢主编:《岫庐文库》卷四七,商务印书馆 1980 年版,第 280 页。

盼望全国法学家能注意及此，共同努力。"①

1935 年 9 月全国司法会议，确立以建立以中国本位新法系为纲领，事实上即是中国文化建设讨论在法律领域的承继与延伸，"把中国本位文化运动渐渐地应用到现行法律上"。② 也可以说，文化建设讨论实时地为居正及其组织的全国司法会议"指出一个可能的方向"，③ 同时又意味着变法运动开始了向文化领域的转向。"何谓中国本位……不外如……十教授宣言中所下的定义。我国现有的法律是最不中国本位的，而法律之所以需要以中国为本位，却较其它的社会制度与规律为迫切……若以此与十位教授宣言相比照，则可知中国本位法律的建设，是最先具有确实具体的方案，也应当是最先完成的吧！。"④ 即按刘陆民氏所论，"所谓中国本位法系者，当系依现代国家理念，用科学的方法，对中国固有及现有法律，施新的选择，产生新的生命，俾在世界法律文化领域，重占一新的位置之意。简言之，在新理念，新技术之下，发扬旧的民族精神，形成新的法律体系而已。虽然，此非易事也。此亦非至难而不可企求事也。

① 参见阮毅成：《法语》（下册），收入王寿南、陈水逢主编：《岫庐文库》卷四七，商务印书馆 1980 年版，第 283 页。

② 按陆季蕃氏所论，"最近有些人为抗战建国而憧憬将来法治之实现，由嫌怨现行法的态度，近而持批判的态度，把中国本位文化运动渐渐的应用到现行法律上……我国输入西洋法制虽不比其它科学为迟，但是它的进步却缓，回顾国内新法制的发展史，到现在足有五六十年历史，始终未脱却抄袭和全盘搬运的方式，离由批判而建立新中国法的途径还远，幸而随着敌人的炮火，把沉淀在国内社会文化下层的顽固者震醒——学法律者负有保守性，大有抛弃死记和硬解法律的精神来评判现行法的趋势，这不是很可喜吗？"参见陆季蕃：《法律之中国本位化》，载《今日评论》第 1 卷第 25 号，1939 年 12 月 10 日。

③ 参见马方若：《中国文化建设讨论集》，何（炳松）序，经纬书局 1935 年版，第 1 页。

④ 阮毅成：《读中华民国法学会纲领》（民国二十五年六月八日写于南京。南京政问周刊第二十六号），收入《法语》，商务印书馆 1980 年版，第 287—289 页；又按阮毅成：《我对于"中国本位的文化建设宣言"对于中国文化建设的意见》："大家所说的似乎都着重在检讨过去，而忽视把握现在。现在的中国怎样？……近二十年来中国所吸收的西洋文化，都只不过是表面的皮毛。这些皮毛给中国的影响，也许是坏的占了大半；但不能因为还没有看见西洋文化的真正内容，便认为西洋文化是不能再接受了……西洋文化初来中国是传教士带来的，而现在中国的传教士，都在竭力鼓吹研究中国固有的文化了……传教士鼓吹中国文化，或者只是好奇，或者乃是有意骗中国人，大家不要再前进，让西洋人永远比中国人走在前面……介绍西洋文化的工作难，保存中国固有的文化工作易……我们目前主要的责任，在尽量利用接受现代的西洋文化，维持中国的生存。"（见马方若 1935：22）

惟在我国法学者，并力一心以赴之"。①

　　文化建设讨论进入法律界，自 1935 年始，产生出一个"建立中国本位新法系论潮"，②内容即基于文化建设提供的三个纬度：固有文化，三民主义与民族今日之生存。按杨幼炯氏所论，"故今后我国固有文化，应加以新的估价与新的创造，使建立三民主义文化建设之中心，以求适合于我国民族今日之生存"。③

　　相应的，此时司法考察与决策变法的进程，有诸多的民族主义思想鼓动于其中，"此时立国之要，必在提倡民族历史精神"，④而此种种思潮，其根本在于当时时代中之国难感及因为无法清楚出路的困境。"现在民族复兴的声浪，充满了国内。这个运动，确是迫切的需要，但是人们好像拿主意不定……总得不到一个中心条件，树起全民族的信仰，发生全民族很勇敢的力量。"⑤在认识上存在混乱的情况下，民族主义即时时被强调而成为寻找出路的最可依赖的途径，"我们要挽救这种危亡，便要提倡民族主义，用民族精神来救国"，⑥即在于"恢复民族自信"以及"确立

---

　　① 刘陆民：《建立中国本位新法系的两个根本问题》，载《中华法学杂志》新编第 1 号，1936 年，第 48 页。

　　② 引语见杨幼炯所著《家族制度与中国固有法系之关系》一文："欲建立中国本位新法系，对于中国固有之家族制度，继其本身之存在及影响于中国固有法系方面者……至于此后应否或如何再增加此种新使命赋与之力，请应否或如何再利用家制而谋其效，是又属于建立中国本位新法系论潮中所宜注意者。"载《中华法学杂志》新编第 1 卷第 1 期，第 34 页。

　　③ 参见杨幼炯：《我国政党政治之蜕变及其对于近代文化之影响》（1937），载《东方杂志》第 34 卷第 7 号，第 63—72 页；又按刘陆民氏所论，事实上，法律界明确提出固有法律文化作为建设中华新法系的一个方面，至 1935 年时已有一段时间："本会自（1929 年）成立以来……因中国固有法律文化，曾有支配古代东方亚细亚的一页光辉灿烂的历史，遂以发扬固有文化，融合新兴文化为自己应尽之责。"参见刘陆民：《中华民国律师协会第六届代表大会开会词》，收入丘昭文等编辑：《中国律师协会第六届代表大会特刊》（广州律师协会，1934）。

　　④ 参见王仰清、许映湖标注：《邵元冲日记》，上海人民出版社 1990 年版，第 1068 页，1933 年 12 月日记。

　　⑤ 参见覃振：《民族复兴运动中对于家族制之回顾》，载《东方杂志》第 32 卷第 10 号，1935 年，第 19—20 页。

　　⑥ 居正征引孙中山"民族主义第三讲"之论点，引文见居正（1946）《为什么要重建中国法系》一文，收入罗福惠、萧怡主编：《居正文集》，华中师范大学出版社 1989 年版，第 501 页。

民族共信"。①

　　对于民族主义的强调，很快在司法界见到响应。居正于国府纪念周讲中华民族复兴之前景，民族主义在当时的历史情境，已成为居正本人关注的焦点所在。"今之暴日，比狄何如！这不是被侵略的中华民族已临到一个最大的生死关头吗？再环视国内，四处饥馑流亡，匪共充斥，农村破产，人民死亡无所……归总一句，一切内忧思想庞杂，固足以障碍民族的发展，而本党同志不能为党的主义努力，则中华民族复兴之机，是很渺茫的。"② 此处，将党的主义与民族危机联系起来，以事后的观点看之，乃居正司法时期促使思想转变的一个重要标志。与居正相呼应，覃振在赴欧美考察司法之前，即积极主张要实现"总理的民族主义"，"复兴民族，拯救国难"，③ 是"促成少年中国的实现"④ 条件。因此，覃振认为拯救中国的根本问题，即民族问题。"现在谈到救国，便会想到政治的、经济的、文化的和武力的等等的方面，殊不知构成政治、经济、文化和武力的元素，就是民族；假使民族本身不健全，国家的繁盛是不可能的。"⑤ 复兴民族，拯救国难的思想反应在司法界，即容易形成一种司法民族主义的情绪。

　　基于一些列国内外司法考察，加之鼓动于其间的民族主义思绪，此时在司法中枢产生出明显不同于先前的思想与表达。这首先表现在对以往法律形式化的激烈评判，"一国法律，当取之于一个社会精神，万不可误解他人之组织，以求适用于本国……吾国今日之司法，一误于民国建立时之求速，草率从事，未有深切之研究……再则误于促进国际化之主

　　① 参见孙科：《今日之民族问题》，载《东方杂志》第 34 卷第 1 号，第 15—16 页。

　　② 参见居正：《中华民族复兴之前途》（1933？），原载军事新闻社编：《当代党国名人演讲集》，现收入沈云龙主编《近代中国史料丛刊》第八十二辑，台北文海出版社，"民族篇"第 1—4 页。

　　③ 按《覃振传》附录：覃振佚文选（原载于 1934 年 2 月 27 日《中央日报》，1934 年 2 月 26 日覃振在政府纪念周作专题报告《拯救中国的根本问题》），参见张小林：《覃振传》，中华书局 2005 年版，第 246—247 页。

　　④ 参见张小林：《覃振传》，中华书局 2005 年版，第 247 页。

　　⑤ 参见张小林：《覃振传》，中华书局 2005 年版，第 245 页。

张，侧重形式，而忽略其社会之精神与实际……我今日所需要之民族复兴运动，迫切万分，而我之司法之无生气、无作为，不能于国家树威信，于社会增利益，黯淡前路，不大可为痛苦耶！"① 另一方面即在于对国情与民族的强调，"我国对于司法之改进，自当取其所长，以咨借镜，惟仍期适合于我国之国情为主旨"，② 而且若求改造中国的司法，则需"法律的作用与效能，可以表现出一个国家民族的文化和社会实际的需要，所以法律的原则，总不外是切应一个民族和社会的需要"。③ 若将司法改造与国情、民族实际结合，则需要贯彻民族主义于其中："要知道中国现行的民法，多是抄袭而来，不过是一个法律躯壳而已，固没有党的精神和主义灌输在内，所以我们必要把总理的主义灌输在全部法律中，使人民信仰法律与信仰主义打成一片，然后国家才可以进步。"④

司法中枢此种倡论，简言之，即"在今日以言法律的改造，最要者不外二事：其一，为法律的主义化，其二，为法律的本国化"。⑤ 法律要"主义化"的原因，在于"国民政府成立以来，凡事皆有进步，惟有司法未尝受'革命洗礼'且亦始终未得到国民党的重视。今中央司法人员，政府始加以注意，求以服膺主义最忠实的同志担任，而法律之与主义相融合，尤属不可缓之举，否则徒得其人，未得其法，亦将事倍而功半。融合之道，即在由国民党订出一个三民主义的法律系统，使中山先生主义的精髓，都灌输于一切法律之中，使人民信仰法律与信仰主义二而为

---

① 参见覃振：《司法改革意见书》（1934），原载 1934 年 11 月 23、24 日《大公报》、1934 年 11 月 26 日《中央周报》第 338 期，现收入张小林：《覃振传》，中华书局 2005 年版，第 247—250 页。

② 参见覃振：《对中央社记者谈话》（1934），原载 1934 年 12 月 3 日《中央周报》第 339 期，现收入张小林：《覃振传》，中华书局 2005 年版，第 251 页。

③ 参见覃振：《国民党中央党部总理纪念周报告》（1934），原载 1934 年 11 月 27 日南京《中央日报》，现收入张小林：《覃振传》，中华书局 2005 年版，第 251 页。

④ 参见张小林：《覃振传》，中华书局 2005 年版，第 252 页。

⑤ 参见阮毅成：《所企望于全国司法会议者》，载《东方杂志》第 32 卷第 10 号，1935 年 5 月 16 日，第 28 页；又见覃振：《司法改革意见书》（1934），收入张小林：《覃振传》，中华书局 2005 年版第 247—248 页。

一"。① 至于法律要"本国化"的原因，更是不言而喻，"我国为在东方有五千年文明之民族，有五千年之社会风俗人情习惯，今全然舍弃不顾，只将各国法律，零碎剪裁，七拼八凑，移入本国，怎么可以与国民的感情相应和？"②

概言之，召开全国司法会议的提出，既是思想激变中的一个例子，亦是一种"民族主义在政治中的有意识运用"，③ 其所要达成的目的，即民族主义在司法中的有意识应用，即如何实现在司法领域内民族主义与政治思潮的结合。

二 法律民族化运动之先声：中华民国法学会纲领

事实上，进入 1930 年代，以世界法学思潮变迁④ 及以国内民族主义的鼓动为背景，法律界已经出现了对于新法学的酝酿，即如吴经熊氏所论，"我们如果要建设新法学，那么必须完成下列两部工作：第一个工作是建设一个法律的方法论，第二个工作是建设一个法律的目的论"。⑤ 全国司法会议召开，所讨论所主张者，无非在方法论与目的论上的工作，也可以说是作新法学的努力。全国司法会议，无论是司法界包括司法长

① 参见阮毅成：《所企望于全国司法会议者》，载《东方杂志》第 32 卷第 10 号，第 28 页。

② 参见阮毅成：《所企望于全国司法会议者》，载《东方杂志》第 32 卷第 10 号，第 28 页。

③ 参见罗志田：《乱世潜流：民族主义与民国政治》，上海古籍出版社 2001 年版，第 169—174 页。

④ 按杨幼炯："近代立法之中心思潮，在宪法方面，以民主政治为理想，以议会政治为制度，而个人的自由主义之思想，垂为十九世纪宪法之原则……凡此种种，乃演成资本主义之专横，一切政治机关、法律规定，几为资产阶级所独有，因而引起现代反自由主义，反议会政治之发达，而现代法学思想，遂形成革新之局。以言公法，则欧战后各国宪法尽量容纳社会主义之思潮……以言私法，则有自由竞争之禁制的规定与大团体契约之强制适用。故在今日法律思潮之蜕变，波幻云谲，不可响迩。吾国法学既不能囿于成见，尤非承袭十九世纪之法律思想所能适应当前之变局。是以我国法学应根据中国国情，参酌世界大势，另创一新的法学系统。"参见杨幼炯：《今后我国法学之新动向》，载《中华法学杂志》新编第 1 号，1936 年，第 31 页。

⑤ 参见吴经熊：《关于现今法学的几个观察》，原载《东方杂志》第 31 卷第 1 号，1934年，现收入何勤华、李秀清：《民国法学论文精萃》，第 373—374 页；另须注意，吴经熊以法学院教授身份参与全国司法会议，并有数项提案提出。

官、律师代表，还是学界先进专家，在认识上达成一种共识，共识之一，"咸有感于吾国法律制度之演进，尚未能适合吾国民族国家之生存"；① 共识的另一个方面在于法律应非一成不变，"要当视时代之演进与社会之需要，适应民族国家之生存，而有以确立中国本位之新法系"。② 基于此种共识，全国司法会议所带来的最直接的结果，在于此次会议催生出一个可以施行会议共识及促使各项目标实现的固定组织，也是"国内惟一之法学团体"；③ 该"组织，不特份子特多，几将包有我国全部的司法界人员，法律学的研究者，并扩充于政治学及经济学方面的人才；且除研讨现有的各项法学上问题外，并将集合所有法学的人士，以为中国新法学的建设。这个团体，便是中华民国法学会"。④

　　中华民国法学会以建设新法学为目标，典型地表现在中华民国法学

---

　　① 洪兰友:《本刊之使命》，载《中华法学杂志》新编第 1 号"弁言"，1936 年，第 14 页。

　　② 洪兰友:《本刊之使命》，载《中华法学杂志》新编第 1 号"弁言"，1936 年，第 14 页。

　　③ 按居正所论:"本会乃国内惟一之法学团体，本会会员率为法学界知名之士与执行法律实务者，故本会之工作与任务，实可谓全国法界之工作与任务，而本会所应努力者，亦正全国法界所应努力之方向。本会在成立时，曾揭举纲领六条，为本会工作之准绳，此纲领实即本会检讨自己策略自己之标准。凡我会员，均当铭之于座右者，并当年会之际，愿再将此纲领提出，以为吾人反省努力之资。"参见居正:《中华民国法学会三届年会献言》，载《中华法学杂志》第 4 卷第 3 期，1945 年，第 1 页。

　　④ 按阮毅成所著《读中华民国法学会纲领》（1936）一文:"因去年在京举行全国司法会议的结果，我国乃新产生了三个法学研讨的团体。一是司法院的法规研究委员会，由院长就所属各机关中人员中指派，并遴选院外专家若干人组成，以一人为常务委员，其任务则在研究全国司法会议交下的各项关于修订现行法规的议案，将研究结果，报告司法院院长采择，设法施行。二是出席司法会议各大学独立学院法律系的代表，发起组织的中华法律教育会，由各校推教授一人至五人为委员，分为五组，从事研究现行法律教育上的各项问题。但这二个组织，一为司法院所设立，一为学校教员所组成，公私固然不同，但其所容纳的份子有限，而研讨的问题有较狭的限制，则系一样。至于第三个组织，不特份子特多，几将包有我国全部的司法界人员，法律学的研究者，并扩充于政治学及经济学方面的人才；且除研讨现有的各项法学上问题外，并将集合所有法学的人士，以为中国新法学的建设。这个团体，便是中华民国法学会。"收入阮毅成:《法语》（下册），商务印书馆 1980 年版，第 284 页。

会纲领与宣言中。法学会纲领，^① 其文全录如下：

> 中华民国法学会纲领：一、确认三民主义为法学最高原理，研究吾国固有法系之制度及思想，以达建立中国本位新法系；二、以民生史观为中心，研究现行立法之得失及改进方法，求与人民生活及民族文化相适应，并谋其进步；三、根据中国社会实际情形，指陈现行司法制度之得失，并研求最有效之改革方案；四、吸收现代法学思想，介绍他国法律制度，均以适合现代中国需要为依归；五、阐扬三民主义之立法精神，参证其它学派之优劣，以增进法界人员对于革命意义及责任之认识；六、普及法律知识，养成国民守法习惯，以转移社会风气，树立法治国家之基础。^②

总体而言，中华民国法学会"纲领六条，虽未指出吾人对中国法律的具体改进意见与方针，但如何重建自我的、觉醒的、创造性的、三民主义化的法系，则已于纲领中具体言之"。^③ 纲要事实上强加于法学会一个极为庞大的角色，"本昌明中华民族固有文化之精神，因而研究世界先进法治国家之律令，以期能创造适合国情顺应时代之法制，形成与大陆、英美鼎足而三之中华新法系"。^④ 在这里，"民族"被置于"世界"之前，表面看来，纲领将新法系的提出与民族固有文化相联系，同时拉长法律

---

① 按洪兰友（1945）："当时参与法学会之出席人员，对于本纲领皆无异议，一致通过。十年后之今日，虽当第二次大战方酣，我国家正从事于空前未有之抵抗侵略战争，社会掀起极大之波动，然而检讨吾人十年前所定之纲领，其正确性不惟无丝毫之丧失，反而更觉其绝对正确，'法治'与'民主'已为我国家今后惟一之政治路线，而法学会之纲领，亦成为促进'法治'与'民主'所必经之桥梁"。参见洪兰友：《中华民国法学会纲领释义》，载《中华法学杂志》第4卷第1期，1945年1月，第7页，时值中华法学会成立十周年。

② 参见《中华法学杂志》新编第1号《居院长书本会纲领》，于纲领后，居正加注曰："右本会纲领六则为第四次常务理事会议决议，本会之职责与使命及同人所应努力共赴者，具于此特录于本刊之首，愿与全会同人共勉之。中华民国二十五年七月国民政府成立十一周年纪念后三日。"

③ 参见洪兰友：《中华民国法学会纲领释义》，载《中华法学杂志》第4卷第1期第7页，时值中华法学会成立十周年；又按阮毅成：《读中华民国法学会纲领》（1936）：纲领可以概括为六项工作目标，"第一为中国本位新法系的建设；二为适应民族文化的立法；三为有效的司法改革；四为吸收介绍他国法学思想制度；五为阐扬三民主义之立法精神；六为法律智识之普及。"收入阮毅成：《法语》（下册），商务印书馆1980年版，第286页。

④ 参见《中华民国法学会宣言》，载《中华法学杂志》新编第1号，第1页。

的历史，强调中国有"数千年之悠久的历史与固有的本位文化思想"，[①]
即认为改进司法，"不宜妄自菲薄，跬步学人"，[②] 而其主张"今日唯一
办法，即在将固有文化思想发扬而坚强之"。[③] 在深刻的层面上，这意味
着在中国正式出现了法律民族化运动，而法学会宣言与纲领之确立，即
"中国法律民族化运动之先声"。[④]

三　法律民族化运动的两段论：中国固有与重新建立

基于中华民国法学会纲领，由居正为核心发起建设中国新法系的运
动与思潮，事实上经历了两个阶段：1935 年至 1942 年的"中国固有"
时期，这个时期集中表现在法律文化的历史发掘上，即强调通过民族固
有文化以促成现时中国法律体系"新"特征的确立。1943 年至 1948 年
为第二个阶段，以居正提出"重新建立"中国法系之主张为代表，集中
表现为一个认识的转折，以追求"中国固有"文化无法及时呼应在废除
不平等条约与领事裁判权后民族国家角色的急速转变，迫使中国新法系
建设运动不得不由对固有文化的依赖转而采取一种更为开放的法律实用
主义策略。

在居正司法时期，全国司法会议最为重要的成绩，即中华民国法学
会的迅速产生，以及随之而来的建设中国本位新法系论潮。在 1935 年，
以全国司法会议发轫，以中华民国法学会为组织，以司法界为主体，以
民族主义与建设中国本位新法系为认识论，从文化建设的角度解释司法
改革所需的连续性与整体性问题，从而奠定了法律民族化运动的意识形
态、组织形式与基本内容。30 年代，随着文化建设问题讨论，以民族危
机意识为引导，以三民主义以及本国固有文化为内容，所形成司法民族

---

① 参见覃振：《中华民国法学会组织要义》（1936 年在上海法政学院演讲），载《中华法
学杂志》新编第 1 号，"弁言"部分，第 3 页。

② 参见《中华民国法学会宣言》，载《中华法学杂志》新编第 1 号，第 1 页。

③ 参见覃振：《中华民国法学会组织要义》（1936 年在上海法政学院演讲），载《中华法
学杂志》新编第 1 号，"弁言"部分，第 3 页。

④ 参见孙晓楼：《法律民族化的检讨》，载《东方杂志》第 34 卷第 7 号，第 42 页。

主义的信仰结构，[①] 标志着废约运动发生向文化上的转型。

事实上，以居正发起的建设中国本位新法系的论潮，重在"现在的中国"的国家意识，强调法律或者法系的中国认同。在建设中国本位新法系思潮中，法系观念中的大国意识，由"中国固有"至"五大法系"的强调，以及二战后由"四强之一"至重建中国法系，不论谈固有法系还是重新建立，这一大国意识一直贯穿中国新法系思潮的始终，也可以认为是此间法律民族化运动最为基础的意识特征。

需要注意，尤以中华民国法学会纲领为例，建设中国本位新法系，无论主张中国固有还是重新建设，中心只有一个"中国性"，而在 30 年代，所谓"中国"，在法律领域，既表现为司法党化与中国法系两个方面。事实上，居正及法学会提出建设中国本位的新法系，最有意义者及此后诸多的努力，在很大程度上仅限于整合主义与法系的方面，也即法律的主义化与法律的本国化。以事后的观点来作出评价，可以说，法律的主义化，也即司法党化；法律的本国化，也即建设新中华法系，两个方面构成了居正司法时期法律民族化运动的基本内容。主义化为中国法系在时间的意义上，提供了现代性的含义。也可以说，30 年代之所以有一个建设中国新法系的论潮，之所以称为"新"，并不在于其以中国国有文化内容，而在于建设新法系以司法党化所施加的三民主义为前提。司法本国化与主义化，在空间上主张本国化及国情，在时间上主张主义化与国家意识，自始至终即为中国"新"法系论潮的不可或缺的两个方面。

按照建设中国新法系思潮"中国固有"以及"重新建设"两个阶段的讨论，建设中国本位新法系思潮至少达成了几项共识，大致概括四个方面：一、现在的中国需要全国性的法律组织；二、民族固有文化，可以成为"现在的中国"法律体系的文化基础；三、但是，在以固有文化为基础的前提下，建设中国新法系在模式选择上，必须具有自主性；四、

---

① 有关司法民族主义信仰结构（belief structure of judicial nationalism）的观点，可以参见 G. Edward White, *The Marshall Court & Cultural Change 1815-1835* (New York. Oxford: Oxford University Press, 1991),pp. 2-3.

最后，新法系，最低限度是符合民族主义的，它应当是符合民族国家在特定国情条件下的各种事实。

在存在共识的前提下，另一方面，在三四十年代已经存在着足够可以供建设新法系借鉴的西方模式，尤以各国法学会组织为例，英国作为民族化最为成功的例子，法学会组织被认为是发现民族固有法律文化的基本单位。而事实上，建设中国本位新法系思潮的中心，由固有文化转向重新建设，实际上，是为纠正清末司法改革以来中国法系日德化之失，以攻击日德法系为主要靶子。贬德日法系而扬英美法系，是论中国本位法系背后的思想主线。可以说，居正司法时期的法律民族化运动，在中国司法改革可行模式的可能选择方面，逐渐使以德法日为代表的大陆法系开始为英美为主的普通法系所取代。1948 年的司法院转型，以司法院大法官会议设立为标志，即是建设中国本位新法系之民族化运动最终倾向英美法系的相应结果。

事实上，因为在 1935 年，司法六年计划的失败及"以小谋大"之数量困局，无论法律民族化如何努力都不能突破当时的困境，对于"中国固有"本位论的提出，大概是出于不得不如此。建设中国新法系论潮至1943 年，已几乎完全改变了内涵，由固执于中国固有文化完全转变为新法系的重新建立，而在这里，法律民族化运动不得重新考虑国际化（"中外一律"在新的情境下的表达）的形式。也可以说，法律民族化运动，由一开始的反对法律形式化（德、日法律体系为攻击目标），强化本国化观念与党化观念，经过建设新法系的思潮之后，其结果反而因为民族国家主权权力的扩张，回归于国际化的视角（以英、美法律体系为模范）。在这种情况下，居正在第二、三两届中国民国法学会年会上所表达的思想，事实上成为这种转折的动员与宣言。需要注意，之所以发生这种转折，并不是说旧有的司法难题已经解决了（法律形式化、司法数量困局及因此而来的"无法状态"存在于居正司法时期之终始），而是因为法律民族化运动在二战结束后有了新的使命，而使重建中国法系的运动必须采取国际化的形式。法律民族化运动，由强调民族固有文化开始，最终却仍采取了国际化的形式。

最后一点，法律民族化运动在抗日战争以前，以全国司法会议为核心，使法律界达成共识并建立法学会组织，这在后来八年战争中成为维持司法应变能力的保障。同样，在战后司法复员与体系重建，法律民族化运动正好提供了无论在认识上还是实践上通往司法变迁的桥梁。因此，法律民族化运动因而也具有了承上启下继往开来的历史意义。

第七节　结语

综上所述，关于近代司法的认识，我个人的建议是，在对于近代法律变革的各个层面有基本了解的基础上，我们应当去注意司法变迁在中国语境中的特殊问题。由此我们再去思考司法的制度设计、制度实践以及人物、进程与意义等等关于司法的一般问题，然后进一步去思考历史与当下的联系与镜鉴的可能性问题。上文中所叙述与讨论的司法价值取向问题（司法为民与司法为国以及两者如何兼顾）、司法制度设计问题（法庭化与法官化难题）、法律系统内的立法与司法的制约关系（无法状态与司法代法受过问题）、司法的价值与有效性关系（如司法独立问题之外的法官罢工问题）、司法政治化（司法党化一词所蕴含的司法的政治参与角色）以及法律民族化（司法界所发起的重建中华法系运动所象征的司法积极主义），这一系列的问题，就是我所能想到的中国近代司法的特殊性。有了对于这些层面的思考，我们就容易了解在这一司法的历史进程中所发生的各种一般性的问题。

后　记

　　我们三人从事中国近代法的教学与研究工作，有感于中国近代法律史承上启下，汇聚古今中西问题的重要性和目前相关教材的稀缺，结合自己的学术积累与研究兴趣，合作写出这样一本讲义。在整体框架上，考虑到中国的近代法已经被纳入现代法律体系之中，因此主要采取了现代法律部门的分类体例，在具体内容上，希望可兼顾通识性与研究性，以满足不同层次的读者需求。

　　本书的分工如下：陈新宇撰写作者谨识、第一章、第三章，陈煜撰写第二章、第四章，江照信撰写第五章。在写作时，充分尊重作者本人的意见，不求硬性之统一，当然也文责自负。因为我们自身学识有限，疏漏之处在所难免，敬祈方家批评指正。

　　本书出版获得王文平先生和刘文深先生的鼎力支持，责任编辑周弘博女士尽心尽职，谨此表示衷心的感谢。